AF303675

Über den Autor

Horst Gässler, Gymnasiallehrer für Latein und Englisch a.
D., beschäftigt sich seit vielen Jahren kritisch mit pädagogi-
schen und gesellschaftlichen Themen.

Folgende weitere Bücher sind bisher erschienen:

- **Mit dem System zum Terror der Macht** – *Die
  phantastischen Abenteuer eines Ritters von der traurigen Gestalt, der
  auszog um Bildung zu lehren* – Tatsachenroman
  (Darin werden exemplarisch die internen Paradoxien von
  Macht und Ohnmacht, von Anspruch und Wirklichkeit in
  unseren Schulsystemen, denen Lehrer oft ausgesetzt sind,
  von einem Insider aufgedeckt)

- **Adern im Stein** - Erzählungen
  (Unerwartete Erfahrungen, die Spuren in unserem Leben
  hinterlassen)

- **Das Fettauge** – Roman
  (Unsere Gesellschaft in der Sackgasse einer zerstörten Welt
  und manipulierten Zukunft, aus der nur ein radikaler
  Neuanfang führen kann)

Horst Gässler

Die Arroganz eines Verlierers

Unsere Zivilisationslüge

Versuch einer Standortbestimmung

Bibliografische Information der Deutschen Nationalbibliothek:
Die Deutsche Nationalbibliothek verzeichnet diese Publikation
in der Deutschen Nationalbibliografie; detaillierte bibliografische Daten sind im Internet über dnb.dnb.de abrufbar.

Herstellung und Verlag:

BoD – Books on Demand, Norderstedt

ISBN: 9783748151753

Nicht an Wissen mangelt es uns.
Was uns fehlt, ist der Mut,
begreifen zu wollen, was wir wissen,
und daraus die Konsequenzen zu ziehen.

(Sven Lindqvist, in "Durch das Herz der Finsternis")

INHALT

I. Vorwort

So wie wir jeden Morgen einen Blick in den Spiegel werfen, so müssen wir es auch wagen, in den Spiegel unserer Menschheitsgeschichte zu blicken. Erst durch diese bewusste Herausforderung, sich Rechenschaft abzulegen über unseren bisherigen Werdegang und unseren gegenwärtigen gesellschaftlichen Zustand, werden wir unser Spiegelbild als das erkennen, was es wirklich ist: ein Abbild unserer momentanen Existenz. Können wir unseren jetzigen Zustand als die Zivilisation beschreiben, die wir nach außen immer vorgeben zu sein?

Vor dem Hintergrund eines nicht zu übersehenden Klima- und Bevölkerungswandels sowie von erbitterten Verfeindungen und grausamen Kriegen, deren Ursachen auch "zivilisationsbedingt" sind, muss irgend wann einmal in logischer Konsequenz die Frage gestellt werden, ob der Mensch im Laufe seiner Geschichte ebenfalls einen Wandel, eine Entwicklung durchgemacht hat. Eine Entwicklung, die den Namen Menschsein, eben Humanität, verdient, da sie sich ja angeblich von der Entwicklung anderer Lebewesen wie Tieren und Pflanzen abheben soll. Es hat im Laufe unserer Geschichte zahlreiche Stimmen der Vernunft, eines "common sense" gegeben, die uns Menschen in immer neuen Versuchen dazu aufriefen, auf eine gemeinsame, friedliche und gerechte Gesellschaft hinzuwirken. Wie sagte schon Ibn Khaldun: *"Der Wissenschaften gibt es viele, und die Weisen unter den Völkern der menschlichen Gattung sind zahlreich."*[1] Und auch Goethe bekräftigte circa 500 Jahre später: „*Wer kann was Dummes, wer was Kluges denken, Das nicht die Vorwelt schon gedacht?*"[2] Doch welchen Stellenwert haben wir in der Entwicklungsgeschichte der Menschheit den klugen Gedanken dieser Persönlichkeiten beigemessen? In wieweit ist im Laufe unserer Geschichte bis heute das uns verliehene Potential von Intellekt und Vernunft von uns selbst in Anspruch genommen und weiterentwickelt worden, um diesem Unterschied zwischen Mensch und Tier gerecht zu werden? Welchen verpassten Chancen begegneten wir im Laufe unseres Daseins und unserer Geistesgeschichte, um uns mit Recht eine "Zivilisation" nennen zu können?

Gewiss haben wir unseren Verstand für viele Produktentwicklungen eingesetzt. Aber für uns selbst? Hierbei möchte ich zwischen Intellekt, Verstand und Vernunft unterscheiden. Intellekt ist das, was uns die Natur an Substanz in unseren Schädel mitgegeben hat. Als Verstand würde ich die Fähigkeit zum Denken und Kombinieren bezeichnen. Aber erst die Vernunft bringt dieses Denken und Kombinieren in einen sinnvollen Zusammenhang.

Die folgenden Gedanken, Ereignisse und geschilderten Zusammenhänge, die keinerlei Anspruch auf Vollständigkeit oder unumstößliche Objektivität erheben, da die Darlegung des Problems nur anhand ausgewählter Beispiele erfolgt, möchten Sie, den Leser, dazu ermuntern, in eine selbstkritische Welt ohne wenn und aber einzutauchen und sich Ihrer Verantwortung als Mensch zu stellen. Dabei folgt der Gedankengang keinem starren System einer geschichtlichen Zeitlinie, sondern er orientiert sich eher an dem assoziativen Sprung von einem jeweils auftauchenden Ausgangspunkt aus. Denn es steht nicht im Vordergrund, wann ein Ereignis stattgefunden hat oder wann ein Gedanke geäußert wurde, sondern, dass es überhaupt stattgefunden hat oder dass der Gedanke geäußert wurde. Diese assoziativen Sprünge spiegeln nur unser inhomogenes und oft widersprüchliches Leben wider. Doch am Ende der Lektüre sollte ein eigenes klares Fazit von Ihnen, dem Leser, stehen.

II. Vom Reich der Affen zum Reich der Könige

(Mit einem kritischen Blick auf die Geschichte der Menschheit vom Affen bis in die Antike im anthropologisch-gesellschaftlichen Zeitraffer wird mit gezielten Bezügen zur Gegenwart der Frage nachgegangen, ob wir von einer human-geistigen Entwicklung des Menschen sprechen können.)

"Während die Zivilisation unsere Häuser verbessert hat, hat sie nicht in gleichem Maße die Menschen verbessert, die darin wohnen sollen. Sie hat Paläste geschaffen, aber es war nicht so leicht, [wahre] Edelmänner und Könige hervorzubringen."
(Henry David Thoreau) [3]

Als er zum ersten Mal den Sprung von seinem sicheren Baum auf das unter ihm liegende Terrain wagte mit der Ungewissheit, aber auch mit der Entdeckerfreude eines herausfordernden Kerls, da erlebte er ein Desaster, das ihn für den Rest seines Lebens traumatisieren sollte. Er war zwar der erste Affe auf festem Boden. Aber um welchen Preis! Kaum hatte er die Erde mit seinen Füßen berührt, da sah er nur eine schlabberige Zunge in einem weit aufgerissenen Maul, aus dem ihn der faulige Geruch eines leeren Magens anwehte. Der Löwe hatte ihn schon längere Zeit aus seinem Versteck beobachtet und auf diesen Augenblick gewartet. Doch die Muskeln des möchtegern Erdbewohners nutzten reaktionsschnell die Kraft des Abschwungs notwendigerweise gleichzeitig zu einer blitzartigen Aufwärtsbewegung zurück auf seinen rettenden Ast. Das zahnbewehrte Maul seines Feindes huschte unter ihm hinweg ins Leere. Da saß er nun, unser Freund, leicht keuchend und mit pochendem Herzen und blickte auf den Rücken des mächtigen Tieres, das - mit einem letzten verärgerten Blick nach oben - langsam im Unterholz verschwand. Diese Sekunde des Schreckens ließ in unserem Vorfahren einen Minderwertigkeitskomplex wachsen, der ihn von nun an mit all seinen Ersatzhandlungen prägen sollte.
Es dauerte eine geraume Zeit, bis unser Artgenosse einen vorsichtigen erneuten Versuch startete, und diesmal erfolgreich.

Seine wachsende Entdeckerfreude wurde mit den unterschiedlichsten Erkenntnissen belohnt, denn er wagte es immer wieder, sich über seine vier Arme und Beine zu erheben. Und sein Clan folgte ihm. Anfangs zögerlich, stets bereit zum Sprung zurück auf den rettenden Ast. Denn dieser wird ihm später zum Stöckchen, zum Knüppel, zur Keule, zum Szepter, zur Nuklearbombe werden. Dann zeigte er sich immer couragierter. Trotz der unvergesslichen beispiellosen Niederlage spürte er ein zunehmendes Verlangen, sich ein neues Territorium zu erschaffen. Er begann, seine ersten Spuren im weichen Untergrund zu hinterlassen, Spuren, die noch Millionen von Jahren später seine Nachfahren in Erstaunen versetzen und auf einen anthropologisch triumphalen Weg zu ihm zurückführen sollten. Das Gehirn war noch klein, entwickelte sich jedoch in Folge der Methode von Versuch und Irrtum immer weiter. Es wurden einfachste Werkzeuge gefertigt, die zunächst dazu dienten, das alltägliche Leben vor allem in Bezug auf Nahrungssuche und Nahrungsverwertung des vorhandenen Angebots zu erleichtern. Der wachsende Erfolg weckte Begehrlichkeiten auf Objekte in den Territorien anderer Lebewesen. Dieser Umstand zwang ihn dazu, neue Instrumentarien zu erfinden, um sein angestrebtes Ziel zu erreichen. Noch war er Affe, aber er registrierte in einem kleinen Bereich seines Gehirns, dass er eine leichte Überlegenheit den anderen Wesen gegenüber zu erringen begann. Diese Erkenntnis machte ihn mutiger, und es reifte in ihm die Entscheidung, an allem, was ihn umgab, Rache zu nehmen für die einst erlittene schmachvolle Niederlage, die ihn beinahe das Leben gekostet hatte. Mit dem vorhandenen Früchteangebot war er bald nicht mehr zufrieden. Der Standort ernährte die wachsende Familie nicht mehr. Also gelüstete es ihn nach etwas Neuem, Handfestem - Fleisch! Doch die Beute, die ihm täglich vor der Nase herumlief, musste erlegt werden. Dazu brauchte es neues Gerät. Sein Hirn war mit den erworbenen Fertigkeiten ebenfalls gewachsen. So wusste er, was zu tun war. Er griff zu den Waffen. Damit begann ein Siegeszug ohnegleichen. Denn dies war auch gleichzeitig die Stunde, in der sein Umfeld zum Selbstbedienungsladen wurde. Bisher noch in bescheidenem Umfang. Aber das sollte sich im Laufe seiner Entwicklung gewaltig ändern.

Die sichtbaren Erfolge ließen in unserem angehenden Hominiden einen gewissen Stolz aufkeimen und verschafften ihm eine erfreuliche Genugtuung, auch wenn das Leben noch hart und gefährlich war. Und trotzdem schien er sich auch Zeit zur Muße zu nehmen, in der ihn sein aufkommendes Selbstbewusstsein dazu drängte, seine Taten in irgend einer Weise zur Schau zu stellen. Er kratzte und pinselte sie in Stein und auf Fels und konnte nun jeden Tag sein Leben im Spiegel seiner Kreativität bewundern. Dies nährte die Hoffnung in einer übergeordneten Macht, die später als Großer Geist, Jahwe, Gott, Allah verehrt werden würde, dass sich hier ein Kulturwesen erschaffe, das die Komplexität seines Daseins im Laufe der Zeit begreifen würde.

Dann jedoch kam das Feuer und mit ihm ein entscheidender Wendepunkt im Leben der gesamten Sippe. Wer das Feuer besaß, besaß die Macht. Nicht umsonst führte diese Tatsache später zu dem dramatischen Mythos, in dem Prometheus zur Strafe an einen Felsen des Kaukasusgebirges geschmiedet wurde, weil er gegen das Verbot der Götter gehandelt und dem Menschen das Feuer gebracht und damit gleichzeitig der gesamten Götterwelt ein Faustpfand der Macht aus den Händen geschlagen hatte. Die Götter, die fest entschlossen waren, ihren Einfluss weiterhin hartnäckig zu verteidigen, waren entsetzt, so wie es seine Rivalen waren. Denn das Feuer eröffnete neue Möglichkeiten. Es erhellte das Dunkel, es diente zur Abschreckung, mit ihm konnten fremde Behausungen niedergebrannt werden und es machte das Fleisch, das man bisher roh verzehren musste, mürbe und leichter verdaulich. Ein erbitterter Kampf um das Feuer entbrannte. Es war zwar schon vorher in der Natur vorhanden, aber jetzt lernte man dieses einstige Schreckgespenst zu kontrollieren, ja im Laufe der Zeit selbst zu entfachen. Schon damals entbrannte ein brutaler Kampf um das Know-how der Zeit. Durch dieses Verlangen nach einem wichtigen Element war der Krieg endgültig in die Welt gekommen und brachte Tod und Verderben über eine Spezies, die im Begriff war, ihre Instinkte immer mehr abzulegen. - Dies war vielleicht die Zeit, in der der Wilde begann, seine Alltagsgeräte wie Knochen, Steinschneide und Jagdspieße zu ersten Kriegswaffen umzuformen. Aus einem Ast wurden stärkere Bögen und schnellere Pfeile, aus einem jungen Baum eine schlagkräftige Keule. Als dann die Metalle entdeckt wurden, schmiedete man Schwerter und Dolche, dazu kamen Helebarden, Morgensterne und andere Totschlaginstrumente, schließlich das Schießpulver. Und nun begann das Morden auf breiter Basis. Der Tod konnte auf Distanz gehalten werden. Eine Entwicklung, die bis in unsere Zeit hinein bis zu Urangeschossen und Nuklearbomben verfeinert wurde. Denn der gleiche Kampf um eine Vorherrschaft mit noch grausameren Mitteln wird noch heute weitergeführt, ohne dass der Verlust des Instinkts durch den Gewinn an Vernunft ausgeglichen wurde. Der verheerende Einsatz der Atombombe im Zweiten Weltkrieg und das Bestreben weiterer Staaten in unserer heutigen Zeit, vernichtende Nuklearsprengköpfe zu entwickeln, muss an der gängigen These einer Humanentwicklung Zweifel aufkommen lassen. Doch davon später. - Was die Natur dieser Spezies an Regeln, Gefühl, Angst, Respekt mitgegeben hatte, wurde zusehends dem Willen eines Individuums, das sich sein eigenes System schaffen wollte, unterworfen. Das führte dazu, dass zunächst einmal der Kopf in zunehmendem Maße die Aufgaben der Instinkte übernahm und dem Menschen - nennen wir ihn ab jetzt so - klarmachte, dass er mit dem aufreibenden Sammeln und Jagen keine Perspektive mehr hatte. Also entschied er sich dazu, an einem geeigneten Platz sesshaft zu werden und sich der Reproduktionsfähigkeit der Natur zu bedienen. Neben Samen holte er sich auch lebende Tiere, die er vorher in wilden Verfolgungsjagden noch erlegt hatte, in sein Haus - es sollten den Tieren später auch Menschen in dieser dienenden Funktion folgen. Durch Aussaat und Vermehrung sicherte er sich ein genügsames Auskommen, das ihm eine gewisse Unabhängigkeit gewährte. Schon früh erkannte er die Vorteile einer Kooperation mit Gleichgesinnten und er fing an, mit seinen überschüssigen

Produkten zu handeln. Sein Sphärenbereich weitete sich aus. Handel und Migration führten zu neuen Bereichen, neuen Kulturen, neuen Ansiedlungen. Die Neugierde trieb ihn zu wissenschaftlichen Studien über die Welt und den Himmel allgemein. Doch er wäre nicht der alte Affe, wenn er nicht auch als Mensch nach Fremdem begehrte. Krieg war damit vorprogrammiert und sollte uns Menschen bis in die heutige Zeit begleiten.

Mag auch die Entdeckung von Metallen einen großen Segen über ihn gebracht haben, Frieden bescherten sie ihm nicht. Neben sinnvolle Haushaltsgeräte traten grausamere Waffen, um die Rivalen möglichst schnell zu liquidieren und auf diese Weise sein eigenes Territorium und seine Macht zu erweitern. Kleine Ansiedlungen wuchsen zu Dörfern, Dörfer formten sich zu Städten, die nicht mehr locker organisiert, sondern straff kontrolliert werden mussten. Dies erforderte verwaltungsmäßige Strukturen, die von einem Zentrum aus angelegt und gesteuert werden mussten. Dieses Zentrum manifestierte sich in einem Herrscher, der mit weitreichenden Machtbefugnissen ausgestattet wurde. Diese Macht stützte sich vor allem auf ein gut ausgerüstetes Heer, das Potentaten aller zukünftigen Generationen die Herrschaft nach innen wie nach außen sicherte. Auch ein öffentlich zugänglicher Rechtskodex stärkte den König und die Gesellschaft. Eine wichtige Grundlage für ein friedliches Zusammenleben war die Landwirtschaft, die die Bevölkerung mit ausreichender Nahrung versorgen sollte. Um dies zu gewährleisten, wurde ein ausgeklügeltes Bewässerungssystem aufgebaut, bei dem streng auf gerechte Verteilung des kostbaren Nass geachtet wurde. Handel und Wissenschaften wurden vertieft, und langsam gewann der Mensch ein Bild von seiner näheren und weiteren Umgebung und vom Aussehen seiner Welt. Ein Wissenseifer griff um sich und drängte die einen oder anderen dazu, die Vielfalt von Flora und Fauna zu studieren und mit rudimentären Begriffen zu benennen. Bereiche wie Geographie, Astronomie, Mathematik, Verwaltung, Architektur, bildende Kunst, Malerei und Musik, die ersten Ansätze einer Schrift und Literatur wurden weiter entwickelt. So-

gar erste Anzeichen eines Geschichtsbewusstseins zeigten sich in Form von einfachen Annalen oder Chroniken, die Kriegszüge und Verwaltungserrungenschaften der Vergangenheit aufzeichneten. Diese historischen Berichte dienten eher einer Glorifizierung der eigenen Taten, die an der Größe der Beute und des neu errungenen Terrains gemessen wurden. Eine tiefgreifendere Reflexion, die eine weiterführende Erkenntnis über das Geschehene und Getane hätte bringen können, fand nicht statt. Doch auch der Mensch selbst wurde Opfer seiner Differenzierung. In zunehmendem Maße teilte sich die Bevölkerung in wenige Gewinner und immer mehr Verlierer. Wer zum Beispiel wie ein Pharao gottgleiche Macht besaß, stand über allem. Sein Ziel, ja seine Aufgabe war es, eine übergeordnete Weltordnung zu schaffen, der sich der Mensch unterwirft. Zwar wurde dem einzelnen Menschen zugestanden, sein eigenes Handeln zu bestimmen, aber er musste dann auch bereit sein, alle Konsequenzen seines Handelns zu tragen. Unter dieser Voraussetzung ordnete man sich doch lieber unter. So konnte der Herrscher allein verteilen und verurteilen. Die einen, die in dessen Gunst standen, hatten ein gutes Auskommen, die anderen sorgten als mittellose Sklaven oder Gefangene für deren Wohlergehen. Oftmals waren Handwerker in verpflichtende Aufgaben des Königs beziehungsweise des Pharao eingebunden, wobei sie während dieser Zeit zwar versorgt wurden, aber auch ein hohes Maß an Freiheit verloren. Sie waren quasi Arbeitssklaven für den Staat. Aus dieser unendlichen Macht eines Einzelnen erwuchs die Sehnsucht, sich in irgend einer Form ein Denkmal für die Ewigkeit zu errichten, erbaut auf den Tränen und dem Leid mehr oder weniger rechtloser Menschen. Das bittere Schicksal dieser Menschen wurde übertüncht von den malerischen Selbstbespiegelungen der Herrschergrößen, die das Leben oberflächlich bunt erscheinen ließen. Die ärmlichen Untertanen waren, auch weil sie es sich gar nicht leisten konnten, von jeglicher Erkenntniserweiterung und Schulbildung ausgeschlossen. Diese aber wurde zum tragenden Pfeiler eines menschenwürdigen Lebens.
Im vorherrschenden Patriarchat schickte der Vater als Famili-

enoberhaupt nur den Sohn zur Ausbildung. Für wie wichtig er dessen Ausbildung erachtete, lässt sich aus erhaltenen Schriften ersehen, die bezeugen, dass schon damals manche Väter mit Sorge den Fortschritt ihrer Sprösslinge beobachteten und beim strengen Lehrer mit einer Fürbitte vorsprachen, die oft auch mit einer Zuwendung untermauert wurde. Eine erfolgreiche Bildung sorgte für ein Auskommen des Einzelnen und stellte gleichzeitig auch den gesamten Staatsapparat auf eine breitere Basis. Das angeeignete Wissen nutzte man zur Bewältigung des alltäglichen Lebens. Schrift, Zahlen, Gestirne waren hauptsächlich Hilfsmittel für Berichte, Mengen-, Kurs- und Zeitberechnungen. Noch fehlte ihnen die magische Aura, die später den Weg in eine transzendentale Welt und zu neuen Existenzfragen bereitete. Denn die Konzentration der Herrscherclans auf die eigene absolutistische Macht führte lange Zeit dazu, dass man ihren Verlust und damit einen Identitätsverlust fürchtete, wenn man den Einfluss fremder Kulturen in all ihren Verschiedenartigkeiten zuließ. Sie sahen sich als die Vertreter einer vorgegebenen Weltordnung, die es um jeden Preis im Inneren und gegen Anfechtungen von außen zu bewahren galt. In logischer Konsequenz schotteten sie sich gegen alles Fremde ab. Eine neue belebende Dynamik wurde so unterbunden und ließ die eigene Kultur zunächst verkrusten, dann erstarren und schließlich ganz verblassen. Gefördert wurde diese Entwicklung auch durch die Tatsache, dass der Gott bzw. die Götter größeres Ansehen als der König erlangten, wodurch die Verpflichtung, dem König zu dienen, von einer Art Befreiungsdrang unter der Bevölkerung abgelöst wurde.

Andere Völker dagegen, die einen offeneren Kulturaustausch praktizierten, entwickelten sich durch dieses wechselseitige Geben und Nehmen zu zwar veränderten, aber dynamischeren Kulturkreisen.

Einen ersten gravierenden Einschnitt erlebte die Welt im vorderen Orient unter dem Perserkönig Cyrus II (6. Jht. v. Chr.), der systematisch damit begann, durch die Unterwerfung benachbarter Völker ein Großreich zu errichten, in dem er in prächtigen Palästen residierte. Auch Dareius der Große erweiterte sein Reich und konsolidierte seine Herrschaft durch systematische Strukturierung der Verwaltung, die nur ein Zentrum kannte, den König. Und doch manifestierte sich in ihm eine neue Denkweise, wie eine Selbstdefinition zeigt:

"Nach dem Willen des Allweisen Herrn bin ich so geartet, dass ich das Recht liebe, das Unrecht hasse. Ich mag nicht, dass der Schwache um des Starken willen Unrecht erleide, aber ich mag auch nicht, dass dem Starken um des Schwachen willen Unrecht widerfahre."[4]

Bald aber zeigte sich, welche Anforderungen an seinen Sohn Xerxes mit diesem gewaltigen Erbe verbunden waren. Dieser hatte wohl auch den Machthunger seiner Vorfahren geerbt, doch seine verfehlte kriegerische Expansionspolitik und der innere Zerfall des Reiches leiteten Jahrhunderte von Zwistigkeiten und Eroberungskriegen ein, die immer weiter in die westliche Welt ausstrahlten.

Da half selbst die Weisheit eines Zarathustra (ca. 600 v. Chr.) nicht, nach dessen Lehre der Mensch im Kampf zwischen Gut und Böse die Wahl hätte, sich kraft seiner Vernunft für den "richtigen" Weg zu entscheiden. So lesen wir in den Gathas des Zarathustra: *"O Mazda, als Du am Anfang mit Deinen Gedanken uns Leib, Weisheit und Gewissen erschafftest und [...] uns Rede- und Tatkraft verliehen hattest, wolltest Du, daß wir unseren Glauben nach unserem Willen wählen."*[5] Der gute Wille zum Umdenken, zu einer Neuorientierung und neuen Positionsbestimmung des Menschen ist überhaupt die Voraussetzung für eine positive Veränderung von uns selbst und der Welt.

Diesem Prinzip von Gut und Böse, von richtig und falsch werden wir später wieder in der christlichen Bibel und dem islamischen Koran begegnen, wo diese widerstreitenden Elemente ebenfalls eine herausragende Rolle spielen. Denn mit dieser seiner "richtigen" Entscheidung für das Gute kann der Mensch mitwirken an einem Heilsplan eines imaginären Gottes, eines "Allweisen Herrn" (Ahura Mazda), dessen Prinzipien „Gut Denken", "Gut Reden" und "Gut Handeln" in der Symbolfigur Faravahar ausgedrückt werden. Doch diese Grundsätze für eine positive Entwicklung, für einen Fortschritt in der Menschheitsgeschichte, werden in ihrer Zeit und darüber hinaus mit wiederkehrender Un-Vernunft missachtet. Folglich waren auch ein scheinbar unbesiegbarer Alexander der Große wie auch der Koloss des römischen Reiches den Wechselfällen des Schicksals - oder muss man vielleicht von selbstinszenierten Gesetzen der Geschichte sprechen? - unterworfen. Alexander der Große allerdings folgte nicht dem Rat seines Lehrers und berühmten Philosophen Aristoteles, bei seinen Eroberungen den Griechen gegenüber als Führer, den "Barbaren" gegenüber als Herrscher aufzutreten. Auch als Gebildeter und Weiser konnte sich Aristoteles nicht von der Sklavengesellschaft befreien. Nach ihm muss zwar der Mensch in seiner Form als *zoon logikon*, d. h. als Lebewesen, das Teil hat an der Vernunft, in seiner Form als *zoon politikon*, d. h. als Lebewesen, das zu einem Gemeinschaftwesen gehört, auf eine harmonische Gemeinschaft - allerdings unter Gleichgestellten - hinstreben. Aber *„von Natur aus ist der ein Sklave, der einem anderen gehören kann und auch gehört und der nur insofern an der Vernunft teilhat, als er sie von anderen annimmt, sie aber nicht von sich aus besitzt.“*[6] Bereits hier muss auf Immanuel Kant und die Aufklärung verwiesen werden, die den Menschen aus eben dieser „Unmündigkeit“ befreien wollten.

Alexander der Große versuchte einerseits eine Weltherrschaft zu errichten, aber andererseits beabsichtigte er ein Reich zu schaffen, in dem sich Menschen und Kulturen gegenseitig durchdringen und befruchten. Mit ihm wurde zum ersten Mal in großem Stil in optimistischer Weise eine Völkergemeinschaft angestrebt, in der er nicht mehr zwischen guten Griechen und minderwertigen Barbaren unterschied. Er achtete die andersartigen Menschen und Kulturen, obwohl er - im Widerspruch zu sich selbst - "Strafaktionen" wie die Zerstörung der Königsmetropole Persepolis als Racheakt durchführen ließ. Doch auch seine Vision scheiterte an seinen Nachfolgern. Die Phasen politischer, wirtschaftlicher und kultureller Blüte mündeten in nahezu regelmäßigem Rhythmus in ein geschichtliches Dunkel, in dem eine ohne Zweifel vorhandene Vernunft sich nicht genügend Gehör verschaffen konnte, um für die Menschheit ein nachhaltiges Licht zu entzünden. Ein aufgeklärter Geist, der der Menschheit eine entscheidende positive Wendung auf

Dauer geben konnte, war nicht in Sicht.

Im alten Griechenland erreichten allerdings die Stadtstaaten durch den regen Austausch von Handelswaren und Wissenschaften und auch durch eine gewisse Migration verschiedenartiger Menschen vorübergehend eine neue Blütezeit ihrer Kulturen. Eine ausgeprägtere Reflexion über das Leben und den gesamten Kosmos ließ neue Aspekte im menschlichen Zusammenleben sichtbar werden. Die nach wie vor in Sklaven und Freie zweigeteilte Gesellschaft, die Macht und Aufgabe des Staates und das eigene Kulturverständnis wurden einer kritischeren Betrachtung unterzogen. Das gesellschaftliche Zusammenleben, allgemeines Recht, Macht und die Rolle des Individuums wurden als Erscheinungsformen des täglichen Lebens in einen geistigen Bereich von Reflexion und Moral hinübergeführt, so dass eine bewusste Auseinandersetzung mit dem status quo ausgelöst wurde. Leider wurden - und werden - nur all zu häufig solche im wahrsten Sinne des Wortes "Lichtgestalten" als Phantasten oder gar Spinner desavouiert.

Als Diogenes von Sinope (der Mann in der Tonne - 4. Jht. v. Chr.) - so kolportiert eine Anekdote - am helllichten Tag demonstrativ mit einer Laterne auf dem dichtbevölkerten Marktplatz von Athen umher ging, hielten ihn die Bürger für einen Narren und verspotteten ihn gar als "Hund". Gefragt, warum er denn bei Tage mit einer Laterne herum lief, soll er geantwortet haben: *"Ich suche einen Menschen"*. Für ihn war also ein "Mensch" nicht eine Person, die sich anhand ihrer Kleidung, ihres Amtes oder ihres Reichtums als Bürger definierte, sondern für ihn war ein "Mensch" jemand, der den anderen trotz seiner Andersartigkeit achtete, der nach nicht mehr verlangte als das für ihn Notwendige und der die guten Eigenschaften eines Mit-Menschen besaß. Kann man eine trotz vieler anerkennenswerter Errungenschaften inhumane Gesellschaft deutlicher bloßstellen?

In der Theorie setzte man sich mit vielen begrüßenswerten Gedanken um die Existenz des Menschen und die ihm verliehene Vernunft auseinander, doch sie fanden wenig Eingang in die Praxis des täglichen Lebens. Die Philosophie der Stoa mit ihrem göttlichen Logos definiert alle Menschen als Teil dieses göttlichen Wirkens. In logischer Konsequenz sind alle Menschen Mitglieder dieser Gemeinschaft, ganz gleich, wo sie auf dieser Erde wohnen, zu welchem Volksstamm sie gehören oder ob sie Sklaven oder freie Bürger sind. Grausamkeiten gegenüber dem Mitmenschen und brutale Rache am besiegten Feind war unvereinbar mit dieser Auffassung von humaner Gemeinschaft, die als Teil einer göttlichen Weltordnung verstanden wurde. Diese "Popularphilosophie" konnte sich weit ausbreiten und hatte lange Zeit Bestand, aber als substanziell humanistische Vorstellung konnte sie nicht auf Dauer Fuß fassen. Das "secundum naturam vivere" (gemäß der Natur leben) der Stoiker blieb für die Mehrheit, besonders für die Herrschenden, die eigentlichen Gestalter, ein rein theoretischer Gedanke. Macht- und Lebenskämpfe und das Streben nach Luxus ließen ihrer Philosophie immer weniger Spielraum. Um diese Vorstellung eines menschlichen Miteinander wurde lange von einzelnen unerschütterlichen Gruppen gerungen, aber sie fand ihre Auflösung spätestens in der Vorstellung von dem Kampf jeder gegen jeden (Hobbes' "homo homini lupus" [Der Mensch ist dem Menschen ein Wolf] - 17. Jht.). Gegen diesen "Zerfall" setzten Hobbes und ebenso die nachfolgenden Philosophen John Locke und Jean-Jacques Rousseau ihre unterschiedlichen Staatstheorien, um der Gesellschaft einen mehr oder weniger vernünftigen Rahmen zu geben. Doch auch sie hatten nicht den erhofften dauerhaften Erfolg.

Auch Platon (ca. 4. Jht. v. Chr.), einer der wohl größten Philosophen, scheiterte mit seinen hohen Gedankengängen, die sich auf das zweifelnde, aber aktive Denken eines Sokrates (*Ich weiß, dass ich nichts weiß*) stützten, an der Realität seiner Zeit. Seine Vorstellung von dem Streben nach der Idee des Guten, wie es ähnlich auch schon bei Zarathustra anklang, war selbst für die gebildeten Zeitgenossen eine Herausforderung, weil das letztendliche Ziel kaum erreichbar schien. Aber Platon würdigte schon den Versuch auf dem Weg dorthin positiv. Er wollte den Menschen, der sich selbst in den beschränkten Horizont seiner geistigen Höhle eingesperrt hatte und das eigentlich

Wahre und Gute nicht sehen konnte oder wollte, befreien. Diesen Zustand schildert Platon in seinem berühmten Höhlengleichnis[7]: In einer Höhle saßen Menschen, die so angekettet waren, dass sie nur geradeaus nach vorne auf eine Höhlenwand schauen und sich nicht bewegen konnten. Hinter ihnen, Richtung Eingang, war eine Mauer, über der die verschiedensten Gegenstände entlang getragen wurden. Das Licht eines Feuers nahe am Eingang warf die Schatten der Gegenstände an die Wand, und die angeketteten Menschen hielten diese Schatten fälschlicherweise für die realen Gegenstände, weil sie nichts anderes kannten. Diese Menschen würden sich nun sträuben, wenn man sie aus der Höhle herausführen und ihnen das wahre Licht und die wahren Gegenstände zeigen wollte, weil sie glaubten, aus ihrer wahren Welt gerissen zu werden. Erst wenn man sie mit sanfter Gewalt aus ihrer Lage befreien und sie zwingen würde, das wahre Licht und die wahre Welt außerhalb der Höhle zu sehen, würden sie nach einem kurzen Gewöhnungsprozess die Wahrheit erkennen.

Genau so verhält es sich mit den Menschen, die nicht nach der wahren Erkenntnis streben wollen. Ihnen bleibt die Wahrheit versperrt, es sei denn, jemand führt sie aus dieser Dunkelheit heraus zum wahren Licht. (vgl. ebenso das Zeitalter der Aufklärung, S.110ff) Deshalb finden wir auch Platons optimistische Vorstellung in seiner Schrift "Der Staat", dass weise, d. h. erkenntnis- und erfahrungsreiche Menschen an der Spitze eines Staates stehen sollten. Sie wären eine Option für ein fortschrittliches und harmonisches Gemeinwesen.

Erst Jahrtausende später sollte die Forderung der Selbstbefreiung an den Menschen in Kant wieder einen Fürsprecher, wenn auch nur auf Zeit, finden. Denn selbst die Schriften der legendären Bibliothek von Alexandria, in der im Laufe der Jahrhunderte das gesammelte Wissen der damaligen Welt zusammengetragen worden sein soll, sollten nicht ausreichen, um den "Machern" der Geschichte das weite Spektrum des menschlichen Geistes nahezubringen, geschweige denn sie zu einem menschheitsorientierten Handeln zu veranlassen.

So erlebte auch diese Geistesbewegung einiger Griechen zum

guten Denken und Handeln - in "alter Tradition" - keine Fortführung in der Kultur der Römer, die einerseits eine enge geistige Bindung mit dem Nachbarn pflegten, aber andererseits nicht die Kraft besaßen, als Katalysator die alt-überlieferten Grundsätze vom guten Denken, guten Reden und guten Handeln auf einer neuen Ebene weiterzuführen. Das Prinzip der Eroberung und Unterwerfung wurde von dem pragmatischen Streben nach Macht, Gewinn und Luxus bestimmt und prägte den Alltag der herrschenden Schicht. Immer noch war Sklaverei ein Stützpfeiler dieses Lebens. Selbst wenn es hier und dort eine menschenwürdige Behandlung der Sklaven gegeben hat, ja sie sogar gelegentlich freigelassen wurden, waren sie dennoch Lebewesen niedrigster Klasse. Immer noch beherrschte eine gewollte Spaltung die Gesellschaft. Kräftige Sklaven - und Kriegsgefangene - wurden im römischen Reich oft zu Gladiatoren ausgebildet, nicht, um im Heer für das Reich zu kämpfen, sondern um in Volksbelustigungen die Masse zu unterhalten. Zum ersten Mal in der Geschichte der Menschheit wurden Menschen in blutrünstigen "Spielen" zur Unterhaltung der Bevölkerung eingesetzt, wobei sie sich gegenseitig abschlachten oder mit unzureichender Ausrüstung gegen wilde Tiere zum Überlebenskampf antreten mussten. Der ordinären Masse der Zuschauer wurde dabei eine Scheinmacht übertragen. Sie durfte mit gesenktem oder gehobenem Daumen oder durch Beifall entscheiden, ob der besiegte Gegner überleben durfte oder den Tod erleiden musste. Römische Herrscher traten hier nicht als Verfechter einer humanen Philosophie auf. Kaiser Augustus selbst schreibt in seinem Tatenbericht: *"Dreimal habe ich ein Gladiatorenspiel in meinem Namen und fünfmal im Namen meiner Söhne und Enkel veranstaltet. In diesen Spielen haben etwa zehntausend Menschen bis zum Tod gegeneinander gekämpft. ... Hetzjagden mit afrikanischen Tieren [wie Löwen, Leoparden, Elefanten u.ä.] habe ich im Circus oder auf dem Forum oder im Amphitheater für das Volk in meinem Namen oder im Namen meiner Söhne und Enkel veranstaltet, wobei etwa 3500 Tiere "verbraucht" wurden."*[8]
Es ist seltsam genug, wie sich der spätere Begriff "Zivilisation", der sich vom lateinischen Wort civis = Bürger ableitet, aus

einem so gearteten Staatswesen entwickeln konnte. Wenn wir also unser Kultursystem als "Zivilisation" bezeichnen, müssten wir in Wahrheit von einer Gesellschaft *von* Bürgern und *für* Bürger sprechen. Die Berechtigung dieses Begriffes wird später noch in Bezug auf unsere heutige Gesellschaft zur Diskussion gestellt werden. Denn wir selbst sollten uns kritisch fragen: Haben wir uns von diesen Grausamkeiten und Unmenschlichkeiten auch innerlich wirklich weg entwickelt? Unterhalten nicht auch wir uns jeden Tag mit Gewalt, Mord, Vergewaltigung u. Ä. in den endlosen Serien von Film und Fernsehen und fiebern auch bei dem sogenannten Reality-TV in unseren behaglichen Wohnzimmern mit bis zum bitteren Ende, das oft durch ein "Happy End" geschönt wird, damit wir uns entspannter zur Ruhe legen können? Unsere heutigen Killer-Filme und Killer-Video- und Computerspiele, die zum Beispiel angekündigt werden als „ein Spiel wie ein Axthieb" oder „Weltkriegs-Ballerei mit Old-School-Einschlag"[9], sind nicht weit von dieser real-irrealen Welt entfernt, weil der Kick, den das Vernichten hervorruft, so unterhaltsam "geil" ist - obwohl viele "Experten" das nicht eingestehen wollen. Und in unseren elektronischen Vernichtungsmedien wird der Beifall durch das Erreichen höherer Level und höherer Punktzahlen und die entsprechenden Belobigungen „Super", „Phantastisch", „Du kannst dir neue Waffen aussuchen" u. a. vermittelt. Der Roman "The Running Man" (1982) des Autors Stephen King, zum Beispiel, und der etwas abgewandelte Film dazu, "Running Man" (1987) unter der Regie von Paul Michael Glaser, holen quasi die römischen Gladiatoren in unsere Köpfe und Wohnzimmer, um uns einerseits mit aufregenden Menschenhatzen zu unterhalten, und uns aber andererseits gleichzeitig den Wahnsinn unserer Sensationslust vorzuführen. Doch nehmen wir diesen Wahnsinn noch wahr? Brisant wird das Ganze, wenn man die Zeitperspektive betrachtet, die die schon dagewesene Vergangenheit ausblendet und die Ereignisse nur als Zukunftsvision der Jahre 2025 beziehungsweise 2017 sieht. Und heute leben wir - Ironie der Geschichte - mitten in dieser Zeit, die uns als kaum veränderte Wesen erlebt. Denn wenn wir ehrlich sind, müssen wir eingestehen, dass wir ebenso von Darstellungen und Medienberichten über reale Gewalt, realen Schmerz, reales Leid außerhalb unseres privaten Bereiches "unterhalten", jedoch emotional kaum berührt werden. Dieses gesellschaftliche Phänomen wird besonders deutlich, wenn man sich die Geschichte bestimmter Filmgenres vom menschlichen Leiden und Abschlachten vor Augen führt, die gerade in der zweiten Hälfte des zwanzigsten Jahrhunderts etwa mit dem Film "Das Millionenspiel" nach Wolfgang Menge (1970) eingeleitet wurde und sich über Glasers "Running Man", "Battle Royal" von Kinji und Kenta Fukasaku (2000), "Die Todeskandidaten" (Original "The Condemned" - 2007) von Scott Wiper und schließlich bis zu "Die Tribute von Panem" (Original "The Hunger Games") von Gary Ross (2012-2015) fortsetzte. Ziel dieser Projekte: Das Leiden und Sterben von Menschen als "coole" oder "geile" Unterhaltung mit Todesfaszination. In „Die Tribute von Panem", zum Beispiel, werden Hinrichtungsszenen gezeigt, wie wir sie aus den brutalen Propagandavideos des sogenannten IS kennen. Während uns bei den letzteren vor der Unmenschlichkeit und Grausamkeit der Atem stockt und wir uns erschüttert zeigen, scheinen in uns die vergleichbaren schrecklichen Vorgänge in unseren eigenen Filmen einen unterhaltsamen Thrill, einen Nervenkitzel auszulösen, von dem wir, wenn man sich die Erfolgseinspielungen dieser Filme anschaut, gar nicht genug bekommen können. Gerade in einem der neueren Filme, „Happy Deathday" (2017, Regie: Christopher Landon) wird dieses Phänomen nahezu auf die Spitze getrieben. Nach der Manier des Films „Und täglich grüßt das Murmeltier" wird in dem neuen Streifen ein Mord in einer Zeitschleife inszeniert, den Filmkritiker teilweise als „Überzeugender Horror-Thriller, gewürzt mit Humor und Romantik"[10] oder "'Happy Deathday' spielt mit klassischen Horrorelementen und komödiantischen Versatzstücken, was die Sache auch für eher zartbesaitete Seelen einigermaßen erträglich und unterhaltsam macht"[11] bejubeln. Sinnigerweise laufen solche Filme unter der sorglosen Bezeichnung „Slasher Filme". So wird auch „Happy Deathday" von einer Reihe Kritikern diesem

Genre zugerechnet. Wenn man weiß, was das englische Wort „to slash" bedeutet, nämlich (jemanden) „aufschlitzen", sollten wir uns kritisch fragen, ob solche Elemente unser Leben unterhalten müssen. Können wir unseren Verstand nicht für etwas Sinnvolleres einsetzen? Wo bleibt unsere menschliche Vernunft?

Die selbstsüchtige Verteidigung der Anhänger dieses Genres, dass es sich in den Filmen ja nicht um wirkliche Tote handelt, läuft ins Leere. Denn es geht hier um eine Grundsatzhaltung dem Leben gegenüber. Brauchen wir wirklich den Tod der anderen, um unsere Vergnügungssucht zu befriedigen, weil uns alles darunter keinen Kick mehr vermittelt? Haben wir jegliche Empathie für das Leiden anderer Menschen verloren, so wie es der amerikanische Philosoph und Mathematiker Charles Eisenstein sieht? *"Doch wir ... wurden ausgebildet, Dinge außerhalb ihres Kontextes zu verstehen, das Probeexemplar aus der Natur zu entnehmen und ins Labor zu schaffen. Egal, was die Quelle ist, ob nun ein Gefängnis in Bagdad oder ein Videospiel aus dem Silicon Valley. Der Zuschauer sieht die selben Pixel auf dem Bildschirm. Wir lassen Kinder keine Gewaltfilme schauen, weil das für sie traumatisch wäre - sie würden denken, die Gewalt sei real. Doch die allgegenwärtige Darstellung von Gewalt in unserer Kultur wird sie noch früh genug desensibilisieren. Das Leiden anderer nimmt eine Unwirklichkeit an, ohne die wir niemals fortfahren könnten, es zu verursachen. ... Unglücklicherweise halten die Zahlen, die man verwendet, um Gewalt zu messen - Mordraten, abgeholzte Flächen Regenwald, Konzentrationen toxischer Chemikalien, Sachschäden bei Katastrophen usw. -, das tatsächliche Leid auf sichere Distanz: Es ist entfernt und damit unwirklich. Wann wird es für uns wirklich? Wenn es den Bereich des objektiven verlässt und zu Geschichten und Bildern wird, die mit echten Menschen verbunden sind."*[12] Aus diesem Grund scheint uns das Leid unberührt zu lassen, weil es nicht direkt in unser eigenes Leben schneidet, wir also keine eigene Schmerzerfahrung "erleiden". Nehmen wir fremde Gefühle nur als leblose Bildsequenzen oder reine Information wahr ohne jegliche innere Beteiligung? Wären wir vernunftbegabte Wesen, würde uns allein schon der Verstand mahnen: "Diese anderen sind Lebewesen wie du, die die gleiche Freude, den gleichen Schmerz, die gleiche Sorge, die gleiche Angst, die gleiche Hoffnung empfinden, mögen sie geographisch oder ethnisch auch noch so weit entfernt sein!" Und trotzdem: Werden nicht auch viele unserer Sportveranstaltungen wie Boxen, Catchen, Autorennen, Fußball, Handball und andere unter einem ähnlich aufregend unterhaltsamen Aspekt gesehen? Wie weit haben wir uns von der Fairness entfernt, wenn wir beim Boxen bewusst Tiefschläge einsetzen, um den Gegner K.O. zu schlagen, wenn bei Autorennen sich die Konkurrenten gegenseitig "abschießen", um einen positiveren Punktestand zu erzielen, wenn Fußballer oder Handballer den Kontrahenten "umarmen" und ihn so paralysieren oder sie ihn so am Trikot festhalten, dass an ein Weiterlaufen nicht zu denken ist, oder sie ihm gar einen brutalen Ellenbogencheck verpassen, damit der Kontrahent schon gleich in die Knie geht? Vom flächendeckenden illegalen Doping möchte man gar nicht sprechen. Schon George Orwell hatte dieses Phänomen erkannt, als er Sport definierte: *"Sport is war minus the shooting"* (Sport ist Krieg ohne Schusswaffen).

Und wie betreiben *wir* "spannende" Geschichtsbewältigung? Inszenieren wir nicht in regelmäßigem Rhythmus Historienspektakel wie Gladiatorenspiele, Ritterkämpfe und Kriegsschlachten in einer Weise nach, dass sie möglichst authentisch bei den Zuschauern herüberkommen. Und um einen großen Unterhaltungswert zu bieten und ein reges Interesse zu erwecken, werden die pseudogeschichtlichen Events möglichst gewalttätig, grausam und mit ohrenbetäubendem Getöse nachgestellt. Menschen werden mit Messern, Schwertern, Lanzen und Bayonetten so realitätsgetreu wie möglich "niedergemetzelt", im Pulverdampf von Gewehr- und Kanonenkugeln "niedergestreckt". Und das alles dient keineswegs einem aufklärenden Geschichtsverständnis (Wer kann schon den grausamen Tod durch einen Schwerthieb und die qualvollen Verwundungen und Verstümmelungen wirklich nachempfinden?!). Nein! All diese Veranstaltungen dienen zur Belustigung, Unterhaltung und Abwechslung der Schaulustigen und nicht zuletzt dem Ruf als Touristenmagnet, dem Umsatz von Verkaufsbuden und damit dem Gemeindebudget. Am Ende gehen alle zufrieden nach Hause: Und morgen? Geschichte? Das war doch gestern! Betrachtet man die Abläufe unserer Geschichte, so scheinen auch wir in einer Zeitschleife festzustecken. Die sich seit Tausenden von Jahren wiederholenden Ereignisse von Produktion und Konsum, von Krieg und Frieden, von Feindschaft und Freundschaft, von Hass und Liebe, von Ausbeutung und Wohlstand, von Unmenschlichkeit und Menschlichkeit scheinen uns in einer Endlosschleife immer wieder zurückzuwerfen auf einen Neubeginn, ohne einen wirklichen Fortschritt erzielen zu können. Wir sehen uns von einer linearen Entwicklung zu einem gemeinsamen menschenwürdigen und harmonischen Zusammenleben ausgeschlossen. Doch wer kann uns von diesem Kreislauf befreien?

Unwillkürlich tauchen aus dem Dunkel einer solchen Geschichte das Atrahasis- und Gilgamesch-Epos (ca. 1800 v. Chr.) von Göttern, Menschen und der Sintflut aus der Vergangenheit auf, die schon ihre Schatten auf die spätere Bibel und das Christentum sowie den Islam, ja auf die Daseinsform des Menschen schlechthin vorauswarfen. Danach schlitterte die Welt in einem schleichenden Prozess in ein immer größeres Chaos, als der Mensch sich auf dem Land auszubreiten begann und die Erde mit seinem Getöse erfüllte:

"Es vergingen nicht einmal 600 Jahre,
da verbreitete sich das Land immer mehr,
immer zahlreicher wurden die Menschen,
und das Land brüllte dabei so wie ein Stier.
Durch ihr lautes Getriebe war aufgebracht der Gott,
Enlil hörte ihr Geschrei
und sprach zu den großen Göttern:
»Unerträglich ist mir das Geschrei der Menschen.
In ihrem lauten Getriebe komme ich nicht mehr zum Schlaf.
Gebt den Befehl, dass ein Kältefieber entstehe!« "

Die Menschen wurden wegen ihres Fehlverhaltens mit Krankheit bestraft. Aber der Held Atrahasis bat die Götter um Gnade, und die Menschen erholten sich wieder - doch mit der Folge:

*"Ihr altes Geschrei kam wieder ins Sein.
Die Tage ihres Wohlergehens kehrten wieder."*

Da entschlossen sich die Götter zu einem vernichtenden Schlag. Die Menschheit sollte durch eine gewaltige Sturmflut endgültig ausgelöscht werden:

*"Einen ersten Tag walzte der Sturm das Land nieder.
Rasend brauste er einher. Dann aber brachte der Ostwind die Sintflut.
Wie ein Schlachtengemetzel ging die Wucht der Flut über die
Menschen hinweg.
Der Bruder kann seinen Bruder nicht sehen,
noch erkennen die Menschen einander in der Vernichtung.
Selbst die Götter packte da vor der Sintflut die Angst!
Sie wichen zurück, sie hoben sich fort in den Himmel des Anum."*[13]

Und im Alten Testament heißt es ca. 1700 Jahre später: *"Als aber der HERR sah, daß die Bosheit des Menschen sehr groß war auf der Erde und alles Trachten der Gedanken seines Herzens allezeit nur böse, da reute es den HERRN, daß er den Menschen gemacht hatte auf der Erde, und es betrübte ihn in seinem Herzen. Und der HERR sprach: Ich will den Menschen, den ich erschaffen habe, vom Erdboden vertilgen, vom Menschen an bis zum Vieh und bis zum Gewürm und bis zu den Vögeln des Himmels; denn es reut mich, daß ich sie gemacht habe!"*[14]

Und weiter:
"Ja, die Wasser nahmen so sehr überhand, daß alle hohen Berge unter dem ganzen Himmel bedeckt wurden; das Wasser stieg noch 15 Ellen höher, nachdem die Berge schon bedeckt waren. Da ging alles Fleisch zugrunde, das sich regte auf der Erde: Vögel, Vieh und wilde Tiere und alles, was wimmelte auf der Erde, samt allen Menschen; und es starb alles, was Lebensodem hatte auf dem trockenen Land. Er vertilgte alles Bestehende auf dem Erdboden, vom Menschen bis zum Vieh, bis zum Gewürm und zu den Vögeln des Himmels — alles wurde von der Erde vertilgt."[15]

Auch der Koran übernahm diese Überlieferung ca. 2400 Jahre später. Dort heißt es über die "Ungläubigen" schlicht in Sure 71/26: *"Ob ihrer Sünden wurden sie ertränkt und in ein Feuer gebracht. Und sie konnten keine Helfer für sich finden gegen Allah."*

Wie wir wissen, wurde ein Exemplar der Menschheit, das in den unterschiedlichsten Schriften eigene Namen bekam, mit anderen "atmenden" Wesen durch göttlichen Verrat oder Rat in einem Schiff gerettet, weshalb wir uns heute noch selbst erleben dürfen.

Nicht nur hier und bei den Römern erhebt sich natürlich die Frage nach der Rolle von Wissen und Bildung in einem Volk. Hätte sie dazu beigetragen, die Vorgänge abzumildern, gar zu verhindern? Unter den römischen Zuschauern waren nicht nur sogenannte bildungsferne Schichten, sondern auch Leute aus der Mittel- und Oberschicht, denen man aber kaum einen höheren Grad an Bildung zuschreiben konnte. Selbst wenn eine gewisse Bildung vorhanden war, reichte sie wohl nicht aus für eine moralische Reflexion. Anscheinend nur Wenige, das wissen wir aus schriftlichen Zeugnissen, verabscheuten diese Form der öffentlichen Unterhaltung als inhuman und hielten sich davon fern. Vom einfachen Bürger, der permanent um seinen Lebensunterhalt ringen musste, konnte man diese Denkhaltung nicht erwarten. Hier wäre die herrschende Schicht in der Pflicht gestanden. Doch für diese war nur die Erweiterung von Macht und Reich das ausgegebene Ziel, aber diese war auch nur mit einem eigenen befriedeten und zufriedenen Volk möglich. Bei der gewaltigen Ausdehnung des Herrschaftsgebiets fehlte den Machthabern der ganzheitliche Blick, die Vision einer Gemeinschaft. Der "Vielvölkerstaat" ließ keinen Gedanken an das Kernelement Mensch aufkommen. In der Öffentlichkeit wurde die Sklavenhaltung überhaupt nicht in Frage gestellt.

Und doch gab es wieder Ansätze, diese Spaltung der Gesellschaft zu überwinden. Wenn der Philosoph Seneca (1. Jht. n. Chr.) in seinen Briefen an Lucilius über das sittliche Verhalten des Menschen (Epistulae Morales Ad Lucilium) die Sklavenbehandlung kritisch betrachtet, muss man dies als einen vorsichtigen Versuch werten, diesen gängigen und unreflektierten

Missstand zur Diskussion zu stellen. Senecas Denken und Handeln waren nicht unumstritten, aber wir wollen ihn hier an seinen Aussagen messen. In besagtem Werk 47 schreibt er: *"'Servi sunt.' 'Immo homines'"*. Das heißt: 'die Leute sagen gemeinhin' *"Es sind doch Sklaven!"* 'Ich aber sage': *"Es sind vielmehr Menschen!"* Wie schwer sich dennoch gebildete Menschen wie Seneca mit einem "inhumanen" Staat tun, zeigt ein Selbstbekenntnis in seiner Schrift "De otio": *"Wenn der Staat zu verkommen ist, als dass man ihm helfen könnte, wenn er von Übeln durchdrungen ist, wird sich der Weise nicht unnötigerweise einsetzen und sich auch nicht aufopfern, wenn der Einsatz keinerlei Erfolg verspricht."*[16] Das Scheitern des Einzelnen, des Propheten in einer "menschen"-leeren Wüste zieht vielleicht logischerweise den Rückzug in die eigene heile Welt nach sich. Wie sonst lassen sich alle früheren und späteren - und heutigen - ähnlichen Verhaltensweisen gebildeter Menschen erklären? Die Herrschenden sind für ein globaleres menschliches Denken nicht empfänglich, weil sie vermeintlich ihren eigenen Ast der Macht absägen würden, auf dem sie sitzen, und dabei gar nicht bemerken, dass bereits das Wurzelwerk des ganzen Baumes verkümmert ist. Der Philosoph auf dem Thron, der eine Veränderung zu einer humaneren Gesellschaft herbeiführen könnte, blieb immer noch ein Wunschbild.

Einen Hoffnungsschimmer weckte allerdings der römische Kaiser Marcus Aurelius (2. Jht. n. Chr.). Er hatte in seinen "Selbstbetrachtungen" nicht nur das Individuum, sondern die Welt und die Menschen als Ganzes im Blick. Deswegen lohnt es, sich etwas näher mit seinen Gedanken und Vorstellungen vom Leben zu beschäftigen.

Zum kosmologischen Gedanken schreibt er: *„Wer nicht weiß, was der Kosmos ist, weiß nicht, wo er ist. Wer nicht weiß, wozu er geschaffen worden ist, weiß nicht, wer er ist, und auch nicht, was der Kosmos ist. Wer aber eins davon nicht erfasst, könnte auch nicht sagen, wozu er da ist."*[17] Diese Reflexion über einen Gesamtzusammenhang des menschlichen Seins auf Herrscherebene war bis dahin kaum so deutlich geäußert worden. Natürlich beruht das Denken des Marcus Aurelius in erster Line auf dem Gedankengut vieler

Vordenker. Der Begriff der Weltordnung (Ma'at) war bereits von den alten Ägyptern aufgegriffen worden. Bei ihnen scheint der Blick dabei mehr von unten nach oben zu gehen, das heißt, der Einzelne hat sich dieser höheren Ordnung zu fügen. Bei Marcus Aurelius scheint sich der Blick eher von oben nach unten zu richten, das heißt, der Herrscher hat selbst für diese Weltordnung zu sorgen zum Wohle aller Bürger. So ruft er auch sich selbst zu: *"Tu das, was notwendig ist und was die Vernunft eines von Natur zur Staatsgemeinschaft bestimmten Wesens gebietet und so, wie sie es gebietet; dies verschafft uns nicht nur Zufriedenheit, die aus dem Rechttun ... entspringt."*[18] Denn *"Der maßgebende Zug in der (geistigen) Veranlagung des Menschen ist das Gemeinschaftsgefühl,..."*[19] Das sagt uns auch die Vernunft, die uns gerade von den Tieren unterscheidet und unterscheiden soll. *"Wenn uns das Denkvermögen gemeinsam ist, dann ist uns auch die Vernunft, durch die wir vernünftig sind, gemeinsam. Wenn dies zutrifft, dann ist auch die Vernunft, die bestimmt, was zu tun ist oder nicht, uns allen gemeinsam. Trifft dies zu, ist auch das Gesetz uns allen gemeinsam. Wenn das richtig ist, dann sind wir alle Bürger. In diesem Fall haben wir teil an einer Art von Staatswesen. Wenn dies zutrifft, dann ist der Kosmos gewissermaßen ein Staat. Denn zu welchem gemeinsamen Staatswesen, so könnte jemand fragen, sollte das gesamte Menschengeschlecht sonst gehören? Von dort aber, d. h. aus diesem gemeinsamen Staat, haben wir unser Denkvermögen, unser vernünftiges Wesen und unser Bedürfnis nach dem Gesetz."*[20] Wenn wir uns als Gemeinschaft verstehen, dann gilt auch: *"Die Menschen sind für einander da. Belehre sie also (eines Besseren) oder ertrage sie."*[21] *"Denn bei allem, was ich aus eigener Kraft oder mit Hilfe eines anderen tue, muss ich allein nach dem trachten, was für das Gemeinwohl nützlich und angemessen ist."*[22] Dieses füreinander Dasein bedeutet gleichzeitig, dass wir uns gegenseitig respektieren in Bezug auf unser individuelles Dasein, unsere Fähigkeiten, aber auch unsere Unzulänglichkeiten. In diesem Sinne ermahnt uns auch Marcus Aurelius, eine offenherzige Verhaltensweise an den Tag zu legen, weil wir dadurch gewinnbringende Einsichten erlangen können. *„Wenn Du dich freuen willst, dann denk an die Vorzüge deiner Mitmenschen. Das ist z. B. bei dem einen die Tatkraft, bei dem anderen die Zurückhaltung, bei dem nächsten die Freigebigkeit, bei einem anderen* *noch etwas anderes. Denn nichts macht soviel Freude, wie die Erscheinungsformen der Tugenden, die in den Charakteren unserer Mitmenschen sichtbar werden und - soweit möglich - in großer Zahl zusammentreffen. Deshalb muss man sie auch stets zur Hand haben.*"[23] Wir sollten so selbst den anderen ein Anlass zur Freude sein, um dadurch eine Wechselwirkung zu erzielen. Und Vorbild und Nachahmung haben auch bis heute nichts an ihrer Attraktivität verloren. Das gilt allerdings im guten wie im schlechten Sinn.

„Was ist es also, worauf wir unsere ganze Sorge lenken müssen? Nur das eine: eine gerechte Sinnesart, gemeinnütziges Handeln, beständige Wahrheit im Reden..."[24] Wie sehr erinnert uns das an Zarathustras Grundsätze "gut denken, gut reden, gut handeln," und an die Visionen des indischen Herrschers Ashoka (s. u. S.44ff)! Sie sind die Voraussetzungen einer funktionierenden und friedlichen Gemeinschaft. Denn *„Alle wirken wir gemeinsam auf ein Ziel hin: einige mit vollem Bewusstsein, andere unwissend... Der eine wirkt auf diese, der andere auf jene Weise mit.*"[25] Diese zunächst auf das nationale Feld beschränkte Sicht muss jedoch auch in einen größeren Zusammenhang übertragen werden. *„Stelle dir stets die Welt als ein Geschöpf vor, das nur aus einer Materie und aus einem einzigen Geist besteht. Sieh, wie alles der einen Empfindung derselben sich fügt; wie vermöge einheitlicher Triebkraft alles mit allem Werdenden in begründetem Zusammenhang steht und von welcher Art die innige Verknüpfung und Wechselwirkung ist.*"[26] Wer sich dagegen nicht nur als einzelner, sondern als ganze Gruppe oder Volk dieser globalen Gemeinschaft entzieht, löst sich nicht nur aus einem zusammengehörenden Organismus heraus, sondern läuft Gefahr, unter bestimmten Voraussetzungen diesen damit auch aufzulösen. Ein Zerfall der Menschheit wäre die Folge und würde den Einzelnen wie die Gesamtheit in Hass, Zwist und zerstörerische Kriege führen. *"Ein Mensch aber trennt sich selbst von seinem Mitmenschen, weil er ihn hasst und sich von ihm abwendet. Er weiß aber nicht, dass er sich zugleich auch von der Gemeinschaft als ganzer abgeschnitten hat. Abgesehen davon ist jene Gemeinschaft ein Geschenk des Zeus, der sie zusammengefügt hat. Es ist uns nämlich möglich, wieder zusammenzuwachsen mit dem Nachbarn und wieder dazu beizutragen, dass das Ganze ergänzt wird. Wenn freilich eine Abtrennung dieser Art*

häufiger erfolgt, dann führt dies dazu, dass der Teil, der sich absondert, nur unter Schwierigkeiten wieder mit dem übrigen zu vereinigen und kaum mehr zu integrieren ist."[27] Dabei übersieht Kaiser Marcus Aurelius trotz seiner häufig optimistischen, teilweise sogar idealistischen Betrachtungsweise der Menschen nicht deren mögliche Unzulänglichkeiten, die eine Völkergemeinschaft vollständig zu Fall bringen können. Er warnt selbst vor zu großen Erwartungen: „*Hoffe auch nicht auf einen platonischen Staat, sondern sei zufrieden, wenn es auch nur ein klein wenig vorwärts geht, und halte auch einen solchen kleinen Fortschritt nicht für unbedeutend. Denn wer kann die Grundsätze der Leute ändern? Was ist aber ohne eine Änderung der Grundsätze anderes zu erwarten als ein Knechtsdienst unter Seufzen, ein erheuchelter Gehorsam?*"[28] Leider sollte sich diese pessimistische Befürchtung sowohl in seinem Reich als auch in den vielen nachfolgenden Reichen bewahrheiten.

Und wir heute, etwa zwei Tausend Jahre später? Wie sehr treffen Marcus Aurelius' Äußerungen auf unsere gegenwärtige Zeit zu? Wie weit haben wir uns als Einzelne, als Gruppen oder Völker von unseren Mitmenschen getrennt und wie sehr regieren Hass, Zwist und zerstörerische Kriege unsere heutige Welt, wenn wir auf die Ereignisse auf diesem Planeten blicken: Afghanistan, Irak, Israel, Palästina, Syrien und die Abspaltungen der extremistischen Splittergruppen von IS, Boko Haram und Al Quaida, die sich aus jeglicher Weltgemeinschaft völlig ausgeklinkt zu haben scheinen, ebenso die gewalttätigen Gruppierungen der Rechts- oder Linksextremisten, aber auch gewalttätige Staatsregierungen, die auf viel zu geringen Widerstand der Weltgemeinschaft stoßen! Ganz zu schweigen von der innergesellschaftlichen Ungerechtigkeit, Ausbeutung, Unterdrückung, Korruption u. Ä.! Haben wir uns in der Lage gezeigt, die "Grundsätze der Leute", also unsere eigenen Grundsätze, zu einem besseren Zusammenleben zu ändern? Welche Antwort haben wir parat, wenn wir unsere eigene Gegenwart beurteilen sollen?

III. Die Rolle der Religionen von Judentum, Christentum, Islam u. a. als Richtschnur für die Menschheit

(Grundzüge und Widersprüche der Religionen und ihr Versagen, eine humanere Welt zu gestalten)

Neben dem weltlichen Machtanspruch drängen sich die unterschiedlichen Glaubensrichtungen in das Leben der Menschheit. Pantheismus oder Polytheismus verlieren an Kraft, wohl weil die vielen Götter mehr Unruhe stiften als ein friedliches Dasein garantieren. Vielleicht ist das Leben zu hart, eine irdische Hoffnung auf ein besseres Schicksal zu gering, so dass ein Heilsbringer unter den verschiedensten Namen (Gott, Abraham, Moses, Allah, Mohammed, Buddha u. a.) den Blick auf eine neue rettende jenseitige Welt richten muss. Judentum, Christentum und Islam ziehen ihre Wurzeln aus vergleichbaren Quellen. Abraham als Vertreter eines ausgeprägten Monotheismus gilt in deren Schriften gleichermaßen als Stammvater ihrer religiösen Bewegungen. Dennoch lässt sich eine geschichtliche Existenz Abrahams nicht nachweisen, weshalb sich die Religionen nur auf überlieferte Berichte und Aufzeichnungen (von wem?) berufen können. Eine Tatsache, die auch viele andere Religionen mit ihren Glaubensstiftern auf eine reine Glaubensangelegenheit zurückwerfen und einen geäußerten Alleinvertretungsanspruch ad absurdum führen. Auf einer vergleichbaren Linie mit den Vorstellungen von Abraham, Adam, Moses und Mohammed stehen auch die indischen Schriften Manavadharmashastra oder Manusmriti (ca. 200 v. - 200 n. Chr.). Diese Aufzeichnungen wurden und werden teilweise heute noch als das Moral-, Gesetz- und Pflichtenbuch der indischen Gesellschaft gesehen. Es wurde angeblich von Manu, dem Urvater des Menschengeschlecht, zur Orientierung für die Menschen verfasst.

Das Wort ISLAM bedeutet "Unterwerfung". Zwar ist darunter ursprünglich die Unterwerfung des gläubigen Muslim unter das Wort und den Willen Allahs gemeint. Aber das darin enthaltene

Missionsgebot wurde vor allem in den Anfängen des Islam unter dem Kalifen Abu Bakr und seinem Feldherrn Khalid bin al-Walid in den sogenannten Ridda-Kriegen gegenüber abgefallenen ehemaligen Muslimen auf grausame Weise umgesetzt. Die Kalifen Omar (634-644 n. Chr.), Osman (644-656) und Ali b. Abi Talib (656-661) übten zwar danach eine etwas abgemilderte Form der Unterwerfung aus, aber auch sie haben in religiösen *und* territorialen Eroberungszügen im gesamten Vorderen Orient diesen traditionellen Missionsgedanken fortgeführt. Dabei stand jedoch zunächst die Ausweitung des eigenen Machtgebietes und weniger eine religiöse Zwangskonvertierung im Vordergrund, wohl in Anlehnung an Sure 109/7: "*Euch euer Glaube, und mir mein Glaube*". Dies trug sicherlich zu einer gewissen Harmonisierung unter den Menschen bei (wenngleich die Andersgläubigen später eine "Befreiungssteuer" entrichten mussten, die ergänzend dazu diente, die Herrschaft der Kalifen zu finanzieren). Und aufgrund dieser Tatsache, dass im Herrschaftsgebiet unter dem Einfluss des Islam ein religiöses und damit auch ein stammesmäßiges Zusammengehörigkeitsgefühl erwuchs, betrachteten die Muslime diese Geschichtsperiode als ein "goldenes" Zeitalter. Dies sollte sich jedoch bald dahingehend ändern, dass Angehörige anderer Religionen, vor allem des Christentums, nicht als gleichberechtigt anerkannt und ihre Lebensformen sehr eingeschränkt wurden. Die territoriale Unterwerfung, die im Westen über Nordafrika bis nach Spanien und Frankreich und im Osten bis zum Indus reichte, endete letztendlich also auch in einer religiösen Unterwerfung, die den "Ungläubigen" in eine Unterwerfung unter den eigenen Glauben zwingen will. Dabei war man allzu schnell bereit, den Dschihad, den heiligen Krieg, gegenüber Andersgläubigen auszurufen. Wie sehr bei all diesen Religionen die Vernunft ausgeschaltet war, lässt sich an der Tatsache erkennen, dass bei deren Anhängern kaum eine kritische Reflexion über die Wahrscheinlichkeit oder Unwahrscheinlichkeit des Ursprungs der jeweiligen Schriften stattfand, sondern die überlieferten Worte als unbedingt "gottgegeben" angesehen wurden. Daher erwuchs auch der Fanatismus, jedes angeblich geäußerte oder niedergeschriebene Glaubenswort als unumstößliche Wahrheit zu interpretieren und eine abweichende Denk- und Glaubensweise als ketzerisch und ungläubig zu verdammen. Auch im Islam wurden hochgebildete und vernunftbegabte Menschen wie der Historiker und Gelehrte Ibn Khaldun (1332-1406) ignoriert, der sich kritisch mit der Geschichte, besonders mit den arabischen Dynastien, auseinandersetzte. In seinem "Buch der Beispiele" (Al Muqaddima)[29] schreibt er kritisch über geschichtliche Überlieferungen, und dazu gehören — zunächst unabhängig von jeder Glaubensfrage - auch die sogenannten Heiligen Schriften der verschiedenen Religionen: *"Zu den Ursachen für Unwahrheiten in historischen Nachrichten zählt auch blindes Vertrauen in die Überlieferer. ... Zu den Ursachen zählt weiterhin die Einbildung, die Wahrheit zu besitzen. Das kommt häufig vor und hängt meist mit dem blinden Vertrauen in die Übermittler zusammen. Zu den Ursachen gehört auch fehlendes Wissen darüber, in welcher Beziehung die einzelnen Zustände (in der menschlichen Kultur) zu den tatsächlichen Ereignissen stehen, da Falsches und Mißverständliches (in die Überlieferungen) mit eingehen."*[30] Die Ignorierung solcher Aussagen und die daraus resultierende Radikalität "blinder" Verfechter leitete einen Jahrtausende währenden Glaubenskampf zwischen Christen, Muslimen und anderen Gläubigen ein.

Seit den großen religiösen Veränderungen im römischen Reich wie in den arabischen Regionen, als im Jahre 380 n. Chr. die Kaiser Theodosius I., Gratian und Valentinian II. in dem Dreikaiseredikt "Cunctos Populos" das Christentum zur Staatsreligion erklärten und etwa im Jahre 600 n. Chr. Mohammed seinen Traum hatte, dass ihm ein Engel die Botschaft des Koran einflüsterte, haben eine dauerhafte Rivalität und heftige Auseinandersetzungen zwischen diesen Religionen eingesetzt. Es waren in beiden Fällen "übermenschliche" Offenbarungen, in denen einerseits eine übernatürliche Stimme, die einen Auftrag gab, andererseits ein Traum den Anfang bedeutete, in dem z. B. Mohammed lesen oder rezitieren sollte:

"1. Im Namen Allahs, des Gnädigen, des Barmherzigen.

Diese beiden Religionen sollten in Europa, Nordafrika und im Vorderen Orient die Grundlagen für ein religiöses, aber auch herrschaftliches und gesellschaftliches Leben auf der Basis von Werten wie Liebe, Nächstenliebe, Ehrlichkeit, Achtung, Fleiß und Gemeinschaftsgefühl festlegen. Die nachfolgenden Wellen des einsetzenden fehlgeleiteten Missionsglaubens jedoch schwappten über den Rest der Welt der "Ungläubigen", und der "rechte" Glaube wurde gegen alle Vorsätze und niedergeschriebenen Grundsätze mit Macht und Gewalt verbreitet. Was die vorhergehende gewaltsame Ausbreitung des Islam einleitete, fand seine Fortsetzung in den christlichen Kreuzzügen. Beide Seiten beriefen sich auf eine übergeordnete Autorität wie Prophet und Papst als Stellvertreter ihres jeweiligen Gottes, wenn sie den Kampf gegen die andere Glaubensrichtung forderten, der zu einer Angelegenheit der gesamten islamischen beziehungsweise christlichen Welt erklärt wurde. Damit nahm eine nahezu unfassbare Entwicklung von permanenten Feindbildern ihren Lauf und wütete durch die Jahrhunderte bis in die Tage unserer heutigen Welt, wobei festzustellen ist, dass aus einer ehemals religiös-politischen eine politisch-religiös-wirtschaftliche Auseinandersetzung geworden ist. Der Kampf um einen jüdischen und palästinensischen Staat, um einen sogenannten Islamischen Staat, um Öl und um einen wirtschaftlichen, atomaren und religiösen Machteinfluss bestimmt bis heute die Ereignisse im vorderen Orient und durch den daraus resultierenden Terrorismus die ganze Welt, weil jede Partei sich ihre Welt in ihrem Sinne zurechtinterpretiert und die Grundsätze der fundamentalen Schriften nach Gutdünken auslegt und anpasst. Vergessen ist die Aussage der Bibel: " *Stecke dein Schwert an seinen Platz! Denn alle, die zum Schwert greifen, werden durch das Schwert umkommen!*"[32] Auch der gewalttätige islamische

Fundamentalismus übersieht Allahs klare Anweisung an Mohammed und seine Anhänger im Koran: *"Ermahne drum; denn du bist nur ein Ermahner; Du bist nicht Wächter über sie."*[33] und Mohammeds Selbstverständnis: *"(Mein Amt ist) nur die Übermittlung (der Offenbarung) von Allah und Seiner Botschaften."*[34] Strafen kann demnach nur Gott beziehungsweise Allah selbst. Das gilt für die Bibel wie für den Koran gleichermaßen. Wer sich also selbst als gewalttätiger Richter aufspielt und sich anmaßend mit seinem Gott oder Allah gleichsetzt, verstößt selbst in frevlerischer Weise gegen deren Gebot.

Der Islam selbst muss sich seiner historischen Entwicklung bewusst werden, denn das autoritär patriarchalische System hatte seinen Ursprung - und vielleicht auch damals seinen Sinn - in dem bedingungslosen Zusammenhalt des Nomadenclans der Araber. Bei den herrschenden Rivalitäten und sogar Feindschaften war es im Kampf um die Herrschaft lebens- und überlebenswichtig. Doch diese Struktur wurde im Laufe der weiteren Geschichte unreflektiert in die Entwicklung der Welt mit übernommen, so dass sich ein absolut verkrustetes, unflexibles und dadurch auch intolerantes System gefestigt hat. Der Blick über diese blind errichtete Mauer wurde dadurch verwehrt und dies verhinderte die dynamische Kraft, sich zu adaptieren und die Position der eigenen Kultur in einen Gesamtkontext der Welt einzuordnen. Auch das Christentum muss sich diesen Vorwurf gefallen lassen, denn auch hier wurde lange an einem erstarrten, unnachgiebigen und uneinsichtigen System festgehalten. Die dicken Kloster- und Kirchenmauern verbargen die zahlreichen Fälle von christlichem Fehlverhalten vor den Augen der Öffentlichkeit. Trotz der Kenntnis dieser Tatsachen heuchelten die Kirchenvertreter christliche Nächstenliebe und Unfehlbarkeit. Wie schwer sich auch diese christliche Religion noch in unserer Zeit tut, zeigt das Ringen um die zaghaften Eingeständnisse und Veränderungsversuche von Papst Franziskus.

Der positive Glaube an eine Menschen verbindende Idee wird oft noch über Bord geworfen, obwohl es auf beiden Seiten genügend Kritiker dieser gewaltsamen Missionen gab. Ibn

Ruschd (latinisiert: Averroes - 1126-1198), zum Beispiel, versuchte, auch den Koran einer rationalen Kritik zu unterziehen, und wandte sich gegen zu enge und einseitige Interpretationen. Trotz aller schriftlichen Darstellungen bleibt seiner Meinung nach ein gewisser Spielraum für abweichende Auslegungen, die nicht dazu führen dürfen, dass die betroffenen Personen als "Ungläubige" eingestuft werden. Für diese Offenheit und Toleranz trat in unserer jüngeren Zeit auch der ägyptische Philosoph Mahmoud Amin El Alem ein, wenn er in einer seiner Reden betont: *"Somit ist die objektive Freiheit die Krönung der Philosophie Averroes', eine Philosophie, mit der er eine politische Macht gründen wollte, die auf Wissenschaft, Toleranz und Aufklärung basiert. Er wollte damit ein Gegengewicht schaffen zur konservativen, fanatischen und starren Autorität seiner Zeit. Auf diese Weise konnte er für die Dunkelheit des Mittelalters in Europa eine Leuchtkraft sein, die für den Beginn eines neuen Aufbruches in der menschlichen Geschichte beigetragen hat."*[35] Und doch: Diese Einstellung zur Anwendung der Vernunft führte sehr bald zu Ibn Rushds Verbannung und dazu, dass seine Ideen abgelehnt und seine Bücher verbrannt wurden. Können wir uns in der Gegenwart rühmen, diese Unvernunft hinter uns gelassen zu haben oder müssen wir uns vielmehr mit Mahmoud Amin El Alem gleichzeitig fragen, ob wir wirklich einen Schritt weiter gekommen sind, wenn er kritisch anmerkt: *"Die wissenschaftliche und technische Entwicklung gibt uns Einblick in den Atomkern, nimmt uns mit auf eine Reise zum Mond und verringert räumliche und zeitliche Distanzen. Anstatt aber die Kluft zwischen den sozialen Schichten einerseits und den Nationen andererseits zu verringern, speziell in den neu sich entwickelnden Ländern der dritten Welt, vergrößert sich der Abstand. Die Widersprüche explodieren und verschärfen sich, es entstehen Konflikte, die von einseitiger Interessenpolitik sowohl auf nationaler als auch auf internationaler Ebene gesteuert werden."*[36] Fehlt es uns also trotz - oder gerade wegen - religiöser Fundamente immer noch an einem vernunftgesteuerten und auch emotionalen Gemeinschaftsgefühl, so wie es im 14. Jahrhundert der arabisch-islamische Historiker Ibn Khaldun in seiner Schrift "Al Muqaddima" darzulegen versuchte? Denn auch Hinduismus und Buddhismus sind nicht gefeit gegen die Anfechtungen von Religionshass und Fremdenfeindlichkeit, die selbst noch im einundzwanzigsten Jahrhundert zum Beispiel in Myanmar gegen die muslimische Minderheit der Rohingyas und zwischen anderen Religionen an anderen Orten der Welt wie im Nahen Osten zum Ausbruch kommen.

So sieht zum Beispiel der österreichische Philosoph Leonhard Weiss auch jeden Angehörigen einer ethischen Religion in seiner herausfordernden Pflicht, wenn er ihn an seine anspruchsvolle Aufgabe erinnert: *„Als Gemeinschaft von Menschen steht die religiöse Gemeinde immer schon vor dem Problem der Realisierung ihrer Überzeugungen, der Überwindung des abstrakten Charakters der „Versöhnung". Daher steht die Gemeinde notwendigerweise in einem Verhältnis zur sozialen Wirklichkeit ihrer Zeit."* [37]

Doch erst der Grad der Umsetzung dieser Überzeugungen, seien sie religiös, ethisch oder gesellschaftlich bedingt, zeigt, inwieweit sich die Gemeinde oder aber auch der Einzelne über die Hürden hinwegsetzen kann, die ihrem Willen zu einer Versöhnung mit seinem Mitbürger, also zu einem humanen Miteinander im Wege stehen. Dieses Selbstverständnis zum positiven Handeln, also unsere Selbstverwirklichung nach unseren religiösen, ethischen und gesellschaftlichen Prinzipien macht schließlich aus uns Menschen ein von der Vernunft bestimmtes Wesen. Sind wir dieser Anforderung gerecht geworden?

IV. Die Kultur Indiens - Buddhismus und Hinduismus als Wegbereiter für eine humane Gesellschaft?

(Der sanfte Weg der Vernunft und der Weg der Spaltung – Kastenwesen und Kolonialismus)

Die indische Geschichte hatte ihr "Damaskuserlebnis" weit vor der biblischen Bekehrung des Saulus zum Paulus[38]. Kaiser Ashoka (268-232 v. Chr.), der in einem grausamen Krieg Teile Indiens eroberte, erfuhr anscheinend durch seine intensive Begegnung mit dem Buddhismus seine Bekehrung zu einem gewaltlosen, gerechten und gütigen Herrscher. Gemeinhin schätzte man die Zeitalter, in denen ein Buddha "erwachte", als glückliche ein. Diesen waren aber jeweils viele dunkle Zeitalter vorausgegangen und nachgefolgt. Bei Ashoka schien der Wertekanon des Buddhismus letztendlich doch erfolgreich gewirkt zu haben, denn das von Buddha geforderte Mitgefühl gegenüber der gesamten lebenden Kreatur war offensichtlich auch in Ashoka angesichts seiner verübten Grausamkeiten und Ungerechtigkeiten erwacht, und der Kaiser selbst machte noch zu seinen Lebzeiten seinen veränderten Blick auf die Welt und die Menschen mit seinen sogenannten Säulenedikten im ganzen Land kund. Die Weisheit Buddhas sollte sein zukünftiges ganzes Wirken und Walten durchdringen (den status quo seiner Eroberungen wollte er allerdings nicht rückgängig machen). Denn das größte Übel in der Welt ist, nach seiner Überzeugung, die Unwissenheit um die Zusammenhänge der Dinge. Das engstirnige egoistische Verlangen nach größerer Macht, einem größeren Reich und einem angenehmeren persönlichen Leben ist nach buddhistischem Glauben die Ursache allen irdischen Leids. Diesen ewigen Kreislauf des Leids wollte Ashoka mit seinen Aufforderungen zu einem besseren und gerechteren Leben durchbrechen. Zarathustras Prinzipien von "gut denken", "gut reden" und "gut handeln" wirken also auch in der buddhistischen Lehre nach. Sollte Ashoka wirklich einer der wenigen Herrscher gewesen sein, die ihre religiös-ethischen Prinzipien auch in ihrer Politik umsetzten? Seinen Edikten nach zu urteilen schien er zumindest von vielen guten Vorsätzen geleitet gewesen zu sein: *„Alle Menschen sind für mich wie meine Kinder … Sie sollen keine Angst vor mir haben und sollen mir vertrauen“*.[39] Unwillkürlich werden wir hier an die - viel späteren - ethischen Grundsätze vom humanen und gerechten Herrschen und Leben eines Marcus Aurelius erinnert (s. oben S.33ff). Eines der Edikte Ashokas lautet: *„Und vornehme Taten und die Praxis des Dharma bestehen aus Güte, Großzügigkeit, Ehrlichkeit, Reinheit, Milde und der Förderung des Guten unter den Menschen.“*[40] Auch forderte er Toleranz in allen Lebensbereichen, vor allem auch die Toleranz gegenüber anderen Religionen: *„Alle Religionen sollten überall verbreitet sein, denn sie alle streben nach Selbstkontrolle und der Reinheit des Herzens.“*[41] Und dazu mahnt er: *"... auf dass man nicht bei unpassender Gelegenheit die eigene religiöse Vereinigung herausstreiche und über andere religiöse Vereinigungen abfällig urteile."*[42] Besonders die Achtung vor allen Lebewesen war ihm ein großes Anliegen: *„Hier (in meinem Reich) dürfen keine Lebewesen getötet oder als Opfer dargebracht werden.“*[43] Mit diesem Verbot verbannte er auch den Krieg aus seinem Reich, wie er andererseits Gewaltlosigkeit propagierte, sich um eine gerechte Herrschaft bemühte, eine allen dienliche Infrastruktur aufbaute, Schulen errichten ließ und Geld in Bildung investierte. Er zeigte also, dass ein Herrscher mit gutem Willen, einer klaren und von der Vernunft geleiteten Vision und eigener Tatkraft den Bürgern seines Landes ein möglichst friedfertiges und akzeptables Leben garantieren konnte. Diese Kraft des guten Willens, der in vielen Gebieten in Felsen- und Säuleninschriften öffentlich verkündet wurde, hatte noch einen direkten Einfluss auf seine Untertanen. Wie ernst es Ashoka mit seinem neuen Regierungsstil war, zeigt die Tatsache, dass er sogar Boten in zahlreiche Nachbarstaaten schickte, um seine Visionen von Gewaltlosigkeit, Gerechtigkeit, Bildung und Toleranz in vielen Belangen zu verbreiten. So betont er in einer Felseninschrift:

"Diesen Sieg aber hält Devanampriya [= Liebling der Götter = Ashoka] für den größten, nämlich den Sieg des moralischen Gesetzes. Dieser Sieg ist dem Devanampriya wiederholt zugefallen, sowohl hier wie bei allen seinen Nachbarn, sogar auf eine Entfernung von 600 Yojanas [ca. 6000

km], wo der Ionier-König Antiochos regiert, und noch über das Reich dieses Antiochos hinaus, wo vier andere Könige regieren, nämlich König Ptolemaios, König Antigonos, König Magas und König Alexander, ebenso nach Süden, wo die Chodas und Pandyas wohnen, ja bis nach Ceylon. Ebenso hier in des Königs eigenem Reich, bei den Ioniern und Kambojas, bei den Nabhakas und Nabhapanktis, bei den Bhojas und Pitinikyas, bei den Andhras und Paladas. Alle diese Völkerstämme befolgen aufgrund der von Devanampriya gegebenen Belehrung das moralische Gesetz. Sogar solche Herrscher, zu denen die Gesandten Devanampriyas nicht kommen, haben gehört von den moralischen Pflichten, die Devanampriya auf sich genommen hat, von den Verordnungen, von den Belehrungen über das moralische Gesetz, und sie folgen dem moralischen Gesetz oder werden es tun."[44] Mit Nachdruck äußerte Ashoka seinen Wunsch, ja seinen Auftrag, dass seine Prinzipien im eigenen Reich auf Dauer bestand haben sollten: "*Auch die Söhne, Enkel und Urenkel des Königs Devanampriya Priyadarsin werden die praktische Betätigung des moralischen Gesetzes fördern bis an das Ende dieses Weltalters, sie werden dem moralischen Gesetz und dem rechten Lebenswandel treu bleiben und werden Belehrung über das moralische Gesetz erteilen. Denn Belehrung über das moralische Gesetz erteilen, ist das Beste, was man tun kann. Die praktische Betätigung des moralischen Gesetzes aber kann einem zuchtlosen Menschen nicht gelingen. Gute Absichten dieser Art zu fördern und sie nicht zu vernachlässigen, ist verdienstvoll.*
Dies wurde geschrieben, damit meine Nachkommen sich für die Förderung dieser Ziele einsetzen und sie nicht vernachlässigen. Dies ließ der König Devanampriya Priyadarsin zwölf Jahre nach seiner Krönung schreiben."[45]

Doch diese Hoffnung erfüllte sich nicht. Wo blieben die Nachfolger einer solchen Herrschaft? Warum waren wir Menschen nicht in der Lage, uns eher in eine solche Richtung zu entwickeln anstatt in eine Richtung von Feindschaft, Gewalt und Fremdenhass? (Man ist geneigt, daran zu erinnern, welch traurige, fast sinnlose Rolle die UNO, ein Verbund der meisten Staaten der Welt, in einem vergleichbaren Zusammenhang heute spielt.) Scheiterten und scheitern wir an der Erkenntnis, die schon Ashoka in einer Felseninschrift verewigte? "*Schwer ist es, gute Werke zu tun. Wer gute Werke vollbringt, der vollbringt etwas*

*Schwieriges. ... Wer aber auch nur einen Teil dieser Aufgaben vernachläs-
sigt, der wird Schuld auf sich laden. Leicht nämlich ist es, das Schlechte
zu tun.*"[46] In einer seiner Säuleninschriften scheint er eine Antwort zu geben: "*Schon in früherer Zeit hatten die Könige den Wunsch,
die Menschen möchten durch Vervollkommnung ihres sittlichen Lebenswandels Fortschritte machen. Die Menschen aber machten keine Fortschritte durch angemessene Vervollkommnung ihres sittlichen Lebenswandels.*"[47] Und deshalb hielt ihn die Hoffnung aufrecht, dass er
derjenige sei, der diese Vervollkommnung des sittlichen Lebenswandels bewirken könne, denn er schreibt weiter: "*Mir
kam folgender Gedanke: Ich werde Aufrufe zur moralischen Lebensführung erlassen, und ich werde Belehrungen über das moralische Gesetz veranlassen. Wenn die Menschen dies hören, werden sie freudig gehorchen,
werden sich aufraffen und werden durch Vervollkommnung ihres sittlichen
Lebenswandels große Fortschritte machen.*"[48] Für sein Reich zog
Ashoka ein, wenn auch subjektives, positives Fazit seiner Errungenschaften, wobei er sehr treffend kritisch differenziert:
"*Diese Vervollkommnung der sittlichen Lebensführung haben die Menschen auf zweierlei Wegen erlangt, durch Moralvorschriften und durch
eigene Überzeugung. Hierbei richten Moralvorschriften indes nur wenig
aus, mehr dagegen vermag die eigene Überzeugung.*"[49] Dass diese hoffnungsvolle Vorstellung vom Glauben an die Menschheit ein
schrecklicher Trugschluss war und sein Verhalten fast ein Alleinstellungsmerkmal in der indischen Geschichte bedeutete,
musste er selbst zu seinem Glück nicht mehr miterleben.
Erst Mahatma Gandhi (1869-1948), der sich auch an seinem
Vorbild Ashoka orientierte (eine indische Banknote von 1987
erinnert daran), versuchte gewaltfrei den Staat als Gemeinschaftswesen wieder auf eine ethische und gerechte Grundlage
zu stellen, so weit es das politische System des indischen Staates ohne britische Herrschaft betraf. Aber auch er konnte -
oder wollte? - das starre religiöse System des Hinduismus nicht
aufbrechen. Die Beseitigung des unmenschlichen Kastensystems war für ihn persönlich und vor allem gesellschaftlich eine
zu große Hürde. Auch für den Kritiker Gandhis, Bhimrao
Ramji Ambedkar, der sich für die Abschaffung des menschen-
verachtenden Kastensystems in Indien einsetzte, waren An-

feindung und Widerstand zu groß. Sein Ziel war es, ein Bewusstsein dafür zu schaffen, wie erniedrigend die sogenannten Unberührbaren behandelt werden. In seiner (leider verhinderten) Rede "Annihilation of Caste" (Die Beseitigung des Kastensystems) aus dem Jahre 1936, in der er eine Zerschlagung des hinduistischen Kastensystems forderte, zeigte er noch einmal die unwürdige Behandlung der Paria, der Unberührbaren, anhand einiger Beispiele auf: *"Unter der Herrschaft der Peshwa im Maratha Gebiet war es dem Unberührbaren nicht erlaubt, die öffentlichen Straßen zu benutzen, wenn ihm ein Hindu entgegen kam, damit er diesen nicht mit seinem Schatten beschmutze. Der Unberührbare musste einen schwarzen Faden um sein Handgelenk oder seinen Hals tragen als ein sichtbares Zeichen dafür, dass ein Hindu sich nicht aus Versehen durch einen Kontakt mit ihm beschmutze. In Poona, der Hauptstadt der Peshwa, musste ein Unberührbarer einen Besen um seine Hüfte gebunden tragen, um hinter sich den Staub, den er betreten hatte, wegzukehren, damit ein Hindu, der den gleichen Weg nahm, nicht beschmutzt werden sollte."*[50] Ambedkar war überzeugt, dass erst eine Veränderung der religiösen Grundlage des Hinduismus, wie generell der Religion, auch eine Veränderung der politischen Gesellschaft nach sich ziehen kann (Man beachte in diesem Zusammenhang auch eine wiederholt von kritischen Muslimen geforderte Veränderung des Islam im Sinne einer Anpassung an die aufgeklärtere Welt).

Dabei ist es auch hilfreich, sich daran zu erinnern, wie dieses Kastenwesen eigentlich entstanden ist. Als das Nomadenvolk der Arya vom Nordiran nach Indien vordrang (ca. 1700 v. Chr.), breiteten sie sich als dominantes Volk aus, das sich über die einheimische Bevölkerung hinwegsetzte. Sie unterteilten die Gesellschaft in höhere und niedrigere Gruppen, eine Aufteilung, die später das Kastensystem unter dem sich etablierenden religiösen System des Hinduismus zementierte. Diese starre Wertegliederung ist also keine gottgegebene Struktur, sondern ein von Menschen errichtetes System.

Auch hier muss man erneut den kritischen Blick auf den unterschiedlichen Entstehungsglauben der Religionen der Welt richten und hinterfragen, ob der gegenwärtig praktizierte Glaube im Sinne eines so verehrten gütigen Gottes ist. Dieses Kastendenken verhinderte und verhindert das Entstehen eines Gemeinschaftsgeistes, wie er für eine gesunde und harmonische Gesellschaft notwendig ist. Es erscheint als eine logische Konsequenz, dass Indien seit dieser Zeit eine gespaltene Nation ist, die in weiten Teilen einer gemeinsamen Grundlage entbehrt. So leidet die volkreichste "Demokratie", begraben unter einem vergifteten selbstzerstörerischen religiösen Mantel, bis heute unter der Ungleichheit ihrer Gesellschaft, einer Ungleichheit, auf der allerdings nicht nur die Politik und Wirtschaft des eigenen Landes, sondern in erschreckender und unmoralischer Weise auch die Industrien anderer Länder auf Kosten der unterprivilegierten indischen Bevölkerung ihre Profite aufbauen. Nicht umsonst wurden viele Produktionsprozesse und Aufgaben von anderen Ländern nach Indien verlagert, und deren wirtschaftliche Erfolge stützten sich auf Armut, Blut und Tränen der unterprivilegierten und - man muss es auch so deutlich ausdrücken - ausgebeuteten Bevölkerung in Indien.

In diesem Zusammenhang darf auch die erniedrigende Stellung der Frau in der indischen Gesellschaft - es waren vor allem Frauen, die in bestimmten Industriezweigen tätig waren - nicht unerwähnt bleiben. Sexualität und vor allem sexuelle Abhängigkeit spielten schon im alten Indien eine große Rolle. Zum Beispiel war die Textilverarbeitung ein wichtiger Zweig im Staate. Einerseits durften die Aufsichtbeamten die Frauen nicht einmal ansehen (bei "Vergehen" gab es hohe Strafen), andererseits gab es eine Regel, dass Frauen den Aufsichtsbeamten nach deren Wunsch zu Diensten stehen mussten.[51] Diese Geringschätzung der Frau grub sich tief in das Bewusstsein einer Männergesellschaft und ließ die Frauen zum sexuellen Freiwild für die Männer werden, ein Umstand, den wir erschreckenderweise noch heute in der indischen Gesellschaft vorfinden. Täglich werden brutale und rücksichtslose sexuelle Übergriffe auf und Vergewaltigungen von Frauen bekannt, aber der Indische Staat ist nicht in der Lage oder willens, diesem Missstand entschieden entgegenzutreten. Nur selten kommt es trotz massiver Kritik aus dem In- und Ausland zu durchgreifenden Prozessen und Verurteilungen. (Interessant ist dabei auch ein Blick auf das frühere China: Dort waren Mädchen lange Zeit von den Schulen ausgeschlossen. Sie mussten sich auf irgend eine Weise selbst quasi autodidaktisch bilden. Dabei zeigte sich ein paradoxes Phänomen. Um als gebildet und damit gesellschaftsfähig anerkannt zu werden, wechselten manche Damen in den Kurtisanenstand. Denn von einer solchen Dame wurde Bildung und geistige Gewandtheit erwartet und an ihr hoch geschätzt, und sie wurde reichlich mit Geld oder wertvollen Gütern bedacht. Vom alten Griechenland und vom alten Rom können wir Ähnliches berichten. Frauen mussten sich quasi erst selbst erniedrigen, um gesellschaftlich anerkannt zu werden.)

Der erbitterte Kampf von Bhimrao Ramji Ambedkar gegen diese allgemeine Unrechtsstruktur des Gesellschafts- und Kastensystems in seinem Land wurde nicht belohnt. Trotz einer breiten Unterstützung in der Bevölkerung konnte er mit seinen Vorstellungen einer gerechteren Gesellschaft bei den mächtigeren Gruppierungen nicht durchdringen. Mit seinem Scheitern erlitten Menschlichkeit und Vernunft nicht nur in Indien einen herben Rückschlag, denn der Subkontinent ist nur *ein* Beispiel für das Drama eines solchen "Entwicklungs"prozesses. Der Begriff der "Brüderlichkeit", der nicht nur eines der Schlagworte der Französischen Revolution 1789 war, sondern auch ein Grundsatz in allen Religionen ist, bleibt als banal-sentimentales Ideal auf der Strecke, weil religiöser Starrsinn, der sich im Laufe der Zeit aus selbstsüchtigen Motiven zu einem verkrusteten Monster geformt hat, nicht einmal eine Aufweichung zulässt.

Diese Aufweichung erleben wir erst in den an Indien angrenzenden Ländern. In erster Linie in Indonesien lässt dieser Einfluss spürbar nach. Offiziell hält man zwar in hinduistischen Landstrichen am Kastenwesen fest, aber die Bevölkerung selbst kann diese Trennung kaum praktizieren, da die kleinen Dorfgemeinschaften auf einander angewiesen waren und noch sind. Das Prinzip der Dorfgemeinschaft vor allem zur Nahrungssicherung war in Hinterindien und Indonesien die

Grundlage für eine funktionierende Gesellschaft im Kleinen (hierbei sei ebenso wieder an die Asabiya des Ibn Khaldun erinnert (S.122), vor allem weil heute auch der Islam in dem ganzen Gebiet eine größere Rolle spielt). Durch sie wurde alles, besonders die Verteilung des Wassers zum Reisanbau, geregelt, und jedes Mitglied konnte seine Vorteile aus dem gemeinsamen Wirtschaften ziehen. Jeder war für den anderen da. In Notzeiten half der Stärkere oder besser Gestellte dem Schwachen, für die Alten und Kranken sorgte die ganze Gemeinschaft. Wer diesen Regeln zuwider handelte, büßte sein Ansehen ein, das in der Gemeinschaft höher eingeschätzt wurde als irgend ein materieller Reichtum. Diese nahezu sozial-demokratischen Züge manifestierten sich in einem ausgeprägten Gemeinschaftssinn. Der Fürst selbst in seinem Palast hatte auf diesen kleinen Organismus weniger Einfluss, aber er wurde generell als Beschützer und Bewahrer der Ordnung und ihres bescheidenen Wohlstandes anerkannt und dafür mit Abgaben entlohnt. Um zumindest nach außen hin seine Macht zur Erhaltung der Ordnung zu demonstrieren, errichtete er seine heiligen Tempel- und Palastbezirke auf einem sogenannten Weltberg, der das Zentrum der Macht verkörperte. Diese lockere Bindung zum Herrscher und zum Kastensystem mag auch durch den Umstand begünstigt worden sein, dass die Kontakte zwischen indischer Bevölkerung und ihren benachbarten Nationen eher eine Einbahnstraße war, auf der vorzugsweise Waren und weniger Kultur, Religion und politische Strukturen transportiert wurden. Der märchenhafte Reichtum und die sagenhafte Fruchtbarkeit Indiens hat schon immer die Aufmerksamkeit der Nachbarvölker auf sich gezogen. Die Inder selbst strebten aufgrund ihres Kastensystems weniger danach, zwecks Handelsbeziehungen in andere Länder zu reisen. Daran hinderte sie auch der hinduistische Kastenglaube, da die Inder glaubten, dass sie bei Berührungen mit den Menschen anderer Völker unrein würden. Um die alte Reinheit wiederherzustellen, wären bei ihrer Rückkehr aufwändige rituelle Waschungen und Reinigungen notwendig gewesen, denen sie sich ungern unterziehen wollten. Im schlimmsten Fall würden sie sogar aus ihrer Kaste ausgestoßen und dadurch die ihnen zugesicherten Privilegien verlieren. Deswegen funktionierte der Waren- und Kulturaustausch eher von außen her. Auch hier drängt sich wieder ein Vergleich mit manchen Völkern des vorderen Orients auf, bei denen ein zögerlicher Kulturaustausch eher zu einer Stagnation in der Gesellschaft führte. In Indien spielten für einen Handelsaustausch mit dem Westen vorrangig ausländische Kräfte eine besondere Rolle, unter anderen die British East India Company.

Ursprünglich English East India Company genannt, erhielt sie 1600 das Privileg, einen ausgedehnten Handel mit Asien zu etablieren. Später wurden die Handelsrechte erweitert auf die Gerichtsbarkeit, das Militärrecht und das Kriegsrecht gegen die "ungläubigen"(!) Inder. Die Geschäfte der Gesellschaft boomten, denn die Waren aller Art wie Tee, Gewürze und Stoffe waren in Europa sehr begehrt. Aber mit dem wirtschaftlichen Einfluss wuchs auch der politische Einfluss. Der britische Staat griff immer tiefer in die Hoheitsrechte des indischen Staates und nicht zuletzt in die Sprache ein und durchdrang die gesamte Verwaltungsstruktur des Landes nach britischem Vorbild, so dass schließlich das gesamte Gebiet unter britischer Herrschaft stand. Die indische Bevölkerung wurde kolonialisiert, das heißt zu Dienern der Besatzer degradiert. Ein Beamter des alten Mogul Regimes in Bengalen hielt in seinem Tagebuch fest: *"Inder wurden gefoltert, um ihre Schätze preiszugeben; Städte und Dörfer wurden geplündert; ganze Gebiete und ihre Gelder wurden vereinnahmt: dies waren die 'Vergnügungen' und 'Religionen' der Direktoren und ihrer Diener."*[52] Aufstände gegen das Unrechtsregime der Engländer wurden brutal unterdrückt, indem man Tausende abschlachtete und erhängte. Und der englische Schriftsteller Horace Walpole (18. Jht.) wetterte gegen Korruption und die Ausbeutung Indiens: *"Was ist denn England heutzutage? Ein Sammelbecken für den indischen Reichtum!"*[53] Diese Kolonialisierung und gleichzeitige Ausbeutung, die auch von anderen Nationen wie Portugiesen, Franzosen und Holländern betrieben wurden, sollten erst im 20. Jahrhundert mit der Unabhängigkeitserklärung Indiens 1947 ihr Ende erfahren. All diese Nationen erlangten ihren

Wohlstand auf dem Rücken der unterdrückten und ausgebeuteten Völker. Eine Tatsache, die wir objektiv zur Kenntnis nehmen müssen und der wir bis in unsere heutige "moderne" Zeit Rechnung tragen müssen, vor allem deswegen, weil sich in dieser Hinsicht bis in unsere Tage kaum etwas geändert hat.

Denn wie die „moderne" Wirklichkeit in diesem Land aussieht, ist erst kürzlich der Weltöffentlichkeit von dem indischen Regisseur Rahul Jain in seinem Film ‚Machines' drastisch vor Augen geführt worden. In bedrückenden Bildern schildert er darin die erbärmliche Situation der Arbeiter im Alter von zwölf Jahren an aufwärts in einer gigantischen Textilfabrik in Gujarat in Indien, die unter unwürdigsten Bedingungen acht, zwölf, sechzehn und mehr Stunden arbeiten müssen und einen kärglichen Lohn verdienen. Dabei stehen die hier gezeigten Menschen stellvertretend für eine ganze industrialisierte Region im Westen Indiens. Reist man in der Geschichte einhundertfünfzig Jahre zurück in die Zeit der Industriellen Revolution, kann man sich kaum unmenschlichere und Menschen verachtendere Zustände vorstellen. Der Film zieht auch einen großen Teil seiner Wirkung aus der Tatsache, dass auf jeden Kommentar, auf jede Hintergrundmusik verzichtet wird. Nur die Geräusche der Maschinen und der Arbeitsprozesse begleiten die Kamerafahrt durch diesen Fabrikmoloch und zerren an den Ohren des Zuschauers. Wie muss sich ein Mensch dort fühlen, der diesem tosenden Lärm stundenlang ausgesetzt ist, ungeschützt in Farbchemikalien herumrühren und körperliche Schwerstarbeit verrichten muss?

Zwei Aussagen aus Interviews im Film seien hier gegenübergestellt, um die unterschiedlichen Sichtweisen zweier Welten in unserer „Zivilisation" zu verdeutlichen. Der Boss der Fabrik denkt gar nicht darüber nach, dass man Geld zum Leben braucht, und sagt über seine Arbeiter: *„Sie verstehen nur eine Sache: Geld. Was machen diese Leute denn, wenn sie mehr Geld bekommen? Mit dem Geld kaufen sie dann wohlmöglich Tabak oder Alkohol oder andere scheußliche Dinge. Sie geben es aus. ... Meine Arbeiter bleiben, was soll da eine Gewerkschaft? Mir kann keiner was. Sonst setzt es Ohrfeigen."* Einer seiner Arbeiter denkt darüber folgendermaßen:

*„Der eine findet, man sollte Druck auf die Firma und den Chef ausüben. Ein anderer denkt, Nein, dann werden wir verhungern. Wir haben
keinen, der uns dann zu essen gibt.“*

Wie muss sich ein Mensch selbst erniedrigen aus Angst, seine
Arbeit und damit 3 Euro pro Acht-Stunden-Schicht zu verlieren, wenn er vor laufender Kamera sagt: *„Sir, lassen Sie mich sagen, niemand beutet mich hier aus. Ich bin von weit her gekommen. Ich
bin 1600 Kilometer gereist, so dass ich hier arbeiten kann. Aus eigenem
Willen. Niemand setzt mich unter Druck.“* Und vielen dürfte ein
12-jähriger Arbeiter aus der Seele sprechen: *„Man arbeitet und
arbeitet, bis die zwölf Stunden um sind. Wenn ich zum Fabriktor komme, würde ich am liebsten wieder umdrehen und abhauen.“* Denn was
ist ihre Perspektive? *„Ich komme morgens um Acht und gehe abends
um Acht. Nach einer Stunde Pause komme ich um Neun wieder zu einer
zweiten Schicht. Was genau ist Armut? Armut ist Schikane, Sir.“* So
ein anderer Arbeiter. Doch von woher können sie Hilfe erwarten? Es gibt keine: *„Die Leute kommen nur hierher, schauen sich unsere Probleme an und verschwinden. Niemand ist bereit, etwas zu unternehmen. Wie die Minister. Die kommen, schwingen Reden und gehen
dann wieder.“*[54]

Und wer sind die Abnehmer dieser Textilien? Weltfirmen wie
Benetton, H&M, ZARA und andere, die ihre Kunden, für die
Geiz geil ist, mit preisgünstigen Waren zufrieden stellen müssen. Und trotzdem bleibt noch ein ansehnlicher Profit für die
Firmen übrig, dessen Anteil sie den Billigstlohnarbeitern vorenthalten haben. Hier wie anderswo lebt sie noch, die Welt von
Ungleichheit, Ausbeutung und Unterdrückung. Diesem allen
müssen wir uns stellen, wenn wir uns der kritischen Frage nähern, inwieweit der "moderne" Mensch seinem *Zivilisations*anspruch gerecht geworden ist.

Denn wenn die sogenannten zivilisierten Nationen die Herausforderung eines Vergleichs annehmen würden, würden sie feststellen müssen, dass es erschreckende Gemeinsamkeiten mit
der „alten“ Geschichte gibt. Sie verschließen gerne die Augen
vor der Realität einer weiterhin existierenden Spaltung auch in
ihren Gesellschaften. Die Schere zwischen Arm und Reich geht
weiter auseinander, statt sich zu schließen. Sie haben immer

noch Klassen- und Rassentrennungen in vielen Bereichen. Die Arbeitswelt wird geprägt von Spitzenverdienern in zahlreichen Branchen, in den Ebenen darunter unterscheiden wir zwischen Vollzeitarbeitern, Zeitarbeitern, Leiharbeitern, Minijobbern, Kurzzeit- und Langzeitarbeitslosen, zwischen Prekariat und Bildungsschicht, und es herrscht immer noch eine gültige Ungleichheit bei Männern und Frauen in Positionen und Bezahlung, wobei bei all diesen Unterschieden eben auch eine gesellschaftliche Wertung vorgenommen wird, die die Einzelnen als Menschen auf einer Werteskala an völlig unterschiedlichen Wertepositionen festschreibt. Wann endlich finden die Kritiker dieser Missstände Gehör in unseren „zivilisierten" Gesellschaften?

V. Konfuzius und das Reich der Mitte – Fernöstliche Weisheit als gesellschaftlicher Rettungsanker?

(Der Weg von der Weisheit zum zentralistischen Gemeinschaftsdenken)

China, das sich selbst als das "Reich der Mitte" bezeichnete, war von dem imperialistischen Vordringen der westlichen Welt, wie es Indien und seine Nachbarwelt erdulden mussten, durch das Gebirgsmassiv des Himalaja im Süden abgeschirmt. Diese isolierende geographische Lage, die im Norden noch durch die Wüsten und Steppen verstärkt wurde, führte zu einem eher nationalistischen und sich abschottenden Verhalten der chinesischen Könige und Kaiser. In ihrem Zentrum stand eine wohlgeordnete Welt konzentrischer Quadrate, die auf eine allgemeine Harmonie ausgerichtet waren. Diese Ordnung erhielt um 500 v. Chr. und in Jahrhunderten danach ihr stabilisierendes geistiges Fundament durch die Gedanken des Konfuzius, der seine moralische Welt auf vier Grundpfeilern aufbaute: Mitmenschlichkeit, Gerechtigkeit, die Ehrfurcht der Kinder vor den Eltern bzw. der Untertanen vor dem Herrscher, den Ahnen und Riten. Seine Überzeugung war, dass Ordnung, d. h. allgemeingültige Regeln, Harmonie schaffen, und zwar im Kleinen wie im Großen. Erst in dieser von allen akzeptierten Ordnung ist Freiheit im positiven Sinne möglich. Deswegen solle der Mensch sich nach diesen Anweisungen richten. Welch "moderne" Gedanken werden hier zum Ausdruck gebracht! Betrachten wir nur die (theoretischen) Grundsätze von Ordnung, Recht und Freiheit unserer heutigen (echten?) Demokratien! So wie Platon nach der Idee des Guten als einem idealen Ziel strebte (S.23ff), erhob Konfuzius den "edlen Menschen" zum Ideal. Doch was zeichnet einen solchen Menschen aus? *"Der Edle leitet mit seiner Vernunft seine Sinnlichkeit und sieht den wahren Mut in der unerschütterlichen Ausübung der Pflicht. Der Gemeine lenkt mit seiner Sinnlichkeit seine Vernunft und sieht in Rücksichtslosigkeit den wahren Mut."*[55] Der edle Mensch handelt nicht so sehr für sich als viel mehr für die Gemeinschaft, weil er erkannt hat, dass nur auf diese Weise ein friedliches Zusammenleben möglich ist. Und warum sollten wir uns dies nicht zum Ziel setzen? Trotz allem Optimismus waren sich beide Philosophen darüber im Klaren, dass diese Ideale kaum von einem Menschen erreicht werden können. Der Weg dorthin war das Ziel, wie es Konfuzius selbst ausdrückt: *"Ist das [der edle Meister] nicht jener Mann, der weiß, dass seine Ideen nicht zu verwirklichen sind, aber dennoch nicht davon ablässt?"*[56] Damit aber jeder diesen Weg gehen kann, ist Bildung nötig: *"Bildung soll allen zugänglich sein. Man darf keine Standesunterschiede machen."*[57] Allerdings muss nach Konfuzius' Meinung diese Bildung einen allgemeinen Praxisbezug haben. Denn: *"Wenn einer alle dreihundert Stücke des Liederbuches auswendig hersagen kann, und er versteht es nicht, mit der Regierung beauftragt, (seinen Posten) auszufüllen oder kann nicht selbständig antworten, wenn er als Gesandter ins Ausland geschickt wird: wozu ist (einem solchen Menschen) alle seine viele (Gelehrsamkeit nütze)?"*[58] Dieses sogenannte tote Wissen ist ein Irrweg, entspricht also nicht der wahren Bildung. Nur diese lässt Notwendigkeiten und Zusammenhänge erkennen, was sie zu einem wichtigen Grundpfeiler macht: *"Der Meister fuhr durch We. Jan Yu lenkte (den Wagen). Der Meister sprach: »Wie zahlreich ist (das Volk)!« Jan Yu sprach: »Wenn es so zahlreich ist, was könnte man noch hinzufügen?« (Der Meister) sprach: »Es wohlhabend machen.« (Jan Yu) sprach: »Und wenn es wohlhabend ist, was kann man noch hinzufügen?« (Der Meister) sprach: »Es bilden.«"*[59] Sie ist damit Teil der Ordnung, welche auch in einem figurativen Weltbild zum Ausdruck kommt, das wiederum stark von den geographischen Gegebenheiten einer bergigen Welt geprägt ist. Die Chinesen stellten sich die Erde vor als ein nach oben gewölbtes Quadrat, das an seinen Ecken ebenfalls auf vier Pfeilern ruhte, die die vier heiligen Berge des Landes verkörperten. Diese festgefügte Struktur spiegelte sich auch in der Denkweise der chinesischen Gesellschaft wider. Die angestrebte Harmonie ergab sich aus den gemeinschaftlichen Teilelementen der Familie, der Sippe, der Dorfgemeinschaft, der Stadt und schließlich des ganzen Staates. Denn die Regeln in der Keimzelle Familie müssen auch auf den Staat übertragen werden. So heißt es im "Buch der Riten": *"Man diene dem Vater so, dass man auf dieselbe Weise dem Fürsten dienen kann.*"[60] Diese Vorstellung von einem harmonisch geordneten Ganzen durch Loyalität dem Staat gegenüber hat die chinesische Gesellschaft lange Zeit bestimmt, und vielleicht ist auch deswegen die indoktrinäre Kaderbildung und Massenmobilisierung in China so leicht zu bewerkstelligen gewesen, was einen eklatanten Missbrauch dieses im Volk verwurzelten Gedankens bedeutete. Da Bildung im chinesischen Sinne neben einem erweiterten Wissenshorizont auch dahingehend verstanden wurde, die vorliegenden Traditionsschriften stur auswendig zu lernen, schien dieser Umstand eine wenig reflektierende "Bildung" zu fördern und eine intellektuelle Blockade zu bewirken. Sie hat wohl auch Mao Tse-tung im zwanzigsten Jahrhundert vor allem zur Zeit der Kulturrevolution bei der gewaltsamen Durchsetzung seiner kommunistischen Ideologie und einer staatlichen Gleichschaltung in einer pervertierten Weise noch beeinflusst. Mit Mao schien China zurückzufallen in die Zeit der Azteken (s. u. S.72), die in einem vergleichbaren, allerdings religiösen Wahn einer Gewaltorgie verfallen waren. Er war nach alter chinesischer Tradition, jedoch in einer ignoranten Besessenheit auf einen ganzheitlichen Staat aus, aber es war ein Staat, der mit seiner Brutalität, Grausamkeit und Verblendung das ganze Land in ein Chaos stürzte, wie es bereits Konfuzius vorhergesagt hatte, wenn gerade die Herrschenden nach falschen Regeln spielen. Ein Herrscher allerdings hat, so der Philosoph, Vorbildfunktion, um die Ordnung zu sichern: *"Freiherr Gi Kang fragte den Meister Kung nach (dem Wesen) der Regierung. Meister Kung sprach: »Regieren heißt recht machen. Wenn Eure Hoheit die Führung übernimmt im Rechtsein, wer sollte es wagen, nicht recht zu sein?«*"[61] Denn der Regent ist erster Diener des Staates, dem alle anderen folgen - so die optimistische Erwartung. Er und seine Beamten, die weniger nach ihren Spezialkenntnissen als vielmehr nach ihrer Allgemeinbildung und ihrer Moral beurteilt wurden, wurden seit der früheren Geschichte von einem Zensorat überwacht, das ihre Tätigkeiten dahingehend kontrollierte, ob sie im Einklang mit den gesellschaftlichen und politischen Prinzipien standen. Selbst dem Kaiser gegenüber war der Rat verpflichtet, seine Kritik freimütig zu äußern, wenn er Anlass dazu sah. Bei Mao versagte dieses Zensorat, weil es entweder gleich- oder ausgeschaltet worden war. Denn Maos Lebens- und Regierungsstil widersprach seinen ideologischen Grundsätzen, nach denen zum Wohle der Allgemeinheit allen alles gehören sollte, - wie ein solches Missverhältnis häufig der Fall ist bei Herrschenden, nicht nur Diktatoren, die der Versuchung von Macht und Reichtum nicht widerstehen können. Wir werden später auf vergleichbare Missstände zu sprechen kommen müssen. Dabei wird es auch von weltweitem Interesse sein, wie sich das politische System und die Gesellschaft im modernen China unter der immer noch zentralistisch regierenden kommunistischen Partei entwickeln kann. Werden chinesische Führungskräfte wie Xi Jinping die Weitsicht, den Mut, die Kraft und vor allem die Macht haben, die traditionelle Zwangsjacke eines verkrusteten, unflexiblen und maroden Systems aufzureißen und der nach außen oberflächlichen Weltoffenheit auch eine offene, gesellschaftstragende gerechte Kraft mit demokratischen Grundzügen im Inneren folgen zu lassen? Die Ereignisse am Tian'anmen Platz (1989) sollten die chinesische Führung wachrütteln, dass irgend wann einmal die Zeit gekommen ist, in der sich ein wachsender Freiheitswille nicht mehr unterdrücken lässt. Wenn sich diese Führungskräfte an die Weisheiten ihrer eigenen Geschichte erinnern wollen, könnte ein solcher Weg gelingen, wie schwer er auch unter den heutigen Bedingungen fallen mag. In Anbetracht der bevorstehenden Schwierigkeiten bedarf es wie in anderen Fällen auch hier einer Weltgemeinschaft, die sich nicht mit gegenseitigen Drohgebärden selbst in Frage stellt, sondern die eine vernünftige Lösung findet, aus der alle Beteiligten angemessene Vorteile ziehen können.

Anders als im Christentum, im Islam und im Buddhismus spielte im Land der Mitte der Blick auf eine überirdische Welt, die von Göttern oder einem Schöpfergott bestimmt wird, eine untergeordnete Rolle. Was wir im transzendenten Sinne als Religion bezeichnen, wird heute im Sinne einer Ehrfurcht vor einem metaphysischen Gott interpretiert. Im Gegensatz dazu richtete der Chinese sein Augenmerk mehr auf eine irdische

Bindung, wie die von Kindern und Eltern, von Herrschern und Untertanen. Er sah sich also mehr als ein *zoon politikon* im Sinne des Griechen Aristoteles (s. S.21f). So ist es nicht verwunderlich, wenn Konfuzius seinen Blick vorzugsweise auf das alltägliche Zusammenleben richtete, das erst in einem geregelten Miteinander eine harmonische Ordnung schafft - eine Auffassung, die viel später auch der islamische Historiker Ibn Khaldun mit seiner Asabiya vertrat. Die irdische Welt ist ihm wichtiger als eine undefinierbare Götterwelt, die er zwar nicht verneint, aber als zweitrangig einstuft: *"Fan Tschi fragte, was Weisheit sei. Der Meister sprach. »Seiner Pflicht gegen die Menschen sich weihen, Dämonen und Götter ehren und ihnen fern bleiben, das mag man Weisheit nennen.«"*[62] Ein Götterglaube oder heilige Schriften konnten somit den Chinesen keinen Weg zu Recht, Mitmenschlichkeit, Ethik und Moral aufzeigen. Ihr theoretischer Glaubensgrundsatz war die pragmatische Alltagsphilosophie eines Konfuzius und anderer Lehrschriften, wobei man in diesem Zusammenhang stets beachten muss, dass diese Philosophie vorzugsweise von den gebildeteren Gesellschaftsschichten adaptiert wurde.

Dieser Pragmatismus zeigte sich deutlich in der hohen Achtung des Ackerbaus, wie dies übrigens auch in vielen anderen frühen Gesellschaften der Fall war. Bereits um 4000 v. Chr. wird in einer Legende das gottähnliche Wesen Sheng-nung (= der göttliche Bauer) als Initiator der Feldbestellung verehrt. In dem Orakelbuch I-ching kann man lesen: *"Er spaltete ein Holz als Pflugschar und bog ein Holz als Pflugstange und lehrte der ganzen Welt den Nutzen des Aufbrechens der Erde."*[63] In konsequenter Anlehnung an diesen Mythos stellte um 300 v. Chr. eine Sekte namens Nung-chia die Forderung auf, dass der Kaiser selbst seine Früchte säen müsse, um alle Klassenunterschiede zu verwischen. (Man wird dabei unvermittelt an Marx' und Engels' kommunistische Ideologie erinnert.) Ein solcher Gedanke stieß bei den Kaisern naturgemäß auf strikte Ablehnung, und die Sekte verschwand bald in der Bedeutungslosigkeit. Ein Zuviel an Gleichstellung wollten sich die Kaiser nicht zumuten. Um dennoch seine Verbundenheit mit dem Landvolk zu beweisen, pflügte der Kaiser selbst symbolisch einige Reihen in einem

Feld, die dann von hohen Beamten weitergeführt wurden. Noch im Jahre 178 v. Chr. bestimmte ein kaiserlicher Erlass: *"Item, der Ackerbau ist die Grundlage des Reiches; dies wird offenbart durch das herrscherliche Feld. In eigener Person wollen Wir die Feldbestellung anführen..."*[64] Erinnert uns das nicht daran, wie unsere Politiker und Staatsmänner sich ab und zu bei Volksveranstaltungen unter die Leute mischen und Volksnähe aufkommen lassen, indem sie durch symbolische Handlungen ein eher oberflächliches Gemeinschaftsgefühl vermitteln und gemeinsame Ziele kundtun, in Wirklichkeit aber ganz andere Pläne schmieden?

Im Gegensatz zu noch naturverbundenen und naturabhängigen Völkern scheinen wir den Bezug zur Erde völlig aus den Augen verloren zu haben. Welch eine Achtung vor der Natur sprechen die Worte des weisen Sudanesen Tayeb Salih aus, wenn er sagt: *"Die Erde liegt bewegungslos vor uns, aber in ihrem Inneren sprudelt das Wasser, das Wasser des Lebens und der Fruchtbarkeit. Die Erde ist feucht und bereit. Sie bereitet sich vor für ihre Gabe. Etwas Scharfes durchstößt das Innere der Erde; es ruft einen Moment des Entzückens, des Schmerzes und des Gebens hervor, und in die verletzte Stelle sinkt der Samen ein. So wie der weibliche Schoß mit Zärtlichkeit, Wärme und Liebe den Embryo umschließt, so umfängt der Innerste Teil der Erde den Samen von Weizen, Mais und Bohnen, und morgen wird die Erde aufbrechen und Vegetation und Früchte sprießen lassen."*[65] Wenn wir die große Bedeutung der Landwirtschaft im weitesten Sinne in den frühen und noch manchen heutigen Kulturen vergleichen mit der Geringschätzung in unserer Zeit, müssen wir nach den Gründen einer solchen Entwicklung fragen. Ist es nicht so, dass wir in den reicheren Ländern unsere Nahrungsaufnahme als einen selbstverständlichen automatisierten Prozess ansehen, der in uns in Anbetracht der überfüllten Lebensmittelregale gar nicht die Frage aufkommen lässt, woher die Waren kommen und unter welchen Anstrengungen diese produziert wurden? Dass wir uns anmaßen, ein Anrecht auf Überleben durch permanenten Nachschub zu haben, den Erzeugern jedoch durch unverhältnismäßig niedrige Entlohnung dieses Recht beschneiden? Wir machen uns lieber intensive Gedanken über materiel-

le Güter, die wir zum Überleben eigentlich weniger brauchen, von denen wir aber glauben, dass sie vorrangig unsere Existenz bestimmen, weil sie zum Mainstream gehören, unseren Nimbus erhöhen und unseren gesellschaftlichen Eigenwert bestimmen. Und für diese Güter geben wir auch unverhältnismäßig viel Geld aus, das wir süffisanterweise bei den "anderen" einsparen. Diese "Sparpolitik" wurde bis zum Exzess betrieben mit den so cleveren Slogans "Geiz ist geil!" und "Ich bin doch nicht blöd!". Sollte Letzteres auf lange Sicht gesehen nicht vielleicht doch zutreffen? Denn im Hinblick auf dieses Missverhältnis müssen wir uns selbst fragen, inwieweit wir noch Teil einer Gemeinschaft sind im Sinne von leben und leben lassen. Interessant wäre in diesem Zusammenhang auch die Frage, inwieweit diese Ausrichtung auf das Billigste hin nicht auch unsere schriftliche und damit geistige Ausdrucksweise beeinflusst hat. Neigen wir hier nicht auch dazu, alles auf das Einfachste und Kürzeste zu reduzieren, wenn wir zu einer Art Symbolsprache zurückkehren? Hieroglyphen wie 4U (For You-Für Dich), I♥U (I Love You-Ich liebe Dich), WASA (Warte auf schnelle Antwort), Hdgdl (Hab dich ganz doll lieb), VG (Viele Grüße), cul8er (see you later-wir sehen uns später) und andere werden vielfach als eine Tendenz von Jugendsprache definiert, wie es sie in anderer Form schon häufig gegeben hat. Aber könnte hier nicht eine mentale Sparsamkeit im Spiel sein, die von einer ökonomischen Sparhaltung bestimmt wird? Denn die Limitierung der Textlänge durch die digitalen Medien, die unser Leben so intensiv durchdrungen haben, veranlasst uns dazu, Megabytes und damit Geld zu sparen. Laufen wir also generell auf geistiger Sparflamme?
Freie Marktwirtschaft hat ohne Zweifel ihre Vorteile, aber schon den frühen chinesischen Kaisern blieben die Nachteile eines zu mächtigen Handels nicht verborgen und sie reagierten mit entsprechenden Maßnahmen. So wurden die Händler hoch besteuert, um Wucherexzesse einzuschränken und dem Staat entsprechende Mittel für die allgemeinen Aufgaben und vor allem für Notzeiten zu sichern. Auch war es damals schon ein großes Anliegen, regionale Produkte auf kurzen Wegen zu den

Verbrauchern zu befördern. Überschüsse bei den landwirtschaftlichen und industriellen Produkten wurden vom Staat aufgekauft und gelagert, um in Mangel- und Notzeiten dem Volk vergünstigt zugeführt zu werden. Auf diese Weise versuchte man, der Spekulation des Handels mit knappen Waren einen Riegel vorzuschieben, denn die Händler waren schon in diesen Zeiten darauf aus, eine erhöhte Nachfrage mit überteuerten Preisen auszunutzen. Dies allerdings war mit konfuzianischem Denken nicht zu vereinbaren. Bei der Macht der Händler und der grassierenden Korruption liefen dann allerdings die Maßnahmen des Staates doch oft auch ins Leere.

Korruption hat in China wie in kaum einem anderen Land eine lange Tradition. Schon in der frühen Geschichte dieses Reichs der Mitte mussten Könige und dann Kaiser geschickte Maßnahmen ergreifen, um das Aufkommen oder gar eine Verbreitung dieses Unwesens zu unterbinden. Eine Methode bestand in der strengen Kontrolle der leitenden Personen oder Gruppen, daneben sollten möglichst häufige Orts- und Postenwechsel Abhilfe schaffen. Leider ist diese Seuche bis heute nicht unter Kontrolle gebracht. Wie viele Klagen der Bauern auf dem Land und der Arbeitnehmer in den Fabriken der größeren und kleineren Städte zeigen, wird immer noch diese Art der Erpressung trotz drastischer Strafen praktiziert. Es bleibt abzuwarten, ob dieser Missstand bei der Größe und Verflechtung der ganzen "Republik" jemals annähernd in den Griff zu bekommen ist. Für die chinesische Regierung wird dies ein langandauernder Kampf bleiben, sofern sie dieses Übel wirklich einschränken will.

Wir müssen uns in diesem Zusammenhang vergegenwärtigen, wie der Handel und vor allem die Börse heute mit vergleichbaren Situationen von Korruption und Handelsmanipulationen jongliert. Warentermingeschäfte und eine künstliche Verknappung von Gütern werden rücksichtslos eingesetzt, um die Preise nach oben zu treiben und einen größtmöglichen Profit zu erzielen. Großkonzerne, die ihre Produkte in den Markt drücken wollen, üben teilweise eine so große Macht aus, dass selbst Regierungen ihr nicht gewachsen zu sein scheinen. Sarkastisch gesehen haben wir heutzutage mit noch verfeinerteren Methoden der Korruption und Manipulation als damals einen sichtbaren "Fortschritt" erzielt, um Geld für Wenige zu akkumulieren auf Kosten anderer. Dem gegenüber steht eine interessante Aussage der einst führenden Finanzgröße Josef Ackermann, der in verschiedenen Institutionen, unter anderen in der Deutschen Bank, höchste Funktionen innehatte. In einem Interview betonte er: *"Unternehmen sind nicht für sich selbst da, sie haben eine gesellschaftliche Aufgabe: sozialen Mehrwert zu schaffen. Sie sind Teil der Gesellschaft und haben auf Dauer nur Erfolg, wenn sie sich für diese als nützlich erweisen. Unternehmensführer dürfen dies nie vergessen. Ihre erste Aufgabe ist es, Gewinn zu erwirtschaften. Aber nicht des Gewinnes selbst wegen. Der ist nur Mittel zum Zweck, damit das Unternehmen wachsen und neue Produkte entwickeln, Arbeitsplätze schaffen und Steuern zahlen - kurz Wohlfahrt gründen - kann."*[66] Haben Ackermann und Kollegen ihr reales Handeln mit diesen Aussagen auch wirklich in Einklang gebracht und darf man ihnen glauben? Es gibt zumindest berechtigte Zweifel. Denn im Hinblick auf bestimmte Vorkommnisse und Betrugsprozesse bei einschlägigen Großkonzernen und Branchen wie die Deutsche Bank, Google, Apple, Facebook, Microsoft, Volkswagen u. a., die ihre Gewinne durch Steuervermeidung (oder Steuerbetrug?), überteuerte Produkte, Hungerlöhne und Betrugssoftware auf Kosten der regulären Steuerzahler, also der Bevölkerung maximieren wollen, wirken solche Worte wie Hohn. Besonders vor dem Hintergrund der sogenannten Panama Papers, Luxemburg Leaks und Paradise Papers, die eine weltweite Steuervermeidungs- und Steuerbetrugskultur von Firmen und Personen aufdeckten. Wir setzen unsere Zivilisation als solche aufs Spiel, indem wir eine weitgefächerte Betrugskultur zulassen und großziehen: Mafiastrukturen und Absprachen in allen Branchen, falsche Beratung, kriminelle cum-ex-Geschäfte, mit denen der Staat um Milliarden Euro betrogen wurde, weil die Kapitalertragssteuer mehrfach vom Staat an betrügerische Unternehmen zurückgezahlt wurde, Fallen im Kleingedruckten, illegales Löschen von Telefonnummern, weil man trotz Guthabens nicht erneut Geld nachgeladen hat, im

Handel Mogelpackungen in allen Formen und Größen, Abzocke im Internet in unzähligen Varianten, Manipulation von Einkünften in Handel und Gewerbe, Fake News, um nur einige zu nennen.

Ein markantes konkretes Beispiel zeigt sich im sogenannten Abgasskandal der Automobilindustrie. Dass ein Konzern finanzielle Rücklagen für Investitionen und unvorhergesehene wirtschaftliche Schwierigkeiten in einer gewissen Höhe anlegen muss, liegt in der Natur der Sache. Aber hier wurden finanzielle Rücklagen in zigfacher Milliardenhöhe für zu erwartende Straf- und Kompensationszahlungen wegen einer kriminellen Betrugssoftware in den Dieselfahrzeugen auf Kosten des gesamten Produktionsprozesses gebildet. Und auf die Frage, wo das ganze Geld herkam und noch herkommt, gibt es drei Antworten: einmal wurde den Arbeitnehmern ein Großteil dieses Geldes vorenthalten und sie erhielten nicht den für ihre Arbeit angemessenen Lohn; zum anderen wurde das Geld den Kunden durch eine unverhältnismäßige Überteuerung der Produkte aus der Tasche gezogen; und drittens, der Staat wurde durch illegal erschlichene Steuervergünstigungen aufgrund falsch angegebener Abgaswerte betrogen. Das heißt, die verantwortlichen Leiter der Konzerne, auf welchen Ebenen sie auch immer tätig waren, haben sich ihre kriminellen Handlungen, mit denen sie einen illegalen Gewinn abschöpfen wollten, von ihren eigenen Angestellten, von den treuen (treudoofen) Kunden und/oder vom Staat finanzieren lassen.

Noch dreister scheint es bei den Versicherungen zuzugehen. Glaubt man den vielen Klagen der Kunden, so werfen zum Beispiel Vorsorge- und Lebensversicherungen bei Weitem nicht den Ertrag ab, der den Versicherungsnehmern eigentlich zustünde. Durch intransparente Tricksereien werden den Kunden Beträge ausgezahlt, bei denen Provisions- und Verwaltungskosten oft bis zu 40 Prozent der real errechneten Garantiesumme aufgrund eines gegebenen Garantiezinses verschlingen. Andererseits brüsten sich die Versicherungskonzerne mit Milliardengewinnen. Hier scheint ein lukratives internes Schneeballsystem zu existieren. Die den Versicherungsnehmern vorenthaltenen gerechten Auszahlungsanteile werden dazu benutzt, um die einbehaltenen Beträge der einen zur Auszahlung der verringerten Beträge der anderen zu verwenden.

Welche erbärmliche Arbeitsethik, die so skrupellos über alle wirtschaftlichen und menschliche Belange hinweggeht, muss in den gehobenen Konzernetagen herrschen? Und dieses moderne Raubrittertum wird von unseren Parlamentariern auch noch dadurch unterstützt, dass sie sich trotz heftiger öffentlicher Proteste für mehr Transparenz und Gerechtigkeit in gesetzgeberischer Untätigkeit üben.

Denn vor allem die Politik vertraut naiv auf eine Selbstregulierung der Märkte und ist nicht willens, dem Macht-, Steuer- und Handelsmissbrauch von Konzernen, Firmen und Banken mit entsprechenden Gesetzen rechtzeitig entgegenzutreten. Sie lässt sich mit der Drohung des Verlustes von Arbeitsplätzen seitens der Industrie in Geiselhaft nehmen. Von *Volksvertretern*, die zum Wohle der ganzen Nation agieren, kann in vielen Belangen nicht mehr die Rede sein. Wirtschaft und Handel vor allem von Großkonzernen bestimmen mit aggressivem Lobbyismus und rücksichtslosem Gewinnstreben unser Leben. Damit wird eine ursprünglich vorgesehene verantwortungsvolle freie Markwirtschaft zu einem ungezähmten Raubtierkapitalismus.

VI. Japans Neuordnung und der Angriff kolonialer Mächte

(Neue Anfänge werden von fremden Mächten überrollt)

Japan wurde sehr stark von den chinesischen Siedlungsausläufern in Südkorea beeinflusst. Nach einem wachsenden Austausch formierten sich auf den Inseln Strukturen, die noch auffällig von den konfuzianischen Ordnungsprinzipien des Reiches der Mitte geprägt waren. Im Jahre 604 n. Chr. soll der Buddhismus-affine legendäre japanische Prinz Shôtoku-taishi verfügt haben, dass die Menschen sich zu Gehorsam, einem sittengerechten Leben, zu Unbestechlichkeit, stetiger Arbeit, Rücksicht und Loyalität verpflichten sollten. Hierin vereinen sich konfuzianisches und buddhistisches Gedankengut. Manche Forderungen dieser und vergleichbarer Vorschriften sind aus heutiger aufgeklärter Sicht nicht mehr akzeptabel. So zum Beispiel in Artikel 3 der 17 Artikel in der japanischen Chronik Nihon Shoki (720 n. Chr.): *"Wenn du einen kaiserlichen Befehl erhältst, zögere nicht, ihn rücksichtslos zu befolgen. Wenn Barmherzigkeit in diese Angelegenheit hineinspielt, ist Verfall die Folge."*[67] Aber die Verfasser solcher Dokumente gehen immer optimistisch davon aus, dass der Herrscher und seine Beamten stets das Ideal eines Regenten und seines Staatsapparates verkörpern. So auch Artikel 4 der Chronik, die noch den Geist Shôtoku-taishis atmete: *"Alle Minister und Funktionäre sollen anständiges Benehmen zu ihrem wichtigsten Prinzip machen, denn das erste Prinzip für die Regierung über die Menschen ist anständiges Benehmen. Wenn die Oberen nicht recht handeln, werden die Unteren liederlich,"*[68] (vgl. hierzu auch Konfuzius, S.56ff) Mit diesen fixierten Regeln wurde Taika, die "Große Wandlung", eingeleitet. Diese bedeutete neben einer generellen Neuordnung des noch jungen Reiches eine Veränderung weg vom Adelsstaat hin zum zentralistischen Beamtenstaat, wie es die Chinesen schon seit langer Zeit praktizierten. Ein wichtiges Element war die Schaffung eines Rechtskodex nach chinesischem Vorbild im Jahre 701 n. Chr. Doch wie jede Veränderung stieß auch diese auf den heftigen Widerstand der adeligen

Schichten, die ihre Privilegien nicht ohne weiteres aufgeben wollten, weshalb die Neugestaltung nur in Teilen umgesetzt werden konnte. So dauerte es auch nicht allzu lange, bis der Adel seine alte Macht wiedererlangt hatte. Eine außerordentliche Landnahme setzte ein, so dass die übrige Bevölkerung immer weiter in ihrem Lebens- und Tätigkeitsraum und damit in ihrer Existenz eingeschränkt wurde.

Diese unsägliche Entwicklung muss uns unwillkürlich an manche Gepflogenheiten in der Kolonialzeit und besonders in unserer heutigen Zeit erinnern, wo sich nicht Adelige, sondern z. B. Großgrundbesitzer ausbreiteten, indem sie rücksichtslos die kleineren Landbauern gewaltsam vertrieben und sich deren Besitz aneigneten. Heute wird eine zweite landwirtschaftliche Schattenwirtschaft, die in der Öffentlichkeit kaum bekannt ist, von den Großkonzernen und auch von fremden Staatsregierungen, allen voran China und die USA, aufgebaut, die im Ausland riesige Landflächen mit Lockangeboten von Privatleuten oder Regierungen zwar aufkaufen, aber zu einem so unfair niedrigen Preis, dass die privaten Verkäufer vielleicht gerade einmal ein halbes Jahr davon Leben können, denn sie erhalten weder eine (oft versprochene!) Anstellung noch Anteile an der Lebensmittelproduktion von "ihrem" Feld. Die Ware nämlich ist nur für ausländische Konsumenten oder das konzerneigene Land bestimmt. Das Fehlen eines regulierenden Prinzips zum Wohle der Allgemeinheit macht sich hier eklatant bemerkbar.

Mit dem Erstarken des Landadels und dem Bedürfnis nach einer Ausweitung des Handels wurde auch die generelle Zurückhaltung der Japaner anderen Völkern und fernen Ländern gegenüber aufgegeben. Es erfolgte ein reger Warenaustausch, der der Wirtschaft einen großen Aufschwung verlieh. Als allerdings der Einfluss der europäischen Staaten Spanien, Portugal und Großbritannien zu stark zu werden drohte und das Christentum als Konkurrenzreligion, das seine Waffenlieferungen an die Bedingung der Erlaubnis zur Missionierung knüpfte, in das Land einzudringen begann, schob der japanische Staat dem einen Riegel vor und setzte auf Abschottung. (Später auch bestätigt durch die Opiumkriege in China. Der von der East India

Company eingeleitete und von Großbritannien zwangsweise forcierte Opiumhandel nach China, gegen den sich die Kaiser mit aller Macht zu wehren versuchten, führte zu einem Wirtschaftskrieg, um den britischen Handel mit Waren und Bodenschätzen voranzutreiben. Die daraus resultierenden Opium Kriege (1839-1842 / 1856-1860) führten zu einem Niedergang chinesischer Macht und zu einem nahezu kolonialen Status des ehemaligen großen Reichs der Mitte. Heute gilt der Opiumhandel gerade in Ländern wie Großbritannien und den USA bei diesen selbst als ein illegales Übel, weil deren Gesellschaften massiv davon betroffen sind. Da stellt sich die Gretchenfrage, wie eine Gesellschaft beschaffen sein muss, die in nicht unerheblichem Umfang anfällig für eine Droge ist, die dem Konsumenten ihr eigenes Bewusstsein verschafft, andererseits ihn seines eigenen Bewusstseins und damit seiner eigenen Existenz beraubt. Selbst der gegenwärtige amerikanische Präsident Donald Trump sah sich gezwungen, in den USA den medizinischen Notstand auszurufen, weil der Staat der Drogen- und Medikamentensucht in der Bevölkerung nicht mehr Herr zu werden schien.)
In Japan behielt nur Holland seine Handelserlaubnis. Diese Maßnahme erregte jedoch den Unwillen der betroffenen Länder, die um ihren Handelserfolg fürchteten. Schließlich wollten die USA diese Blockade nicht mehr länger hinnehmen und schickten Admiral Matthew Perry 1853 mit seinen sogenannten schwarzen Schiffen nach Japan, um mit einem Forderungsschreiben eine gewaltsame Öffnung des Landes zu erzwingen. Als der japanische Regent noch zögerte, kehrte Perry ein knappes Jahr später mit einer größeren Flotte zurück und diktierte dem Herrscher den einseitigen "Vertrag über Frieden und Freundschaft". Doch damit war die amerikanische Regierung nicht zufrieden und krönte 1858 ihre Okkupation mit dem Harris-Vertrag, der noch weitreichendere Knebelungen festlegte. Im wahrsten Sinne des Wortes folgten im Kielwasser der Amerikaner andere Länder wie Großbritannien und Russland, die Japan zu ähnlichen Verträgen nötigten.
Stellt man auch hier wieder Vergleiche mit der modernen Zeit

an, wird man unweigerlich an andere ehemalige Kolonialverträge und ganz aktuell an die TTIP- und CETA-Verträge zwischen Amerika beziehungsweise Kanada und der Europäischen Union erinnert, die mit dubiosen Begründungen unter Ausschluss der Öffentlichkeit verhandelt wurden. Und wie müssen wir die neue Abschottungspolitik des amerikanischen Präsidenten Trump im Jahre 2018 interpretieren, wenn er im Zuge seiner „America First“-Kampagne neue Zollschranken für ausgewählte Länder errichtet, um ausländische Waren und Produkte zu verteuern und landeseigene zu protegieren? Wie würde Trump dem Auftauchen „schwarzer Schiffe“ zum Beispiel der EU oder China begegnen, mit denen sie eine Öffnung Amerikas erzwingen wollten? Auch Trumps seltsame Entscheidung, eine Grenzmauer zu Mexico zu errichten, um die illegale Einwanderung zu stoppen - mit der Forderung, dass das Nachbarland für die Kosten aufkommen solle, ansonsten würde er wirtschaftliche Sanktionen verfügen - dürfte eher als eine Gewaltpolitik als als eine „Verteidigungspolitik“ angesehen werden. Die Geschichte holt einen manchmal schneller ein als man denkt.

Da sich Japan lange Zeit an chinesische Staatsentwürfe anlehnte, konnten auch die Gedanken des Konfuzius Fuß fassen. Die konfuzianische Staatsethik mit dem Leitziel einer geordneten Welt im Großen wie im Kleinen und der Achtung der Kinder den Eltern gegenüber bzw. des Dieners seinem Herrn, des Bürgers dem Tenno gegenüber wurde besonders zur Zeit der Samurai (15./16. Jht.) in die gehobene Gesellschaft integriert. Diese Verpflichtung zur Wahrung der Tradition und die Verantwortung für die geforderten Aufgaben blieben seitdem im japanischen Volk verwurzelt.

Doch auch das heutige Japan muss den Beweis erst noch erbringen, dass es sich eine "Zivilisation" im eigentlichen und nicht nur im produktiv kaufmännischen Sinne, dem ein Großteil des Lebens untergeordnet ist, nennen kann. Denn auch die japanische Gesellschaft ist wie die westlichen Gesellschaften erheblichen Verwerfungen ausgesetzt, die von der immer weiter aufklaffenden Schere zwischen Arm und Reich, dem ungehemmten Streben nach den neuesten Produkten, die den Menschen eine scheinbar höhere Wertigkeit in der Gesellschaft verleihen, von tiefgreifenden Versagensängsten und dem Zerfall eines grundlegenden Gemeinschaftsgefühls herbeigeführt werden.

VII. Die Indianerkulturen in Amerika und ihre Zerstörung

1. Die Azteken, Maya und Inka

(Der Bericht von Bartolomé de las Casas als Zeugnis einer grausamen Eroberungskultur gegen jede Vernunft und Menschlichkeit – und die Parallelen in unserer Zeit)

Mit der spanischen Conquista begann eine apokalyptische Vernichtung ganzer Kulturen in Mittel- und Südamerika, die wie eine Schockwelle den gesamten Kontinent erschütterte. Diese Aussage soll nicht als Anklage - sie würde die Schuldigen nicht mehr erreichen - interpretiert, sondern soll als Feststellung gesehen werden, was geschehen kann, wenn zwei Kulturen bei der völligen Unkenntnis und Vernunftlosigkeit nur eines der beiden Völker aufeinandertreffen. In der Geschichte der Menschheit begegnen wir wiederholt der Ignoranz und Unvernunft politischer oder religiöser Fanatiker, die in der Zerstörung der anderen, angeblich falschen Kultur ihre Befriedigung finden. Denken wir nur an die religiösen Umbrüche und Zerstörungen unter dem ägyptischen Pharao Echnaton (ca. 1400 v. Chr.), der die alten Götter verbannte und mit dem Sonnengott Aton einen Monotheismus einführte, und die vernichtende Revision nach seinem Tod, an die Bilderstürmer im 16. Jahrhundert, an die Begegnungen mit den nach westlichem Vorurteil *unzivilisierten* Völkern Afrikas, an die Vertreibung und Beinaheausrottung der Indianer in Nordamerika, an Stalins und Hitlers Wüten, an Maos brutale Kulturrevolution, an die Obsession der Taliban und die Zerstörung buddhistischer Heiligtümer, an die Terrororganisation Al Quaida und die Verblendung des sogenannten Islamischen Staates!
Die Antriebsfeder für die spanischen Expeditionen war zunächst nicht der Kampf gegen eine rivalisierende Kultur, aber auch nicht die Neugierde auf fremde Menschen und einen Kulturaustausch mit ihnen, sondern die Gier nach neuem territorialem Besitz und einer legendären Beute von wertvollen Bo-

denschätzen wie Gold und Silber. Der Mensch der neuen Welt stand der Eroberung eher als ein Hindernis im Wege, das es zu beseitigen galt. Daran änderte auch die vordergründig gutgemeinte Missionierung der Kirche nichts, die schließlich ebenso eine gewaltsame Unterwerfung der indigenen Bevölkerung unter den Willen einer fremden Macht bedeutete. Dabei ist es absolut unerheblich, wie "unzivilisiert", kampf- und gewaltbereit die Menschen dort in ihren eigenen kriegerischen Auseinandersetzungen selbst waren.

Die Wildheit der Azteken und - in abgemilderter Form - der Maya hatte ihren Grund wohl auch darin, dass es sich bei ihren Kulturen mehr um religiös magische als um vernunftbetonte Ausprägungen handelte. Bezeichnend dabei ist, dass die Hauptgottheit der Azteken der Kriegsgott Huitzilopochtli war, während die Maya den Nohochacyum, den Gott der Schöpfung und Beschützer der Menschen, als Hauptgott verehrten. Es ist auffällig, dass vieles im Leben dieser Völker in erster Linie auf den Kultbereich ausgerichtet war, dessen größtes Anliegen darin bestand, die Götter sogar durch Menschenopfer zu besänftigen oder wohlgesinnt zu stimmen. Das handwerkliche Feld nahm eine untergeordnete Rolle ein, so dass wir - im Gegensatz zur höherentwickelten Bau-, Skulptur- und Goldschmiedekunst - eine begrenzte Weiterentwicklung von hilfreichen Alltagsgegenständen oder gar "Neuschöpfungen" vorfinden. In dieser Welt war auch für eine organisierte Bildung für alle kein Platz, ein Umstand, der die Gleichschaltung der einfachen Menschen förderte und sie leicht auf das einheitliche Ziel des Götterkultes ausrichten ließ. Und wieder lassen sich Parallelen zur Moderne ziehen, in der die Gleichschaltung eines pervertierten Kommunismus in Russland, China und Nordkorea und eines Nationalsozialismus in Hitlers Drittem Reich zwar eine politische, aber im Endeffekt vergleichbare Zielrichtung aufwies. Ohne breiter gefächerte Kenntnisse schienen die Menschen wie die Figuren in Platons Höhlengleichnis zu agieren (vgl. S.24).

Eine von der Ratio bestimmte und von der Gotteshingabe losgelöste Denkweise scheint gefehlt zu haben, weshalb es auch keine vernunftbestimmte Strukturierung in ihrem zwischenmenschlichen Leben gegeben zu haben scheint. Die vorhandene Gliederung im Staat richtete sich nach der rigiden Kultauffassung einer theokratischen Weltordnung. So konnte sich auch keine Art Humanphilosophie wie bei den Griechen (Sokrates, Platon, Aristoteles u. a.), den Römern (Seneca, Marcus Aurelius), den Persern (Zarathustra), den Indern (Buddha) und den Chinesen (Konfuzius) entwickeln, die den Menschen in selbstkritischer Betrachtung eine kultivierte Kommunikations- und Verhaltensmöglichkeit an die Hand gab. Der Kampf um das tägliche Überleben und in landwirtschaftlichen Bereichen eine pragmatische Kooperation schienen den Lebensrhythmus der Menschen zu bestimmen.

Ähnliches trifft auf die Inka zu. Auch bei ihnen musste die bäuerliche Bevölkerung um ihre tägliche Existenz ringen, während besonders die Oberschicht auf Macht- und Territorialerweiterungen aus war und ihre Kräfte in zahllosen Kleinkriegen vergeudete. Diese Besessenheit führte dazu, dass sie nahezu die gesamte Pazifikküste in ihre Gewalt brachten. Ein zu erwartender reger Handel, im Allgemeinen eine wichtige Stütze einer Gesellschaft, kam, anders als bei den Maya, dadurch kaum in Gang und diente in erster Linie der staatlich verordneten Versorgung der götterhörigen Adels- und Priesterschicht. Dieser Mangel erstickte jede eventuell vorhandene Motivationsbereitschaft und Privatinitiative unter der übrigen Bevölkerung.

Durch ihre erfolgreichen Eroberungszüge wurden die Inka andererseits von einer Siegeseuphorie ergriffen, die sie die eigentliche neue Gefahr durch die spanischen Eroberer nicht erkennen beziehungsweise unterschätzen ließ. Dafür mussten sie wie ihre Nachbarn ringsum im südamerikanischen und karibischen Raum mit dem Verlust ihrer Kultur und der bitteren Unterwerfung unter die neuen Herrn büßen. Mit welcher Grausamkeit diese Unterwerfung der Indios generell stattfand, wurde von dem spanischen Dominikanermönch Bartolomé de las Casas, der die Neue Welt bereiste, an den spanischen Königshof berichtet und später in seiner Druckschrift *"Kurzgefasster Bericht von der Verwüstung der westindischen Länder"* (1552) detailgenau geschildert. (Es geht hier nicht darum, die menschlichen Verfehlungen de las Casas', die auch er sich ohne Zweifel vor seiner "Bekehrung" hat zuschulden kommen lassen, zu rechtfertigen, sondern seine wohl sehr authentischen Schilderungen der unmenschlichen Behandlungen der Indios durch die Conquistadores in Erinnerung zu rufen.) Die Wucht der (An)Klage in diesem Buch wurde bildhaft unterstützt durch die ebenso detailgetreuen erschütternden Zeichnungen von Theodor de Bry. Es fällt schwer, dem Leser die geschilderten Grausamkeiten zuzumuten, denn sie zeigen auf, wie der Mensch - auch im Namen der Kirche - zur Bestie wird, wenn er durch keinen Instinkt, keinen Verstand und durch keine Kultur von sadistischen Grausamkeiten abgehalten wird. De las Casas schreibt zum Beispiel von einem Spanier: *"...und da er eines Tages nichts zu jagen fand, schien es ihm, als wären seine Hunde hungrig, und er nahm einer Mutter ihren ganz kleinen Jungen fort, und mit einem Dolch schnitt er ihm stückchenweise die Arme und Beine ab und gab jedem Hund seinen Teil, und nachdem sie jene Stückchen aufgefressen hatten, warf er für alle gemeinsam den kleinen Körper auf die Erde."*[69] Er führt weiter an: *"... Sie schlossen Wetten ab, wer mit einem einzigen Hieb einen Menschen zweiteilen oder ihm den Kopf mit einem Pikenstoß abtrennen oder ihm auch die Eingeweide aufreißen könne."*[70] Und fährt dann fort: *"...und zusätzlich ersannen sie viele verruchte und überaus schlimme Grausamkeiten, indem sie die Indios töteten, verbrannten, rösteten und mit scharfen Hunden hetzten."*[71]

Die hier zitierten Gräueltaten sind nur ein kleiner Ausschnitt der von Bartolomé de las Casas beschriebenen damaligen brutalen Realität. Und dann schreibt er noch einen Satz, der uns unwillkürlich an den römischen Philosophen Seneca erinnert: *"Denn jede Person ist menschlich ... und niemand gegenüber dem anderen unterlegen."*[72] Immo Homines! Es sind doch Menschen! (s. Seneca, S.33) Für die europäischen Eroberer galt diese Auffassung nicht, wie de las Casas in seinen Aufzeichnungen erschüttert festgehalten hat: *"Sie haben diesen [den Indios] nicht mehr Ehrfurcht erwiesen und sich nicht mehr um sie gekümmert und sie nicht höher geachtet (und ich sage die Wahrheit, weil ich es weiß und die ganze Zeit mit angesehen habe), wobei ich keinesfalls 'nicht höher als das Vieh geachtet'* meine (denn Gott gebe, dass sie diese Leute [wenigstens] wie Vieh behandelt und geachtet hätten), vielmehr nicht höher und noch weit geringer als den Kot auf den Straßen."[73] Damit erfährt Senecas Klage, die er in dem besagten Brief 47 erhob, noch eine Steigerung. Dort nämlich führt er an: „Ich übergehe dabei andere Grausamkeiten und Unmenschlichkeiten, nämlich dass wir sie [die Sklaven] nicht einmal wie Menschen behandeln, sondern sie als Arbeitstiere missbrauchen."[74]

Wie gutgläubig und friedfertig diese Menschen in der Mehrheit waren, bevor sie die Spanier als brutale Eroberer kennenlernten, schildert las Casas bezüglich eines Empfangs der Fremden unter Hernán Cortés in der Stadt Cholula: "Alle Herrn des Landes [Häuptlinge der Indios] und der benachbarten Gegend und an deren Spitze alle Priester und deren Oberpriester gingen nämlich den Christen sehr hochachtungsvoll und ehrerbietig in einer Prozession entgegen, um sie zu empfangen, und sie nahmen sie in die Mitte, um sie in der Stadt, in den für fremde Gäste bestimmten Häusern des Herrschers oder der vornehmen Herren dieser Stadt, zu beherbergen: da beschlossen die Spanier, dort ein Blutbad anzurichten oder (wie sie es nennen) eine Züchtigung vorzunehmen, um Furcht in allen Winkeln jener Lande zu erwecken und zu verbreiten..."[75]

Diese Gräueltaten in der Neuen Welt ereigneten sich nicht, wie man vielleicht meinen möchte, sporadisch, sondern sie wurden von Tausenden zu Tausenden an unschuldigen Menschen verübt. Hier kamen nicht die Rettung verheißenden Weißen Götter zurück, sondern es tauchte die Bestie Mensch auf, die nichts besaß von dem, was einen zivilisierten Menschen ausmacht: Vernunft, Kultur, Bildung, Empathie für den Mitmenschen. Sie wurde von der blinden Gier nach dem schimmernden Gold und der sadistischen Machtausübung über Schwächere getrieben. Müssen wir uns da nicht voller Scham daran erinnern, welche Gräuel in den vielen Kriegen des zwanzigsten Jahrhunderts verübt und im einundzwanzigsten Jahrhundert fortgesetzt wurden - 500 Jahre nach de las Casas?!

Dieser Gold- und Geschäftstrieb erfasste auch das Augsburger Handelshaus der Welser. Sie handelten mit Karl V, dessen Kriege sie mitfinanzierten, einen befristeten Vertrag aus, der ihnen gestattete, das Land Venezuela in allen Belangen auszubeuten.

Sie verfuhren nicht weniger grausam gegen die ansässigen Einwohner als die Spanier, um das Land bis auf den letzten Blutstropfen und Goldnugget auszusaugen: *"Dieser deutsche Tyrann [Ambrosius Alfinger] ...befahl, man solle so viele männliche Indios zusammen mit ihren Frauen und Kindern gefangennehmen, wie man könne; und man sperrte sie in ein großes Gehege oder ein mit Pfählen eingefriedetes Stück Land, das man für sie vorbereitet hatte. Und er verkündtete ihnen, dass jeder, der hinauskommen und frei sein wolle, sich loskaufen müsse...Und damit er ihnen noch härter zusetzte, ordnete er an, man dürfe ihnen nicht das geringste zu essen geben, bis sie ihm das Gold brächten, das er als Lösegeld verlangt hatte. Viele schickten Boten nach Hause, um Gold zu holen, und sie kauften sich mit so viel los, wie sie konnten. Man ließ sie frei, und sie gingen auf ihre Felder oder nach Hause, um das Essen zu bereiten. Da sandte der Tyrann gewisse räuberische spanische Wegelagerer aus, dass sie die unglücklichen Indios, die sich bereits einmal losgekauft hatten, abermals gefangen nähmen. Man brachte sie in das Gehege; man peinigte sie wieder so lange mit Hunger und Durst, bis sie sich ein zweites Mal loskauften. So gab es dann etliche, die zwei- oder dreimal gefangen und losgekauft wurden. Er ließ andere, die so viel nicht besaßen und geben konnten, weil sie ihm schon ihr ganzes Gold abgeliefert hatten, so lange in dem Gehege schmachten, bis sie verhungert waren. Nunmehr ließ er eine ganze Provinz zugrunde gerichtet, verwüstet und entvölkert zurück, die über alle Maßen reich an Menschen und Gold gewesen war."*[76] Während Bartolomé de las Casas dies niederschrieb, wird ihm unvermittelt die Erinnerung an seine "Bekehrung" aufgestiegen sein, als er bei der Vorbereitung zu einer Messe auf den Text stieß: *"Kärgliches Brot ist der Lebensunterhalt der Armen, wer es ihnen vorenthält, ist ein Blutsauger... Den Nächsten mordet, wer ihm den Unterhalt nimmt."*[77] De las Casas charakterisiert die deutschen Kaufmannsleute und ihr Handeln mit ungewöhnlich drastischen Worten: *"Sie waren bestialischer und wütender als überaus blutdürstige Tiger und mordgierige Wölfe oder Löwen. Denn sie zeigten größere Gier, waren mehr von Habsucht und Grimm verblendet und griffen zu abgefeimteren Grausamkeiten und Winkelzügen, um Silber und Gold zu rauben und sich zu verschaffen, als alle ihre Vorgänger..."*[78] Auch sie, die sich Christen nannten, wurden von den gepeinigten Indios *"im ganzen Land 'yares' genannt, das heißt 'Teufel'. Und zweifellos haben sie recht, denn die Werke, die sie hier verüben, sind nicht die von Christen oder von vernunftbegabten Menschen, sondern von Teufeln.*"[79] Der Geist der Habgier nach den Schätzen der Neuen Welt schien ganz Europa ergriffen zu haben. Denn obwohl Kaiser Karl V. sicherlich vor dem "Kurzer Bericht über die Vernichtung der Westindischen Länder" von Bartolomé de las Casas nicht genau über die Gräueltaten der Conquistadores in den überseeischen Provinzen informiert war (*"Unser König und Herr wurde durch gewisse höchst schädliche und betrügliche Vorstellungen hintergangen"*), war er doch dankbar für das erpresste Gold aus den Kolonien der Neuen Welt, um eben diese seine Kriege finanzieren zu können. Da war es nicht so wichtig, wie das Edelmetall gewonnen wurde.

Die Stimme de las Casas wirkte wie ein Aufschrei der Unterdrückten und Gepeinigten. Und er legte den eigentlichen Grund für die spanische Eroberung bloß: Die Spanier waren gekommen *„wegen ihrer unersättlichen Habsucht und Ruhmsucht"*[80], und nicht so sehr, um einen Kulturaustausch zu betreiben und Gottes Wort zu verbreiten. Mag der Dominikanermönch angesichts der unsagbaren Gräuel in mancher Hinsicht zu einer unbewussten Übertreibung geneigt haben, die Fakten selbst sind aus der Geschichte der Menschheit nicht zu tilgen. Auch nicht die Tatsache, dass man vor allem in Spanien Bartolomé de las Casas wegen seiner Schrift scharf angegriffen hat, ja sogar später versuchte, sie zur Fälschung zu deklarieren. Eine Kritik, die unverständlicherweise in Teilen bis heute andauert.

Wir Menschen neigen dazu, uns ungern unseren eigenen Verfehlungen zu stellen. Dabei geht es hier in keiner Weise um nationale Pauschalanklagen, sondern darum, aufzuzeigen, wozu der Mensch fähig ist, wenn in ihm die inhärente Bestie herausbricht und durch keinerlei Vernunft, Instinkt, Kultur, Gefühl oder Gewissen in die Schranken gewiesen wird.

Der Franzose Jean Francois Marmontel fällte über zweihundert Jahre später (1777) in seinem Buch "Les Incas ou la destruction de l'empire du Pérou" (Die Inka oder die Zerstörung des peruanischen Reiches) ein treffendes Pauschalurteil über solche Ereignisse in der Weltgeschichte, wenn er schreibt: *"Alle Natio-*

nen haben ihre Räuber und ihre Fanatiker, ihre Zeiten der Barbarei, ihre Wutausbrüche."[81] Die Zeit hat uns jedoch inzwischen zweihundertfünfzig Jahre weitergeschoben und stellt uns erneut vor die Frage: Müssen oder wollen wir diesen Zustand beibehalten und als unabänderlich betrachten oder wollen wir eine für alle humanere Gesellschaft und Gemeinschaft anstreben?

Ist bereits damals, wie man sich gerne bei solchen desaströsen Handlungen zu rechtfertigen versucht, aus der Asche der Besiegten ein neuer Zeitgeist entstanden, der den Europäern ein globales, humaneres Bewusstsein einhauchte? Jene und die folgenden Epochen werden dies entschieden verneinen. Im Falle de las Casas schien es anfänglich in der Tat so, dass er mit seinen Berichten über die Willkür und Grausamkeit der Conquistadores eine Veränderung der Lage herbeiführen könnte. Denn er forderte in seinem Bericht zunächst den spanischen Kronprinzen Don Philipp mit dem Hinweis auf die Bibel heraus: *"Ein König auf dem Richterstuhle sondert mit seinem Blicke alles Böse aus."*[82] In Konsequenz daraus erinnert er den Herrschenden an seine Pflicht: *"Denn so glaubt man von der angeborenen und natürlichen Tugend des Königs (wie man wissen muss), dass allein die Kunde von dem in seinem Reich herrschenden Übel ganz und gar ausreicht, damit er es beseitigt, und dass er es keinen einzigen Augenblick ertragen kann, solange er im Vollbesitz seiner geistigen Kräfte ist."*[83] Und in der Tat, nachdem der Bericht auch Kaiser Karl V. vorlag, erließ dieser 1542 die Leyes Nuevas (Neue Gesetze), die die Indios unter Schutz stellen sollten. Aber der Widerstand der spanischen Plantagenbesitzer in den Kolonien war so groß, dass der Kaiser sich gezwungen sah, den größten Teil der Gesetze wieder rückgängig zu machen. Denken wir an die "Große Wandlung" in Japan um 701 n. Chr., als die adeligen "Lobbyisten" durch ihren Protest den alten Zustand zu ihren Gunsten wiederherstellten. (vgl. S.67f)

Ob wir bei einem selbstkritischen Blick auf unsere eigene Zeit einem vergleichbaren Defizit an Ratio ausgesetzt sind, muss noch geklärt werden. Denn der vergleichende Blick in die Geschichte kann so manchen gegenwärtigen Mangel sichtbar machen. Zeugen nicht der Koreakrieg, der Vietnamkrieg, die

Tschetschenienkriege, der Jugoslawienkrieg, die Irakkriege, die Afghanistankriege, der Libyenkrieg, der Syrienkrieg und die genoziden Kriege in Afrika von fehlendem Intellekt auf allen Seiten? Die Grausamkeiten, Verstümmelungen und Folterungen in den jeweiligen Gefängnissen wie Abu Ghraib, Guantanamo und in den Gefängnissen in Argentinien, Chile, Mexiko, Libyen, Irak, Iran, Syrien, Türkei und anderen Staaten, die brutalen Giftgasangriffe im Irak und in Syrien, die Zerstörung der fremden Kultur, die unmenschlichen Enthauptungen Gefangener, die Verbrennung des lebenden jordanischen Piloten und die rücksichts- und sinnlosen Terrorangriffe durch Mitglieder des sogenannten Islamischen Staates mögen zwar zeitmäßig zu denen der spanischen Conquista über vierhundert Jahre auseinander liegen, in unserer humangeschichtlichen Entwicklung liegen sie nahe beieinander. Ging es in den jüngsten Kriegen und Konflikten nicht in gleicher Weise um engstirnige religiöse, ideologische, politische und wirtschaftliche Feldzüge und um den fanatischen Alleinvertretungsanspruch einer selbstgesetzten subjektiven Wahrheit sowie die egoistische Sicherung von landesfremden Ressourcen, die vor allem die Industriestaaten benötigen? Einem völkerverständigenden Ziel jedenfalls dienten sie nicht, wie wir im Rückblick sarkastisch feststellen müssen.

Einen ähnlich vernichtenden "Krieg" führen die Industrie- und Handelskonzerne gegen die kleineren Konkurrenten in aller Welt. Angeblich vorrangig ist die wirtschaftliche Effektivität, aber in Wahrheit stehen die Verhinderung eines Wettbewerbs durch die Ausschaltung der Konkurrenz und der monopolistische Profit im Vordergrund. Die großen Entscheidungen in unserer Welt scheinen auch hier von den Lobbyisten der verschiedensten Einflussbereiche und nicht mehr von volksvertretenden Parlamenten getroffen zu werden. Und wieder lassen die geheimnisvollen Verkaufsschlager TTIP, CETA u. a. grüßen. In einem irrigen Fortschrittsglauben rühmen wir uns mit bombastischen, im Grunde jedoch nichtssagenden Begriffen wie vorindustriell, postindustriell, modern, postmodern, mit Web- und Industrienullen wie 1.0, 2.0, 3.0, 4.0 und vergessen dabei, dass wir eigentlich von *menschenleeren* Hüllen sprechen. All dies gipfelt in der sogenannten postfaktischen Ära, in der Wahrheit und Lüge verschwimmen. Eine griffige Kernaussage ist nicht vorhanden. Unsere Verlorenheit und Unsicherheit in unserer eigenen medial, materialistisch und fiskalisch orientierten Welt verstecken wir hinter nebulösen Phrasen. Haben auch wir in diesem "Fortschrittsglauben" wie die Indios die Gefahr einer inhumanen Welt aus den Augen verloren, weil wir uns nicht mehr als vernunftbegabte Wesen begreifen und nur noch blind irgend welchen Automatismen folgen? Schwebt uns selbst überhaupt eine "*Weltordnung*" vor? Wenn ja, welche Vorstellung haben wir wirklich von ihr? Haben wir uns je schon einmal Gedanken über einen "Stresstest" gemacht? Wie wird sich die Welt in einem globalen Katastrophenfall verhalten? Oder ist uns immer noch das punktuell Nationale wichtiger als das Ganze?

2. Die Indianer Nordamerikas und das europäische "Missver-
ständnis"

(Schert euch zum Teufel! Wir brauchen euer Land. Vernunft und Widerstand zwecklos.)

Wie bei den südamerikanischen Stämmen die Erde als Pachamama, Erdmutter, verehrt wurde, so achteten auch die Indianer Nordamerikas die Erde als den segenspendenden Teil ihrer Welt, dem sie ihre Ernährung und ihr Leben verdankten. Der kritische Hinweis, dass die begriffliche offizielle Verehrung der Mutter Erde erst später entwickelt wurde, wird der Tatsache, dass schon die frühen Indianer der Natur große Ehrfurcht entgegenbrachten und als Ernährungsgrundlage ihres Lebens betrachteten, nicht gerecht. Bereits in den für uns greifbaren Anfängen sahen sie sich dazu veranlasst, Orte in der Natur, die nach indianischem Verständnis etwas Besonderes aufwiesen, als heilig zu bezeichnen und die Fruchtbarkeit der Erde zu preisen. In den verschiedensten Gebeten wird die Mutter Erde angerufen:

Oder in einer anderen Aussage:

Solche Gedanken mögen vielleicht erst in späterer Zeit schriftlich fixiert worden sein, aber sie waren gewiss schon in den Köpfen und der Kultur der Urahnen präsent.

Natürlich waren die Native Americans, wie sie heute genannt werden, in zahlreiche verschiedene Stämme mit ihrer eigenen Sprache, Kultur und Religion unterteilt und lebten über den gesamten nordamerikanischen Kontinent verstreut in kleineren oder größeren Stammesgruppen, aber sie stammen von einer gemeinsamen Linie ab. So ist es bezeichnend, dass der Sammelbegriff "Indianer" erst mit dem Erscheinen der Europäer aufkam, die sich um keinerlei Differenzierung bei der Urbevölkerung bemühten und keinerlei Kulturverständnis mitbrachten. Sie waren auf der Suche nach neuem Land. Und hier lag es vor ihnen in einer endlosen Weite! Und es gehörte ab jetzt ihnen! Diesen Anspruch einer "Manifest Destiny" (offenkundigen Bestimmung) jedenfalls vertrat im Jahre 1845 unter Zustimmung der Mehrheit der Journalist John L. O' Sullivan in der Zeitung New York Morning News: *"Und dieser Anspruch besteht aufgrund des Rechts unserer offenkundigen Bestimmung, uns über den ganzen Kontinent auszubreiten und ihn in Besitz zu nehmen, den uns Gott zugewiesen hat, um das große Experiment der Freiheit und die konföderierte Selbstbestimmung, die uns anvertraut wurde, weiterzuführen."*[86] Mit diesem Selbstverständnis gingen die Pioniere ans Werk, sich auf dem Leben anderer ihr eigenes Leben aufzubauen.

Deswegen hatte der amerikanische Präsident Andrew Jackson schon fünfzehn Jahre vorher den Indian Removal Act (Gesetz zur "Umsiedlung" der Indianer) in die Wege geleitet, damit das Land endlich freigeräumt wird für die nachdrängenden weißen Siedler. In seiner zweiten Jahresbotschaft an den Kongress lieferte er eine aufschlussreiche Begründung zur Vertreibung und Vernichtung der Indianer:

„Die Menschheit hat oft über das Schicksal der Ureinwohner dieses Landes geweint, und Menschlichkeit hat lange schon eifrig dafür gesorgt, Wege zu finden, dieses abzuwenden, aber sein Lauf ist niemals auch nur für einen Augenblick angehalten worden. Viele mächtige Stämme verschwanden nach und nach von dieser Erde. Zum Grab des Letzten seiner Rasse zu ziehen und über die Gräber ausgelöschter Nationen hinwegzugehen rufen melancholische Gedanken hervor. Aber wahre Menschenliebe versöhnt das Gemüt mit diesen Wechselfällen des Schicksals, so wie sie auch das Gemüt mit der Auslöschung der einen Generation zugunsten der nachfolgenden Generation versöhnt...Und es liegt nichts Bedauernswertes darin, wenn man einen umfassenden Blick auf die allgemeinen Interessen der Menschheit wirft. Es kann nicht der Wunsch von Menschlichkeit sein, dass dieser Kontinent in den Zustand zurückversetzt wird, in dem ihn unsere Vorväter vorgefunden haben. Welch anständiger Mensch würde ein Land, das mit Wäldern bedeckt ist und in dem ein paar tausend Wilde umherziehen, unserer ausgedehnten Republik vorziehen, die mit Städten und Dörfern und mit prosperierenden Farmen besetzt ist, die verschönert wird mit all den Verbesserungen, die das Handwerk erschaffen und die Industrie produzieren kann, die von mehr als 12 Millionen glücklicher Menschen besiedelt und mit all den Segnungen von Freiheit, Zivilisation und Religion erfüllt wird?"[87] Vor dem Hintergrund dieser Aussage wirkt die zu Beginn des Buches zitierte Stelle von David Henry Thoreau um so schmerzlicher: *"Während die Zivilisation unsere Häuser verbessert hat, hat sie nicht in gleichem Maße die Menschen verbessert, die darin wohnen sollen. Sie hat Paläste geschaffen, aber es war nicht so leicht, [wahre] Edelmänner und Könige hervorzubringen."*[88]

Wenn man, wie Jackson, "wahre Menschenliebe" als ausgeprägte Eigenliebe und die gewaltsame Auslöschung eines Volkes als natürlichen Tod versteht, lassen sich solche Gedanken stets leicht rechtfertigen, vor allem solange man nicht selbst

von Vertreibung und Vernichtung betroffen ist.
Die Mehrheit der Indianer lehnte diesen Vertrag, der ihre Vertreibung besiegelte, entschieden ab, und selbst unter den Weißen wurde die Kritik immer lauter. Im Jahr 1838 schrieb der Philosoph Ralph Waldo Emerson stellvertretend für viele Indianer und Weiße einen Brandbrief an den damaligen Präsidenten Martin van Buren, der die "Umsiedlung" der Cherokee und anderer Indianer umsetzen wollte. Emerson wies mit Nachdruck auf das hinterhältige und menschenverachtende Handeln der amerikanischen Regierung hin und versuchte van Buren umzustimmen:

"Ein Protest gegen die Umsiedlung der Cherokee Indianer vom Staat Georgia

Sag, Was ist Ehre? Sie ist das feinste Gespür für Gerechtigkeit,
das der menschliche Geist bilden kann,
darauf bedacht, jede lauernde Schwäche zurückzuweisen
und das Leben vor jeglichem Anstoß, ob erlitten oder selbst erregt, zu bewahren. Wordsworth (englischer Dichter)

Concord, Mass., April 23, 1838

"...Nun informieren uns die Zeitungen darüber, dass im Dezember 1835 ein Vertrag, der den Austausch des gesamten Cherokee Territoriums festlegte, angeblich von einem Vertreter der Vereinigten Staaten mit einigen Leuten der Cherokee geschlossen wurde; und dass danach die Tatsache durchsickerte, dass diese Abgeordneten in keiner Weise den Willen des Stammes repräsentierten; und dass von den 18000 Menschen, die die Gesamtheit des Stammes ausmachen, 15668 gegen den sogenannten "Vertrag" protestiert haben. Die Regierung der Vereinigten Staaten scheint jetzt die Cherokee an diesen Scheinvertrag binden zu wollen, und macht Anstalten, den selbigen umzusetzen. Beinahe der ganze Cherokee Stamm steht auf und sagt: 'Das ist nicht unser Vertrag! Schaut uns an! Hier stehen wir! Haltet nicht fälschlicherweise diese handvoll Deserteure für unsere ganze Nation!' Und weder der Präsident und sein Kabinett noch der Senat und das Repräsentantenhaus hören diese Männer oder

sehen sie und beschließen, diesen tatkräftigen Stamm auf Wagen und Boote zu verladen und sie über Berge und Flüsse in eine Wildnis in weiter Ferne jenseits des Mississippi zu schleppen...

Die Hochachtung, der Grundpfeiler, der in den Vereinigten Staaten noch übrig ist, wenn auch in seiner rudimentärsten Form, der Respekt vor der Rede der Menschen verbieten uns, diesen Beschluss als Tatsache überhaupt in Erwägung zu ziehen. Seit der Erschaffung der Welt hat man von einer solchen Missachtung von jeglichem Glauben und jeglicher Rechtschaffenheit, von einer solchen Vorenthaltung von Gerechtigkeit und einer solchen Taubheit gegenüber dem Ruf nach Barmherzigkeit in Zeiten des Friedens und bei dem Umgang einer Nation mit seinen eigenen Verbündeten und Schutzempfohlenen noch nie gehört...

Wir stellen nur die Tatsache fest, dass ein Verbrechen geplant ist, das durch sein Ausmaß unser Verständnis zu tiefst irritiert - ein Verbrechen, das in der Tat uns ebenso wie die Cherokee eines Landes beraubt. Denn wie könnten wir die Verschwörungstruppe, die diese armen Indianer niederzwingen sollte, unsere Regierung oder das Land, das durch deren scheidenden und verhallenden Verwünschungen verflucht wurde, weiterhin unser Land nennen? Sie, Sir, werden diesen hochangesehenen Stuhl, auf dem Sie sitzen, in Verruf bringen, wenn Sie Ihr Siegel auf dieses Papier der Niedertracht setzen. Und der Name der Nation, der bisher ein hehres Zeichen für Religion und Freiheit war, wird zum Himmel stinken...

Wird die amerikanische Regierung etwa stehlen? Wird sie lügen? Wird sie töten? ...Unsere Ratgeber und älteren Staatsmänner hier sagen, dass sie vor zehn Jahren ihr Leben auf die Behauptung verwettet hätten, dass die beabsichtigten Maßnahmen gegen die Indianer nicht hätten durchgeführt werden können; dass das Land sie einmütig niedergeschmettert hätte. Und jetzt folgt ein Schritt nach dem anderen so schnell in einer so verhängnisvoll kurzen Zeit, dass die Millionen von aufrechten Bürgern, deren Repräsentanten die Regierungsmitglieder sind, keine Möglichkeit zur Intervention haben. Sie müssen ihre Augen verschließen, bis das letzte Heulen und Klagen dieser gepeinigten Dörfer und Stämme das Ohr der Welt rühren werden."[89]

Weder konnte Emersons mahnender Brief bei van Buren oder der amerikanischen Regierung irgend etwas erreichen, noch rührte "*das letzte Heulen und Klagen...das Ohr der Welt*". Im Oktober 1838 wurde der Plan gegen alle Widerstände wie vorgesehen auf unmenschliche Weise durchgesetzt. Wie brutal dies vonstatten ging, hat ein Augenzeuge - wenngleich Jahrzehnte später - der Nachwelt überliefert. Dass dieser Bericht sehr authentisch ist, wird auch durch andere Quellen belegt.

Der Augenzeuge John G. Burnett schilderte aus seiner Erinnerung heraus im Jahre 1890 den "Trail of Tears" der Cherokee, an dem er persönlich als Dolmetscher teilgenommen hatte, folgendermaßen:

"*Die Umsiedlung der Cherokee Indianer von ihren lebenslang angestammten Plätzen im Jahre 1838 erlebte ich als junger Mann in den besten Jahren und als Soldat in der amerikanischen Armee. Da ich mit vielen Indianern bekannt war und ihre Sprache fließend sprechen konnte, wurde ich im Mai 1838 als Dolmetscher in das Smokey Mountain Gebiet geschickt und erlebte die Ausführung des brutalsten Befehls in der Geschichte des amerikanischen Militärwesens. Ich sah, wie die hilflosen Cherokee festgesetzt und von ihren Heimen weggezerrt und mit Bayonetten in die Umzäunung getrieben wurden. Und ich sah, wie sie an einem Oktobermorgen in einem kalten Nieselregen wie Vieh oder Schafe in sechshundertfünfundvierzig Planwagen verladen wurden und gen Westen starteten.*

Man kann die Traurigkeit und Erhabenheit dieses Morgens niemals vergessen. Häuptling John Ross ging betend voraus, und als die Trompete erklang und die Planwagen anrollten, erhoben sich viele Kinder und winkten mit ihren kleinen Händen ihren Heimen in den Bergen ein letztes Lebewohl zu, wohl wissend, dass sie sie für immer verlassen würden. Viele dieser hilflosen Menschen hatten keine Decken und viele von ihnen waren barfuß aus ihren Behausungen vertrieben worden.

...Die lange schmerzvolle Reise in den Westen endete am 26. März 1839, wobei viertausend schweigende Gräber den Weg vom Fuße der Smokey Mountains bis zum sogenannten Indianergebiet im Westen säumten. Und Habgier auf Seiten der weißen Rasse war der Grund für all das, was die Cherokee erdulden mussten. Seitdem Ferdinand de Soto im Jahre 1540 seinen Weg durch das Indianerland genommen hatte, hatte es ein hartnäckiges Gerücht von einer reichen Goldmine irgendwo in dem Gebiet der Smokey Mountains gegeben. ... Es wurden Verbrechen

begangen, die eine Schande für die Zivilisation waren. Menschen wurden kaltblütig erschossen, Land wurde beschlagnahmt. Häuser wurden angezündet und ihre Bewohner von goldgierigen Räubern vertrieben."[90]
Das Bedauerliche, aber gleichzeitig auch Verwunderliche dabei ist, dass die späteren neuen Siedler es gar nicht zu würdigen wussten, wie ihre Vorläufer von den einheimischen Indianern aufgenommen worden waren. Da war nach allgemeiner Überlieferung keine Feindschaft zu spüren, sondern Hilfsbereitschaft und Kulturaustausch. Doch die Einwanderungswellen wurden größer, gewaltiger und begruben die freundschaftlichen Beziehungen unter sich. Schließlich spülten sie die einzelnen Stämme der Indianer in immer fernere Winkel des Kontinents und schlugen tiefe Wunden in die Seelen der Betroffenen. So beklagte sich der Sioux-Häuptling Red Cloud um das Jahr 1890:

"Sie gaben uns viele Versprechen,
mehr als ich im Gedächtnis behalten kann,
doch sie hielten kein einziges außer einem:
sie versprachen, uns unser Land weg zu nehmen,
und sie nahmen es."[91]

Und wie radikal dies geschah, davon zeugt eine andere Aussage: *"Wo immer der Weiße Mann die Erde berührt hat, ist sie wund."*[92] In der Tat, als die europäischen Siedler weiter in den Westen vordrangen und als schließlich der Lockruf des Goldes Tausende weiße Siedler westwärts trieb, setzte ein intensiverer Verdrängungsprozess und ein enormer Raubbau an Natur und Tierwelt ein. Und wieder stellte der Indianer dem Neuankömmling seine Weisheit entgegen: *"Der Frosch trinkt nicht den Teich leer, in dem er lebt."*[93] Die lange und intensive Auseinandersetzung mit der Natur und das einsichtige Zusammenleben mit ihr hat den Indianern und überhaupt allen Naturvölkern ein so umfassendes Wissen beschert, dass sie in der Erkenntnis der Zusammenhänge dem übergeordneten Ganzen eine tiefe Achtung und Demut entgegen brachten. Häuptling Seattles Rede aus dem Jahre 1854[94] zeigt in ihrem Wesen auf, wie sich die Natur- und Kulturverständnisse der Indianer und der Weißen unterscheiden: *"Es gab eine Zeit, als unsere Leute das Land in großer Zahl bedeckten wie die Wellen eines windgekräuselten Meeres den mit Muscheln übersäten Meeresboden, aber diese Zeit ist längst verschwunden wie die Größe unserer Stämme, die nur noch eine beklagenswerte Erinnerung sind. ...Euer Gott ist nicht unser Gott! ...Wir sind zwei völlig verschiedene Rassen mit unterschiedlicher Herkunft und unterschiedlichem Schicksal. Wir haben wenig gemeinsam. ...Für uns ist die Asche unserer Vorfahren heilig und der Ort ihrer letzten Ruhe ist heiliger Boden. Du wandelst fern von den Gräbern deiner Vorfahren und tust dies anscheinend ohne großes Bedauern. Eure Religion wurde mit dem eisernen Finger eures Gottes auf Tafeln geschrieben, so dass ihr sie nicht vergessen konntet. ...Unsere Religion sind die Traditionen unserer Vorfahren - die Träume unserer alten Männer, die ihnen in den heiligen Stunden der Nacht von dem Großen Geist gegeben wurden. ...Unsere Toten vergessen niemals diese wunderschöne Welt, die ihnen ihre Existenz gab. Sie lieben immer noch die grünen Täler, die murmelnden Bäche, die großartigen Berge, die abgeschiedenen Kare und die grünumsäumten Seen und Buchten. ....Die Zeit eures Verfalls mag noch fern sein, aber sie wird mit Gewissheit kommen, denn sogar der Weiße Mann, dessen Gott mit ihm Seite an Seite wie ein Freund ging und mit ihm sprach, kann dem gemeinsamen Schicksal nicht entrinnen. Wir mögen schließlich Brüder sein. Wir werden es sehen."*[95]

Von Bruderschaft auf Seiten der neuen Siedler konnte im entscheidenden Fall der "Landnahme" keine Rede sein.

Manchmal scheinen solch schreckliche Ereignisse unser Begriffsvermögen zu übersteigen, aber wenn wir ehrlich sind, dann müssen wir uns auch eingestehen, dass wir sie gerne verdrängen, weil sie unser Gewissen zu sehr belasten würden. Und die Jungen sind aufgrund ihres Alters außer Stande, derartige Geschehnisse einzuordnen und zu begreifen. Dies war damals schon Burnett klar, wenn er schreibt: *"Zum heutigen Zeitpunkt, 1890, sind wir noch zu nah an der Umsiedlung der Cherokee, als dass unsere jungen Menschen in vollem Umfang das Ausmaß dieses Verbrechens, das gegen ein hilfloses Volk begangen wurde, verstehen könnten. Die Wahrheit ist, dass die Fakten vor den heutigen jungen Leuten verheimlicht werden. Die Schulkinder von Heute wissen nicht,*

Damals waren wir es, die Europäer, die Weißen, die sich auf-
machten, um in anderen Ländern ein neues Leben beginnen
zu können. Dabei haben wir oft genug anderen Völkern unsere Kultur, unseren Willen einfach übergestülpt, so dass den
anderen, den Einheimischen, nur noch übrig blieb, entweder
die gleiche Luft wie wir zu atmen oder unterzugehen. Wie stehen wir heute im einundzwanzigsten Jahrhundert, also über
500 bis 150 Jahre später, zu den gegenwärtigen Migrationswel-
len gefährdeter und bedürftiger Menschen aus allen Teilen der
Welt? Sind wir in der Lage und bereit, den notwendigen geistigen Transfer zu schaffen, um die Welt mit umgekehrten Vor-
zeichen zu betrachten? Wollen wir uns dem Lebensstil anderer
Völker und Menschen beugen und uns deren neue Kultur
überstülpen lassen über unsere so liebgewonnene eigene, die
wir sowieso für die bessere, höherwertige halten? Haben wir
uns geistig weiterentwickelt und sind dem Menschsein ein
Stück nähergekommen? Gilt das häufig in Anspruch genom-
mene "Yes, we can!" des amerikanischen Präsidenten Barak
Obama nicht nur für einen rigorosen ökonomischen Fortschrittsglauben, sondern auch für eine verantwortungsvolle
Rückbesinnung, um unsere Gegenwart und Zukunft besser zu
gestalten? Es wird peinlich, ständig treffende Antworten auf
solch lästige Fragen geben zu müssen. Zumal die Geschichte
noch lange nicht zu Ende ist.

VIII. Die Aborigines in Australien und ihre (Alb)Traumzeit

(Die Zertrümmerung einer magischen Kultur und eine späte Reue)

Denn am anderen Ende der "westlichen" Welt spielte sich ein vergleichbares Drama ab.

Die australischen Ureinwohner lebten in ihrer eigenen Steinzeitwelt als umherziehende Nomaden, die nur in kleinen Gruppen organisiert waren und friedlich nebeneinander lebten. Möglicherweise lag dieses friedliche Nebeneinander auch daran, dass sie alle die gleiche "Existenzphilosophie" verinnerlicht hatten: die Natur steht über allem und das menschliche Wesen wie auch die Tiere sind nur Teile von ihr, die ihr untergeordnet sind. Über allem schwebte der magische Zauber einer unsichtbaren Kraft, der sich der Seelen der Bewohner im Laufe der Jahrtausende bemächtigt hatte. Diese magische "Dreamtime" blieb bis heute in den noch existierenden Resten der Nachkommen der Urbevölkerung tief verwurzelt. Eine Welt, die den ersten auftauchenden Europäern verschlossen blieb. Rein geographisch wurde der neue Kontinent als wenig interessant, weil nur an der Küste besiedelbar, angesehen.

Doch als der englische Staat nicht mehr wusste, wohin mit all seinen unzähligen Gefangenen, die als Verurteilte weder in den überfüllten heimischen Gefängnissen noch in den amerikanischen Kolonien Platz fanden, da schätzte man unvermittelt die Ferne und Unwirtlichkeit des neuen Kontinents als einen geeigneten Ort, sich der Kriminellen und Asozialen im eigenen Land zu entledigen.

1788 legten die ersten Schiffe unter Kapitän Arthur Phillip in der Nähe der heutigen Stadt Sidney an. Es wurden Gefangenenlager errichtet und die Insassen dazu verpflichtet, eine kleine Kolonie aufzubauen. Um das Bevölkerungswachstum und die Arbeitslosigkeit im Mutterland zu entspannen, wurden nach einer Reihe von Entsorgungstransporten auch freie Bürger vom Staat dazu verlockt, sich auf dem fernen Kontinent ein neues Leben aufzubauen. Man köderte die Bürger mit dem kostenfreien Transport und einer kostenfreien Grundausstattung für den ersten Aufbau, dazu ein angemessenes Stück Land. Anfangs folgten die Bürger dem Aufruf nur zögerlich, doch nahm die Auswanderungswelle zu und schwappte schließlich auch hier über den ganzen Kontinent.

Wie in der Neuen Welt Amerikas verliefen die ersten Begegnungen mit den Einheimischen, die von den Engländern Aborigines (Ureinwohner) genannt wurden, eher vorsichtig und friedlich. Doch mit der Zahl der Einwanderer wuchs auch der "Anspruch" auf mehr, und man ging gewaltsam gegen die Einheimischen vor, um diesen zu befriedigen. Um ihre Macht - und auch ihre Unmenschlichkeit - zu demonstrieren, folterten die Siedler die Ureinwohner, damit sie die nur ihnen bekannten Wasserlöcher verrieten, die die Siedler benötigten, um ihr Vieh zu tränken. Ebenso schickten die Engländer das abgeschlagene Haupt des Anführers Yagan als Trophäe nach London, wo es zur Besichtigung ausgestellt wurde. Und es erscheint als eine Ironie der Geschichte, dass in dem gleichen Jahr, nämlich 1838, in dem der "Trail of Tears" in den Vereinigten Staaten von Amerika Tausende Tote unter den Cherokee Indianern forderte, auf der anderen Seite unseres Planeten das "Waterloo Creek Massacre" unter den Aborigines begangen wurde, in dem auf brutale Weise ein Aufstand der Ureinwohner niedergeschlagen wurde. Mit den anrollenden Massen der Weißen hatte auch ein rücksichtsloses "Landgrabbing" (Landraub) eingesetzt, und den Einheimischen wurde in steigendem Maße der Lebensraum entzogen. Zwar waren diese es gewohnt, auch im sogenannten Outback, dem wüsten- und steppenartigen großen Zentrum des Landes, zu überleben, aber ohne die fruchtbareren und tierreichen Küsten- und Waldgegenden war ihre Existenz gefährdet oder gar vernichtet. Selbst die Regenbogenschlange, die nach der Legende die gesamte Landschaft mit ihren Tälern, Bergen und Wasserstellen geformt hatte und bei den Ureinwohnern als Symbol für die Wesenseinheit des Kosmos und ihrer eigenen Welt galt, zeigte sich machtlos gegen die Unvernunft einer magielosen Kultur. Denn diese Kultur der Weißen entwickelte lange Zeit kein kritisches Selbstverständnis in ihrer okkupierten Welt. Erst in den 1960er Jahren wies der australische Anthropologe William Edward Hanley Stanner im Rahmen der sogenannten Boyer Lectures in seinem Vortrag über *"The Great Australian Silence"* auf die Bedeutung der Aborigines und ihrer Kultur und auf die zerstörerische Invasion der weißen Siedler hin. Ein Thema, das bis weit in das zwanzigste Jahrhundert in australischen Geschichtsbüchern verschwiegen wurde, weshalb Stanner von einem "Kult des Vergessens auf nationaler Ebene" (cult of forgetfulness practised on a national scale) sprach. Bezeichnend für die ganze problembehaftete Thematik ist, dass Stanner mit seinen Ausführungen einen regelrechten Krieg unter Geschichtswissenschaftlern auslöste (die sogenannten History Wars), in dem sich kritische und nationalistische Kräfte erbitterte Kämpfe über die ungerechte oder berechtigte Behandlung der Ureinwohner lieferten.

Was nämlich war steinzeitliche naturgebundene Lebensart gegenüber einer schiffsbaufähigen und metallbewehrten Horde wert, die sich den Weg mit Kanonen und Gewehren freischießen konnte? Die Aborigines wurden, ähnlich den Indios und Indianern in ganz Amerika, wie lästiges Freiwild mit Waffengewalt und durch eingeschleppte Krankheiten massenweise vernichtet, so dass sich die entkommene Restbevölkerung, verängstigt und seelisch tief verwundet, in das unwirtliche Innere des Kontinents zurückziehen musste, um sich auch nur eine geringe Chance auf das Überleben zu sichern. Doch auch hier spürten wir sie auf und pferchten sie schließlich in Reservaten zusammen, abgeschnitten von ihrer Kultur draußen in der freien Natur. Ihre heiligen Orte und Ahnenverbindungen rissen wir aus ihren Herzen und überließen sie einem nichtssagenden Stück Land und einer sinnentleerten Lebensweise. Wir glaubten, ihrer "minderwertigen" Kultur und ihrem Aberglauben unsere angeblich höherwertige Kultur und Religion aufoktruieren zu müssen, und schickten sie in Umerziehungslager. Vor allem die Kinder entrissen wir ihren Familien, um sie dort an unsere "Werte" anzupassen. Diese junge Generation wird daher zutreffend als "The Stolen Generation" bezeichnet. Dass derart entwurzelte Menschen als ursprüngliches *animal sociale*, wie uns der römische Philosoph Seneca in Anlehnung an seinen griechischen Vorgänger Aristoteles bezeichnete, notwendigerweise verkommen werden, hätte jedem vernunftbegabten Wesen klar sein müssen.

Wie tief die Aborigines diese Begegnung mit den Neuen Wilden getroffen haben muss, können wir nur erahnen, wenn wir zu verstehen versuchen, was ihnen ihre innige Verbindung mit und zur Natur, der sie ihre ganze Existenz verdanken, bedeutet hat.

Ein Volk, das keine Technik, keine Elektronik, keine Massenvernichtungswaffen, keine Massenproduktion entwickelte, das keine Fernsehapparate fertigte, um sich künstliche Bilder in die Höhlen zu holen, das keine Smartphones zum Statussymbol erhob, um sich mit jedem Mitglied der Ureinwohner über das Wachsen der Grashalme, den allzu trockenen roten Staub, das Gewicht des zuletzt verspeisten Kängurus und die augenblickliche Position unter der gleißenden Sonne auszutauschen, und ein Volk, das nicht einmal eine Schrift, sondern nur Stein- und Felszeichnungen besaß, besaß in aller Schlichtheit eine außergewöhnliche Kultur von kosmologischer Harmonie, die sie nicht in eine Herrschafts-, Eroberungs- und Vernichtungsideologie trieb, sondern sie in Bescheidenheit und Demut ihre Abhängigkeit von der Natur dieses Planeten lehrte. Diese Magie ihrer Dreamtime, die von einer zusammenhängenden Einheit des Lebens ausging, kannte keinen Platz für irgend welche Hierarchien, die abwertende Unterordnungen oder aufwertende Überordnungen vorsahen. Die pure Existenz, das Leben und die Leistungen der Vorfahren sowie deren Achtung vor der Natur leiteten die indigene Bevölkerung auf ihrem Weg durch die Traumzeit. Ihre Weisheit, ihre Erkenntnisse und ihre Traumzeit wurden den nachfolgenden Generationen nur in mündlichen Überlieferungen und magischen Zeichen und Bildern vermittelt. All dies hielt ihr soziales Gefüge in einer allgemeinen Übereinstimmung zusammen.

Die Einsicht, dass dies zwar eine andere, aber eigenständige und achtenswerte Kultur war, wurde endlich im Jahre 2008 auch von der australischen Regierung gewonnen, und sie hat das Unrecht, das man dem Volk und der Kultur der Aborigines angetan hatte, offiziell eingestanden. Der damalige Premierminister Kevin Rudd entschuldigte sich im australischen Parlament für die Misshandlung der "indigenous people":

"Für die Nation ist die Zeit gekommen, eine neue Seite in der Geschichte Australiens aufzuschlagen, indem wir die Untaten der Vergangenheit wieder gutmachen und so mit Zuversicht in die Zukunft schauen...Wir entschuldigen uns besonders dafür, dass wir die Kinder der Ureinwohner und der Torres Strait Insulaner aus ihren Familien, Gemeinschaften und ihrem Land gerissen haben. Über den Schmerz, das Leiden und die seelischen Verletzungen dieser Gestolenen Generationen, ihrer Nachkommen und ihrer Familien, die zurückblieben, drücken wir unser Bedauern aus...Und für die Schmach und Erniedrigung, die einem stolzen Volk und einer stolzen Kultur zugefügt wurden, bitten wir um Entschuldigung."[97]

Diese andersartigen Naturkulturen und ihre Menschen wurden, wo auch immer man sie auf der Welt antraf, vor allem von vielen Weißen als "primitiv" gebrandmarkt und verachtet. Durch unsere industriellen und technologischen Erfindungen glauben wir in arroganter Weise, anderen Völkern und Kulturen gegenüber eine größere Objektivität, ja die Wahrheit für uns in Anspruch nehmen zu können. Damit maßen wir uns eine Wertigkeit an, die uns scheinbar über die anderen hinweghebt. Mit ihr beschreiten wir einen klassen- bzw. rassenideologischen Irrweg, der uns den Blick auf die gemeinsamen Wurzeln und damit auf ein mögliches gemeinsames Ziel verstellt. Die sich aus dieser Missachtung ergebenden Leiden vieler "primitiver" Völker in Amerika, Afrika, Asien, Australien und Europa dauern heute noch an, da sich die Einstellung der Menschen in den "zivilisierten" Ländern noch nicht ausreichend geändert hat. Doch unter den betroffenen Menschen werden die Stimmen nach angemessener Anerkennung lauter, und sie fordern den Respekt ein, den ihre Kultur verdient. Wie beschämend wirkt da die weise Aussage eines intelligenten Sudanesen, der uns in einem Film über den Sudan von Enikö Nagy korrigiert: *"Die Weißen nennen uns und unsere Kultur "primitiv". Aber wir sind nicht* “primitiv”. Wir haben nur eine andere Kultur und eine andere Auffassung von unserem Leben. Es gibt keine “primitive” Kultur!”

IX. Der Beutekontinent Afrika

(Wir bauen uns unsere eigene Welt aus den Rohstoffen und Menschenressourcen anderer.)

Mit der Okkupation von Australien war nahezu der letzte Winkel der Welt in den Machteinfluss des sogenannten Westens geraten. Denn der afrikanische Kontinent war seit der Vernichtung eines Großteils der Indios in Amerika ebenso in den Fokus des allgemeinen Interesses gerückt. Nachdem die Zahl der indianischen Bevölkerung durch Massaker und Krankheiten drastisch reduziert und manche Gebiete total entvölkert worden waren, stellten die Okkupanten entsetzt fest, dass sie für ihre Dienste kaum mehr Sklaven zur Verfügung hatten. Da ließen sie ihren Blick über den Globus schweifen und entdeckten Afrika als geeigneten Lieferanten für die fehlenden Arbeitskräfte.

Im Jahr 1452 veröffentlichte Papst Nikolaus V. die Bulle "Bullarium Patronatus Portugalliae Regum" (Bulle über die Herrscherrolle der Könige Portugals), die den Abschnitt "Dum Diversas" (Verschiedenes) enthielt, in dem der Papst den portugiesischen König Alfonso autorisierte, zwischen Afrika und Portugal Sklavenhandel zu betreiben unter der Prämisse, die ungläubigen Sarazenen in Afrika mit aller Gewalt zum Christentum zu bekehren und sie und ihre Gebiete zu unterwerfen und sich nutzbar zu machen: *"Wir verleihen Ihnen die volle und freie Macht, kraft der apostolischen Autorität dieses Edikts, die Sarazenen und Heiden und andere Ungläubige und andere Feinde von Christus und, wo auch immer, ihre König- und Herzogtümer, ihre Königspaläste, Herrschaftsbereiche und andere Dominions, ihre Länder, Orte, Güter, ihre Quartiere und alle anderen Besitztümer, ihre mobilen und immobilen Güter, die an all diesen Orten gefunden werden und die, unter welchem Namen auch immer, von den selben Sarazenen, Heiden, Ungläubigen und den Feinden Christi in Besitz gehalten werden,...zu überfallen, zu erobern, zu bekämpfen und zu unterwerfen und die Menschen in beständige Knechtschaft zu führen und sich die Reiche, Herzogtümer, königlichen Paläste, Herrschaftsbereiche und andere Dominions, ihre Besitztümer und*

Güter dieser Art sich zu Ihrer Verwendung und der Verwendung der nachfolgenden Könige Portugals vollständig anzueignen."[98]
Stand Afrika vorher eher im Blickpunkt von neugierigen Wissenschaftlern, draufgängerischen Abenteurern und Schatzsuchern, so wurde es von nun an für Jahrhunderte zum Selbstbedienungsladen für nahezu alle europäischen Nationen, in dem unstrittig auch die Kirchen mit ihren zweifelhaften Missionen eine oft unrühmliche Rolle spielten. Bei der "Bekehrung" der Unterdrückten unterstützten sich Kirche und Politik gegenseitig, um ihre jeweilige Macht zu festigen. Ein Heer von Millionen von Menschen des "schwarzen Kontinents" wurde gewaltsam von hier aus in die gesamte westliche Welt versklavt. Der Wettlauf um die schwarzen Kolonien hatte begonnen.
Nachdem die Conquistadoren Millionen von Indios abgeschlachtet und weite Landstriche entvölkert hatten, merkten sie, wie bereits angeführt, dass ihnen die Arbeitskräfte ausgingen. Jetzt setzte in der ganzen Region ein schwunghafter brutaler Sklavenhandel ein, der auch immer mehr den afrikanischen Kontinent einschloss. Großbritannien und die amerikanischen Staaten benötigten ebenfalls Arbeitskräfte für die von Indianern "gesäuberten" Gebiete in Amerika, was zu einem prosperierenderen Sklavenhandel führte. Dann griff die europäische Politik nicht nur nach den Menschen, sondern gezielt nach deren Länder. Neben die bereits erwähnten Staaten traten nun Frankreich, Belgien, Italien, die Niederlande und Deutschland, die den afrikanischen Kontinent unter sich aufteilen wollten. Dabei herrschte das Grundprinzip der Unterwerfung, im aktiven wie im passiven Sinn. Ausbeutung, Misshandlung und Zwangsarbeit auf den Feldern und in den Bergwerken waren an der Tagesordnung. Der Konkomba-Häuptling Yendjé Dalaré aus Togo berichtete über die unmenschlichen Behandlungsmethoden in einer deutschen Kolonie: *"Sie waren sehr hart. Sie ließen dich ohne Unterbrechung arbeiten. Wenn du dich bücktest, um Erde auszuheben oder mit der Kreuzhacke zu arbeiten, hattest du kein Recht, dich wieder aufzurichten ... Wer auch nur innehielt und sich eine Sekunde lang aufrichtete, bekam von den rüden Wachsoldaten eine unbarmherzige Bastonade [Stockschläge]. Einige Leute starben dabei."*[99]

Der Schriftsteller Joseph Conrad hat in seiner Erzählung "Das Herz der Finsternis" beschrieben, zu welch perverser Grausamkeit Menschen fähig sein konnten, um ihre "Herrenrasse" den Afrikanern gegenüber zu demonstrieren. Der belgische Elfenbeinhändler Kurtz hatte sein Haus mit einem Holzzaun umgeben, auf dessen Pfähle er in makaberer Weise abgeschlagene Köpfe von Schwarzen gespießt hatte. Bei einem Besuch nahm der Erzähler des Romans einen davon näher in Augenschein: "*...und da war er, schwarz, vertrocknet, eingefallen, mit geschlossenen Augenlidern - ein Kopf, der auf der Spitze dieses Pfahles zu schlafen und mit seinen eingeschrumpelten, vertrockneten Lippen, zwischen denen eine schmale weiße Reihe von Zähnen sichtbar war, auch zu lächeln schien.*"[100] In der Ausstellungsbroschüre zu Hannah Arendt, Berlin 2015, heißt es: *"Mit Heart of Darkness entblößte Conrad als einer der ersten die Barbarei des von Europa ausgehenden Kolonialismus in Afrika und entlarvte die menschlichen Defekte derjenigen, die ihre eigene europäische Degeneration ungehemmt darin auslebten, eingeborene Völker auszunutzen, auszubeuten und zu vernichten."*[101] Um ihre Macht zu beweisen, war den Kolonialherren jede harte und noch so unmenschliche Behandlungsmethode recht. Der christliche Gedanke wurde im Alltag zwar theoretisch vertreten, aber in der Realität nicht praktiziert. *"Die Missionare folgten den Händlern und Abenteurern, um die afrikanische Bevölkerung dem rechten Glauben zu öffnen, die Einheimischen zu christianisieren. Die Missionare waren nicht nur für die Verbreitung des christlichen Glaubens verantwortlich, sondern ihre Interessen lagen auch in der sittlichen und geistigen Bildung der einheimischen Bevölkerung. Durch Schulen sollten Kultur und der Segen der Arbeit in die breite Bevölkerung getragen werden. Dadurch erhoffte man sich besonders arbeitswillige und gehorsame Koloniebewohner."*[102] Wie sang doch Reinhard Mey in seinem Lied "Sei wachsam!": *"Der Minister nimmt flüsternd den Bischof beim Arm: Halt du sie dumm, - ich halt' sie arm!"* Denn am Ende der Mission, ob kirchlicher oder wirtschaftlicher, musste ein zählbarer Erfolg stehen, entweder in Form von Zwangskonvertierten oder in Form von Rohstoffen oder wirtschaftlichen Gütern.

Ein nicht zu unterschätzender zerstörerischer Einfluss der Kolonisation war die Veränderung der sozialen Struktur in einer Reihe von Gemeinschaften. In afrikanischen Stämmen und Clans hatte in früheren Zeiten nicht selten ein Matriarchat geherrscht. Die Frauen hatten eine wichtige Rolle im Zusammenleben der Menschen gespielt. Als die Frauen von den Kolonisatoren jedoch hauptsächlich als Nutz- und Sexualobjekte angesehen wurden und ihre eigentlichen Rechte und ihr Ansehen verloren, fing es irgend wann einmal unter ihnen zu gären an, weil sich diese Haltung der Fremden augenscheinlich auch auf die afrikanischen Männer übertragen hatte, so dass sie begannen, die Frauen in ihrer eigenen Gesellschaft als minderwertig und untergeordnet zu betrachten. 1929 organisierte deswegen eine Reihe engagierter Frauen in British Nigeria Proteste gegen die Missachtung ihrer Rechte und gegen soziale, politische und ökonomische Missstände in Bezug auf die Stellung der Frau. Diese Aktionen, die schließlich von den Kolonialherrn gewaltsam unterdrückt wurden, gingen unter dem Namen "Krieg der Frauen", in dessen Verlauf mehr als fünfzig Frauen von Sicherheitskräften erschossen wurden, in die Geschichte ein.

Dieses Herrengehabe wirkte allmählich sogar in die verschiedenen Stämme der afrikanischen Bevölkerung hinein, so dass es zu Spannungen zwischen den einzelnen ethnischen Gruppen kam und in manchen Gegenden Rivalitäts- und Vernichtungskämpfe ausbrachen. Wie tief sich dieser gegenseitige Hass in die Herzen der Bewohner eingegraben hatte, zeigte sich in den 1990er Jahren in Ruanda, als der Stamm der Hutu den Minderheiten-Stamm der Tutsi auf grausamste Weise nahezu auszulöschen versuchte. Dabei ist folgender Tatbestand von Bedeutung: die Bezeichnungen Hutu und Tutsi richteten sich nach den jeweiligen Besitzverhältnissen, vorrangig nach der Anzahl von Vieh. Früher war das eine gewachsene Dynamik, so dass es Wechsel von Hutu zu Tutsi und umgekehrt gab, je nachdem wie sich die Besitzverhältnisse änderten. Es war also eher die Kategorie eines sozialen Status, nicht einer Stammeszugehörigkeit. Mit dem Kolonialismus und dem Rassismus schlich sich im Laufe der Zeit eine Wertigkeit der Begriffe ein, so dass größerer Besitz auch eine größere Wertigkeit bedeutete. Damit wurden die wohlhabenderen Tutsi zu den "Herrschern" und die weniger wohlhabenden Hutu zu den "Beherrschten". Die aufkeimende Paarung von Neid und Hass entlud sich in diesem hemmungslosen Vernichtungskampf, in dem die nun "minderwertige" Mehrheit der Hutu die nun "höherwertige" Minderheit der Tutsi auszulöschen versuchte. Ein Racheakt der Tutsi erfolgte umgehend. Damals wurden Hunderttausende wie Vieh mit Waffen und Macheten abgeschlachtet - und die Welt schaute zu. War in uns selbst auch noch der alte Geist des Kolonialismus vorhanden, der uns in geheime Zustimmung oder Gleichgültigkeit versinken ließ? Hat uns die alte Profitgier des heutigen Neoliberalismus mit seinen fortgesetzten kolonialen ausbeuterischen Zügen in sogenannten Billiglohnländern immun gemacht gegenüber den Belangen anderer Menschen und Völker?

Erst durch die Zerstörung gewachsener kultureller und sozialer Strukturen und vor allem durch diesen Menschenmissbrauch und damit einhergehend durch den Missbrauch fremder Ressourcen und einer fehlgeleiteten religiösen Mission, die oftmals Hand in Hand mit rücksichtslosem politischen Machtstreben vonstatten ging, konnten sich Europa und Amerika ökonomisch schneller weiterentwickeln, und die Kluft zwischen den ausgebeuteten Ländern und Völkern einerseits und den Weißen der Neuen und Alten Welt andererseits wuchs von Jahrzehnt zu Jahrzehnt und führte zu der heutigen Diskrepanz in Bildung, Ökonomie, Landwirtschaft und Finanzkraft. Wir müssen uns also, wenn wir der Wahrheit ins Auge sehen wollen, darüber im Klaren sein, dass es nicht nur die Entwicklungskraft der westlichen Welt selbst war, die uns heute einen Vorsprung vor vielen anderen Bereichen der Welt verschaffte, sondern dass auch und vor allem die Fruchtbarkeit und die Bodenschätze des jeweiligen Landes, die Arbeitskraft der Sklaven oder anderweitig ausgenutzter Menschen einer "drittrangigen" Welt und die Bildungs- und Ausbildungslosigkeit der Bevölkerung diesen bewirkten. Der südafrikanische Geistliche Desmond Mpilo Tutu lag gar nicht so daneben mit seiner Feststellung:

"Als die ersten Missionare nach Afrika kamen, besaßen sie die Bibel und wir das Land. Sie forderten uns auf zu beten. Und wir schlossen die Augen. Als wir sie wieder öffneten, war die Lage genau umgekehrt: Wir hatten die Bibel und sie das Land."[103]

Aber wir haben uns nicht nur nicht in die Länder integriert, sondern wir haben unsere kulturellen, politischen und religiösen Systeme wie schmerzhafte Stachel in das Leben der anderen hineingeschlagen. Wir haben sie gelähmt und sie uns willfährig gemacht, damit sie uns ihr Land zu überlassen und auf ihrem eigenen Land wie Sklaven zu arbeiten hatten. Die unsägliche Geschichte der Kolonisation und Versklavung soll hier nur in Grundzügen angedeutet werden, denn dazu ist von anderen Autoren bereits Ausführliches geschrieben worden. Es sei hier nur an die immer noch nicht bewältigte Apartheid-Politik und Rassendiskriminierung vor allem in Südafrika und den Vereinigten Staaten erinnert, in denen seit langem von allen Seiten eine Gleichstellung von allen Bürgern in der Gesellschaft angemahnt wird. Erinnert sei hier an Rosa Parks, Nelson Mandela, Martin Luther King Jr., die Black Panther Party for Selfdefense und die jüngste Kampagne Black Lives Matter. Und trotzdem führten diese Kritik und Aufklärung, wie wir uns eingestehen müssten, kaum zu einer schuldhaften Erkenntnis, was wir daraus ersehen können, dass wir heute immer noch so weiter machen, nur weitgefächerter und subtiler, aber genau so rücksichtslos, wie wir noch sehen werden. Dabei bot uns das Zeitalter der Aufklärung und der Bewusstmachung die Chance, zu einem Humanismus zurückzukehren.

Und trotzdem scheint sich in manchen Ecken der Welt ein Umstand entwickelt zu haben, der sich wie eine Ironie des Schicksals ausnimmt. Trifft es zu, dass zwar einerseits die Alphabetisierungsrate in vielen unterentwickelten Ländern gestiegen, aber andererseits in den "zivilisierten" Ländern das allgemeine Bildungsniveau gesunken ist? Über die Gründe darf spekuliert werden. In den unterentwickelten Ländern, in denen die Alphabetisierungsmaßnahmen möglich sind und greifen, können sichtbare Erfolge verzeichnet werden. Die betroffenen Menschen begreifen schnell die dadurch errungenen Vorteile und Chancen. Sie reflektieren über ihre gegenwärtige eher erbärmliche Lebenssituation und vergleichen sie mit den verbesserten Chancen einer möglichen Zukunft, die ihnen erkennbar vor Augen geführt werden können. Aus dieser freigesetzten Eigendynamik speist sich der Wunsch, sein Leben mit persönlichem Einsatz selbst weiter gestalten zu können. Die erreichbaren Ziele stellen eine außergewöhnliche Motivation dar, eine Entwicklungsspirale nach vorn in Bewegung zu setzen. Aus diesem Grund können wir bei den entsprechenden Ländern von "Entwicklungsländern" sprechen. Doch welche Ziele werden in diesen Ländern angepeilt? An welchen Vorbildern können sie sich orientieren? Sie sind, und das ist die Kehrseite der Medaille, eingebettet in eine Welt von Ländern, die dieses Stadium schon längst hinter sich haben, die schon am anderen Ende dieser Entwicklung, ja vielleicht schon darüber hinaus angekommen sind. Und sie haben inzwischen bereits einen solchen Vorwärtssog entwickelt, dass sie die ihnen nachfolgenden Länder unwillkürlich in ihre Fahrspur mitreißen. Das heißt, die sogenannten Entwicklungsländer haben gar keine Chance, den eigenen Weg einer vielleicht andersgearteten Entwicklung zu gehen, sondern werden zu Nachfolgestaaten degradiert, die wie abhängige Klone am Tropf der "Zivilisation" hängen. Man legte den Bewohnern dieser Länder nahe, Konzessionen an andere Länder zur Nutzung ihrer (Roh)Stoffe zu erteilen, quasi in einem win-win-Vertrag, das heißt, beide Seiten profitieren von dieser Nutzung. Da sich diese Stoffe häufig in Entwicklungsländern befanden, die die Situation noch nicht so richtig einschätzen konnten und noch an ein von ihnen lange tradiertes Handelsvertrauen gewohnt waren, veränderte sich ihre Lage in eine lose-win-Situation. Um in einem solchen Wettlauf nur zu überleben, ergeben sich viele Entwicklungsländer gezwungenermaßen diesem Sog der "Zivilisations"moloche.

Und wir scheinen immer beharrlicher auf den wüsten Urzustand unseres Planeten hinzuarbeiten, weil die Fehlentwicklungen der Industrieländer oft auch von den Regierungen der Entwicklungsländer gegen die kritische Vernunft der eigenen Leute

102

übernommen werden, um einem Fortschrittsglauben zu huldigen, der ja nicht irren kann, weil er aus der Welt der "Zivilisation" stammt. Ein solcher Irrglaube und die daraus folgende törichte Handlungsweise war schon den alten Sudanesen bekannt, wie uns die traditionelle Geschichte "Der Rat eines armen Mannes" lehrt: *"Ein Bauer ging mit seinem Esel, der eine schwere Erntelast (auf nur einer Seite) trug, nach Hause. Er wurde von einem Mann angehalten, der zu ihm sagte: 'Möchtest du nicht versuchen, die schwere Last auf beide Seiten des Esels zu verteilen? Er kann ja kaum laufen und wird müde, wenn das ganze Gewicht auf nur eine Seite geladen ist.' Dem Bauer gefiel der Vorschlag, und er dachte 'Was für eine gute Idee!' Er begann, die Last gleichmäßig auf dem Esel zu verteilen, was eine ganze Weile in Anspruch nahm. Schließlich sah er, dass der Esel besser stehen konnte und mit größerer Leichtigkeit und schneller ging. Er war erfreut und dankte dem Mann für den Rat. 'Was für eine unglaublich gute Idee', sagte er, 'man hätte gleich daran denken sollen. Ich sollte meinen, du bist ein reicher Mann.' Der Mann war verdutzt und antwortete: 'Nein, ich bin nicht reich.' Der Bauer sagte: 'Was? Du bist nicht reich? Du musst reich sein.' Aber der Mann verneinte erneut und wandte sich zum Gehen. Da folgerte der Bauer: 'Nun, wenn du nicht reich bist, dann kann deine Idee nicht so großartig sein.' Und er packte schnell die Ladung wieder um in die ursprüngliche Position auf nur eine Seite des Esels und setzte seinen Weg fort."*[104]

Mit solchen falschen Eselslasten müssen sich immer wieder Länder herumschlagen, weil sie den reichen "Vorbildländern" mehr vertrauen als der "armseligen" Vernunft ihrer eigenen kritischen Landsleute. Diese Anekdote sollte uns auch deswegen zu Denken geben, weil wir oft der irrigen Meinung unterliegen, dass wir nur von den "Hochgebildeten" etwas lernen können. Nein! Auch der sogenannte einfache Mann hat Teil an dem "common sense", dem gesunden Menschenverstand. Und dieser ist ihm seltener verstellt von nebulösem Pseudowissen, von hochtrabenden Zielen oder narzistischen Einsichten.
Denn so wie das Verhältnis von Nomadenleben und Stadtleben bei Ibn Khaldun dargelegt ist (s. S.135), so stellt sich im übertragenen Sinne auch das Verhältnis von Entwicklungsländern

zu industrialisierten Ländern dar. Die einen haben noch den Bezug zur Natur und stehen am Anfang des Produktions- und Handelsprozesses, die anderen leben von den erzeugten Nahrungsmitteln und produzieren Waren, die beiden Seiten zugute kommen, so dass der Kreislauf aufrecht erhalten werden kann. Gerät jedoch das Verhältnis aus der Balance, in der Regel zu Gunsten der Städter bzw. der Industrieländer, dann bleibt der Unterlegene oder Übervorteilte auf der Strecke. Die Abhängigkeit der städtischen Seite beziehungsweise der Industrieländer zu ihrem Überleben wird von diesen nicht mehr wahrgenommen und sie entwickeln ein Ausbeutungssystem, das die andere - unterlegene - Seite nicht mehr an der Wohlstandsentwicklung teilnehmen lässt. So geschah es mit dem Verhältnis von Kolonialländern bzw. Entwicklungsländern zu den Industrieländern.

Die Kultivierung der Natur, die "Kultur", diente und dient dazu, die Natur bewusst zu verändern, sie besser zu machen, sie über den gegenwärtigen Zustand hinauszuführen und damit auch den Menschen über sie hinauszuheben. Dieses trennende Element von Kultur und fortschreitender Technologie hat den Menschen bis heute allerdings von seinen natürlichen Ursprüngen schon so weit entfernt, dass er den eigentlichen, den "primitiven" Bezug zu ihnen verloren hat. Er sieht sich nicht mehr als abhängigen Teil eines Gesamtorganismus, sondern er glaubt sich erhaben und erhoben von seinen Wurzeln, so dass er die Kapillargefäße, die ihn einst wie Lebensadern mit dem Organismus verbunden haben, veröden ließ. Der Mensch hat sich zum (pseudo)autonomen Subjekt erklärt und betrachtet seine Umwelt, unabhängig von ihrer Arten- und Wesensvielfalt, nur als tote, transformierbare Materie, als ein beliebig behandelbares Objekt, zu dem er in keiner inneren Beziehung mehr steht. Kann diese Sichtweise das Lebensziel eines vernunftbegabten Wesens sein? Kann dieses Wesen wirklich so töricht sein, zu glauben, dass es in einem geschlossenen System ohne dieses System ein unabhängiges Eigenleben, ja sogar noch ein imperiales Eigenleben führen kann? Mit einer solchen Auffassung würde es sich selbst als intellektfreies Wesen entlarven, zurückgeworfen in seinen Tierzustand, in dem ein dumpfer Trieb die einzige Lebenskraft verkörpert. Es hat schon viele Theorien über den Sinn und Zweck unseres Lebens und des ganzen Universums gegeben. Manche sehen die Veränderung des Lebens und der Materie als einen deterministischen, einmal angestoßenen Prozess, der unabänderlich bis zu einem nicht näher definierten Ende abläuft. Die Existenz des einzelnen Teils spielt keine Rolle, weder in seiner Handlung noch in seinem Leiden oder seinem Gefühl. Die Folge wäre eine unendliche Freiheit der Gleichgültigkeit, aber auch eine extreme Verlorenheit. Der Mensch handelte, wie zum Beispiel ein Vulkan, ein Baum, ein Fluss, als reine Materie. Andere gehen von einer Evolution, einer Entwicklung und Anpassung an die Umwelt aus, um ein Überleben zu sichern. Hier wird dem einzelnen Teil eine gewisse Lebensrichtung zugestanden. In wieweit ein Wille und/oder eine Mutation eine Rolle spielten, ist nicht gesichert. Schließlich wiesen wiederum andere einem besonderen Lebewesen ein gewisses Maß an Intellekt zu. Sie nannten es rückwirkend "homo sapiens", den "einsichtsvollen, verständigen, weisen Menschen", in der Hoffnung, dass sie ihre eigene Menschheitsgeschichte auf diesen Ahnen berufen könnten. Warum werden wir als solcher nicht aktiv und setzen all das ein, womit uns die Natur ausgestattet hat, mit Vernunft und mit Gefühl, die sich in einer wunderbaren Weise ergänzen und die uns dem harmonischen Gesamtgefüge wieder zuführen könnten? Wenn wir einmal über all dies reflektieren würden, wäre es interessant zu erfahren, wie wir uns heute selbst sehen, welche bewussten Ziele uns vor Augen schweben. Wollen wir es nicht wagen, in diesem gemeinsamen Organismus mit den Mitteln unseres Verstandes ein Agens, ein Handelnder zu sein, nicht im Sinne eines neuen Gottes, sondern im Sinne eines "primus inter pares", einer führenden Persönlichkeit unter Gleichberechtigten?

X. Die kontinental-europäische Scheinwende

1. Nicoló Machiavelli – auf der Suche nach einem guten Fürsten

Nicoló Machiavelli (16. Jht.), der so oft Gescholtene, legte in seinem "Il Principe" - geprägt von seiner Zeit - gewisse, heute teilweise bedenkliche Herrschaftsprinzipien dar. Den Grund für seine Darlegungen gibt er in den Discorsi an: *"Denn es ist die Pflicht eines guten Menschen, andere jenes Gute zu lehren, das er wegen der ungünstigen Zeit- und Schicksalsumstände nicht selbst durchführen konnte, damit viele dazu befähigt werden und einer von ihnen, der vom Himmel mehr begünstigt wird, dies umsetzen kann."*[105] Sein Anliegen war es, den Herrscher zu einer Regierung anzuregen, die für alle, besonders aber für die Herrschaft selbst, ein Gutes bewirken sollte. Um dies zu erreichen, konnte dieser allerdings auch zu ungewöhnlichen Mitteln wie Lüge und Betrug sowie auch zu Gewalt greifen, wenn es denn die Umstände erforderten. In seiner Zeit waren dies, wie Machiavelli meinte, legitime Mittel, zumal er davon ausging, dass nicht alle Menschen das Gute wollten: *"Aber er [der Fürst] muss auch in seinem Inneren bereit sein, sich zu drehen und zu wenden, je nachdem die Winde und die Wechselfälle des Glücks ihn dazu nötigen; und, wie ich oben gesagt habe, soll er, wenn möglich, nicht vom Guten abweichen; aber er muss auch dazu in der Lage sein, sich des Bösen zu bedienen, wenn es notwendig erscheint."*[106]

Wie sieht es in unserer Zeit mit vergleichbarer Doppelmoral aus? Tun unsere Regierungen nicht auch Gutes, wenn sie Waffenlieferungen in dubiose Länder genehmigen, um im eigenen Land angeblich damit Arbeitsplätze zu erhalten? Werden nicht Banken, die sich in rücksichtloser Profitgier verzockt haben, mit Steuergeldern zum „Wohl" der Bürger gerettet, weil sie angeblich „too big to fail" sind, also zu große Bilanzen verspielt haben und viele andere Beteiligte mit in den Abgrund reißen würden? Die Banken wuschen ihre Hände in Unschuld: ‚Diese Entwicklung konnte niemand vorhersehen', so der allgemeine Tenor der dreisten Ausreden. Und die Regierungen fielen darauf herein und nahmen dieses Glücksspiel auf Kosten der Allgemeinheit als schicksalgegeben zum „Wohle" aller Bürger hin.

Hierzu gehören auch die dubiosen Vereinbarungen der EU mit der Türkei 2017, die die Türkei mit Hilfe eines gewaltigen Geldpaketes dazu überredete, die vornehmlich afrikanischen, syrischen, irakischen Flüchtlinge in Lagern festzuhalten und so an einer Weiterreise nach Europa zu hindern, obwohl der türkische Präsident Erdogan zu dieser Zeit westliche Werte wie Rechtsstaatlichkeit, Presse-, Rede- und Versammlungsfreiheit einschränkte beziehungsweise völlig unterband. Lässt sich staatliche Fürsorge mit solcher Doppelmoral vereinbaren?

Aber schicksalhafter Zustand und freiheitliches Handeln greifen schon bei Machiavelli eng ineinander: *"Ich weiß wohl, daß Viele ehedem die Meinung gehegt haben und noch jetzt hegen, die Begebenheiten der Welt würden solchergestalt vom Glücke und von Gott regiert, daß die Menschen mit aller Klugheit sie nicht verbessern und nichts dagegen ausrichten könnten...Weil aber doch der menschliche freie Wille damit in Widerspruch steht, so urtheile ich, dass das Glück wol die Hälfte aller menschlichen Angelegenheiten beherrschen mag; aber die andre Hälfte, oder doch beinahe so viel, uns selbst überlassen müsse."*[107] Auf welcher Basis diese Entscheidungsfreiheit beruhte, war für Machiavelli offensichtlich: sie muss der Erhaltung der Macht des Fürsten dienen - zum Wohle aller, eben weil der Mensch auch schlecht sein kann. *"Alles, was von ihm herkommt, muß Mitleid, Treue, Menschlichkeit, Redlichkeit, Frömmigkeit athmen."*[108] Inwieweit Machiavelli hier in einer abgewandelten Linie zu Platons "Staatsphilosophen" oder gar zu Marcus Aurelius und Ibn Khaldun steht, muss zumindest angedacht werden. Die Auffassung, dass Machiavelli grundsätzlich einen amoralischen Herrschaftstypus vertritt, dürfte nicht gerechtfertigt sein, auch wenn die Sicherung der Macht für ihn im Vordergrund steht. Es geht ihm auch um das Wohl des Ganzen, wobei manche Mittel zweifelhaft bleiben. Er gründet sich aber auch nicht auf den dubiosen moralischen Unterbau einer Staatsreligion wie Christentum, Islam oder Moralphilosophie. Die Folgen einer derartigen Alibi-Missinterpretation begegnen uns seit dem 16. Jahrhundert unter andern in europaweiten Herrscherhäusern und Regierungen und ihrem rücksichtslosen Kolonialismus, im Nationalsozialismus und auch heute noch in autoritärer Politik, neoliberaler Wirtschaft, unkritischer Religion und anderen Bereichen auf Schritt und Tritt. Und dieser Fehlinterpretation gilt es entgegenzuwirken. Denn, so betont auch der ehemalige deutsche Politiker Carlo Schmid, *„Machiavelli zeigt uns dort [in seinen Discorsi] vor allem, was geschehen muss, damit ein Staat Dauer haben könne und damit aus dem Dilemma von Freiheit und Macht nicht Anarchie und darüber der Verlust der Freiheit oder der Untergang des Staates entstehe. Hier schreibt Machiavelli ... nicht für jene, die als Fürsten die Gewalt über Menschen haben, sondern für jene, welche wert wären, Fürsten zu sein, nämlich für jene, die imstande sind, einen Staat zu schaffen und zu verwirklichen, in dem die Tugend der Bürger die Ausübung von Macht erlaubt, ohne dabei die Freiheit der Bürger zu opfern.“*[109]

2. Martin Luther und die Bedeutung der Freiheit eines Christenmenschen

Die Frage nach jener Freiheit auch im Sinne einer Entscheidungsfreiheit wird hingegen von Martin Luther in seiner Schrift "Von der Freiheit eines Christenmenschen" (1520) in zweifacher, eindeutig theologisch moralischer Weise beantwortet: *"Ein Christenmensch ist ein freier Herr über alle Dinge und niemand untertan. Ein Christenmensch ist ein dienstbarer Knecht aller Dinge und jedermann untertan."* Die persönliche Freiheit macht uns, so Luther, als Menschen unabhängig von irgend einer fremden irdischen Kraft, aber diese Freiheit muss in einem göttlichen Glauben immer auch das andere Gegenüber im Blick haben, muss es in seine Entscheidung zum Guten mit einbeziehen. Diese Selbstlosigkeit adelt unsere Freiheit. Diese Freiheit von etwas und für etwas, von jemandem und für jemanden fordert uns Menschen zur permanenten Kontrolle unserer wie auch immer gearteten Entscheidungen heraus. Für Luther ist die Basis aller Entscheidungen das Wort Gottes. Er bemisst diese also nach moralischen, ethischen und religiösen Maßstäben: *„Ich bin der Weg, die Wahrheit und das Leben."* Denn der wahre Glaube ist für Luther die Grundvoraussetzung für ein freies Leben zum Guten. *"Darum sind die zwei Sprüche wahr: Gute, rechtschaffene Werke machen niemals einen guten, rechtschaffenen Mann, son-*

dern ein guter rechtschaffener Mann macht gute, rechtschaffene Werke...so dass allemal die Person zuerst gut und rechtschaffen sein muss vor allen guten Werken, und die guten Werke folgen aus der rechtschaffenen guten Person und gehen aus ihr hervor. So wie Christus sagt: „Ein guter Baum trägt keine böse Frucht!""[110] Doch wer soll der Nutznießer dieser guten Werke sein? Luther selbst gibt die Antwort darauf: "*Nun wollen wir von den weiteren Werken reden, die er [der Christenmensch] gegenüber andern Menschen tut. Denn der Mensch lebt nicht nur in seinem Leib, sondern auch unter andern Menschen auf der Erde. Darum kann er ihnen gegenüber nicht ohne Werke sein; er muss mit ihnen ja zu reden und zu tun haben, wiewohl ihm keins dieser Werke zur Rechtschaffenheit und Seligkeit notwendig ist. Darum soll seine Absicht in allen Werken frei und nur darauf gerichtet sein, dass er damit den andern Leuten diene und nützlich sei, und nichts anderes vor Augen habe, als was den andern notwendig ist. Das heißt dann ein wahrhaftiges Christenleben.*"[111] Damit greift er seine oben erwähnten Einleitungsthesen wieder auf. Und schließlich zieht Luther sein Fazit aus all diesen Überlegungen: "*Aus dem allen folgt der Satz, dass ein Christenmensch nicht in sich selbst lebt, sondern in Christus und seinem Nächsten - in Christus durch den Glauben, im Nächsten durch die Liebe.*"[112] Bedenkt man, wie viele "Christen" auf dieser Erde Verantwortung tragen und wie ihr reales Handeln in entscheidenden Fällen dem christlichen Glauben in diesem Sinne widerspricht, so müssen wir schmerzhaft die provokante Frage stellen, was diese Religion und auch die anderen Weltreligionen nach ihren Grundsätzen zu einer Zivilisation unserer Welt im eigentlichen Sinne und zu einer Humanisierung der Menschheit im Besonderen beigetragen haben. Wie hätten wir uns ohne sie entwickelt? Wären wir noch mehr dem Tier verhaftet geblieben oder hätten wir nur eine rein biologische Weiterentwicklung durchgemacht? Oder wären wir vielleicht sogar weiter als wir heute sind, weil wir von anderen, mehr zivilisatorischen, also bürgernahen Elementen geprägt worden wären? Würden wir mit unserer Erde heute anders umgehen, weil wir rechtzeitig ein ausgeprägteres ökologisches Bewusstsein hätten entwickeln müssen ohne das Vertrauen auf eine überirdische Macht, die schon alles richten wird? Hatte Marx wohl doch Recht mit seiner Kritik, dass die Religion quasi als Beruhigungspille nur Opium für das Volk sei? Wenn dem nicht so wäre, warum leben wir trotzdem in einer zerbrochenen, kriegerischen, ungerechten Welt, so wie sie sich uns heute darstellt? Es mutet schon seltsam an, dass einerseits oft eine negative Minderheit eine positive Mehrheit in Verruf bringen kann, weil wir schnell unsere negativen Pauschalurteile auf die unschuldige Mehrheit übertragen. Warum aber tritt andererseits bei den so einflussreichen Religionen nicht der umgekehrte Fall ein, dass die eigentliche positive Mehrheit sich durchsetzen kann gegenüber der negativen Minderheit? Oder ist die positive Mehrheit faktisch gar nicht in der Überzahl, weil nur eine verschwindende Minderheit davon sich ihrer Vernunft und ihres freiheitlichen Willens bedient und agiert, aber trotz allen Bemühens wirkungslos in der tatenlosen Masse untergeht oder mundtot gemacht wird? Schon der irische Staatsmann und Philosoph Edmund Burke (1729-1797) brachte diese Problematik auf den Punkt: "*Das Einzige, was notwendig ist, um dem Übel zum Triumph zu verhelfen, ist die Tatsache, dass die guten Menschen nichts unternehmen.*"[113]

3. Immanuel Kant – Von der Unfreiheit des Geistes zur Freiheit der Vernunft

Dieser Eintrübung des Bewusstseins hatte Kant (18. Jht.) sein "sapere aude" entgegengeschleudert: 'Wage es, dich deines Verstandes zu bedienen und dir dein eigenes Urteil zu bilden!' In seiner "praktischen Vernunft" spielen gleichfalls Freiheit und Handeln eine herausragende Rolle. Und auch er fordert ein "moralisches" Handeln, das sich allerdings nicht an einer Religion orientiert, sondern an der Vernunft, also eher an dem Naturnotwendigen in unserem realen alltäglichen Leben: "... *der Wille ist ein Vermögen, nur dasjenige zu wählen, was die Vernunft unabhängig von der Neigung als praktisch nothwendig, d. i. als gut, erkennt.*"[114] Mit dieser Aussage ist Kant nicht weit weg von Sokrates' "Daimonion", seiner inneren Stimme, die ihm angeblich sagte, was gut und was böse sei. Nach Kant leitet uns die Vernunft in der Regel zum Guten. Dies führte ihn zu einer seiner berühmten Formulierungen eines kategorischen Imperativs: *"Handle so, daß die Maxime deines Willens jederzeit zugleich als Prinzip einer allgemeinen Gesetzgebung gelten könne."* Die Engländer bezeichnen das Zeitalter der Aufklärung als "Enlightenment", das heißt "Erleuchtung". Kant definiert die Aufklärung folgendermaßen: *"Aufklärung ist der Ausgang des Menschen aus seiner selbst verschuldeten Unmündigkeit. Unmündigkeit ist das Unvermögen, sich seines Verstandes ohne Anleitung eines anderen zu bedienen. Selbst verschuldet ist diese Unmündigkeit, wenn die Ursache derselben nicht am Mangel des Verstandes, sondern der Entschließung und des Muthes liegt, sich seiner ohne Leitung eines anderen zu bedienen. Sapere aude! Habe Muth, dich deines eigenen Verstandes zu bedienen! ist also der Wahlspruch der Aufklärung."*[115] Er hat mit seinen Denkanstößen versucht, Licht in das Bewusstsein der Menschen zu bringen, sie zu selbstständigem Denken und Handeln anzuregen. Im Gegensatz zur dunklen Epoche des Mittelalters, in der der normale Mensch in erster Linie unterworfenes, unterdrücktes und abhängiges Werkzeug war, hatte Kant ihm jetzt einen Weg gezeigt, aus der "selbstverschuldeten Unmündigkeit" herauszutreten und seinen eigenen Weg zu gehen, sowohl als Individuum als auch in der Gruppe. Aber auf diesem Weg von der Freiheit zur Tat gibt es dieses Regulativ, die Vernunft, die den Menschen leiten soll bei den Fragen "Was ist zu tun?" und "Wie ist es zu tun?" Diese Richtschnur gilt für alle, besonders aber für die Herrschenden, damit sie den Menschen, *„der nun mehr als Maschine ist, seiner Würde gemäß ... behandeln"*.[116] Diese Auffassung Kants, dass der Mensch nicht mehr unterworfenes, unterdrücktes und abhängiges Subjekt, sondern ein gleichberechtigtes Gegenüber ist, findet Eingang in einen weiteren Imperativ: *"Handle so, dass du die Menschheit, sowohl in deiner Person, als in der Person eines jeden andern, jederzeit zugleich als Zweck, niemals bloß als Mittel brauchest."*[117] Das heißt, dass all unser Handeln auf das Wohl des Mitmenschen, auf die Gemeinschaft gerichtet sein soll. Hierin sind sich Kant und Marcus Aurelius sehr nahe: *"Die Menschen sind für einander da. Belehre sie also (eines Besseren)"*[118] Allerdings musste Ernst Bloch circa einhundertfünfzig Jahre nach Kant immer noch darauf hinweisen, dass der kategorische Imperativ in der "Klassengesellschaft" prinzipiell nicht erfüllbar ist: „*Es ist dies ein Satz ohne alle Ausbeutung gegen alle Ausbeutung. [...] In dem Satz ist immerhin ein Zug von jener humanen Tendenz, die [...] alle Verhältnisse umwerfen will, in denen der Mensch ein erniedrigtes, ein geknechtetes, ein verlassenes, ein verächtliches Wesen ist. Solange diese Verhältnisse bestehen, ist Kant in ihnen suspendiert.*"[119] Denn für uns Menschen ergibt sich dabei ein Problem. Die Vernunft sagt uns nur, was wir tun sollen, sie kann uns aber nicht dazu zwingen, in ihrem Sinne zu handeln. Denn damit würden wir unsere Entscheidungsfreiheit verlieren. Leider werden wir Hegels Optimismus nicht teilen können, wenn er bilanziert: "*Der einzige Gedanke, den die Philosophie mitbringt, ist aber der einfache Gedanke der Vernunft, dass die Vernunft die Welt beherrsche, dass es also auch in der Weltgeschichte vernünftig zugegangen sei.*"[120] Dass dies idealistisches Gedankengut ist, war auch Hegel klar, denn er musste notgedrungen aus der Erfahrung einschränken: "*Die Leidenschaften dagegen, die Zwecke des partikulären Interesses, die Befriedigung der Selbstsucht, sind das Gewaltigste; sie haben ihre Macht darin, dass sie keine Schranken achten, welche ihnen Recht und Moralität setzen wollen, und dass diese Naturgewalten dem Menschen unmittelbar näher liegen als die künstliche und langwierige Zucht zur Ordnung und Mäßigung, zum Recht und zur Moralität.*"[121] Bei dieser Polarität von Gut und Böse müssen wir es dringend vermeiden, dass es in unserer Geschichte zu einem endlosen Wechselspiel dieser beiden Elemente kommt. Denn dann würden wir auf der Stelle treten und eine Weiterentwicklung zum Besseren blockieren. Diese Gefahr hat auch Kant gesehen: Es wäre "*eine leere Geschäftigkeit, das Gute mit dem Bösen durch Vorwärts und Rückwärts gehen so abwechseln zu lassen, daß das ganze Spiel des Verkehrs unserer Gattung mit sich selbst auf diesem Globus als ein bloßes Possenspiel angesehen werden müßte, was ihr keinen größeren Werth in den Augen der Vernunft verschaffen kann, als den, den die anderen Thiergeschlechter haben, die dieses Spiel mit weniger Kosten und ohne Verstandesaufwand treiben.*"[122] Wenn wir also dem Guten nicht zum dauerhaften Durchbruch verhelfen, wenn wir uns also selbst in einer geschichtlichen Zeitschleife von Gut und Böse gefangen halten, dann ist die Vorstellung, dass der Mensch sich vom Tier unterscheidet, ein weiterhin nicht realisierter Wunschgedanke.

Wir sehen uns folglich vor die Frage gestellt: Wollen wir unsere Freiheit nutzen und nach der Vernunft handeln oder wollen wir bewusst, sei es aus Opportunismus oder aus Egoismus oder aus Bequemlichkeit, auf sie verzichten und uns unser Handeln von anderen Elementen vorschreiben lassen? Und wieder sind wir mit der Frage konfrontiert: Wollen wir die Welt so unvollkommen belassen, wie sie ist, oder wollen wir bewusst eine bessere, zukunftsträchtigere Welt gestalten? Der österreichische Philosoph Leo Hemetsberger lässt uns eigentlich keine Wahl, wenn er konstatiert: *"Die kantische praktische Philosophie ist epochal. Wir können nicht mehr hinter Kant zurück treten, denn das würde den Verlust der personalen Rechte und der Würde des modernen Menschen bedeuten."*[123] Denn, so fordert uns Kant auf, *"Der Mensch muss sich alles, was über seine tierische Natur hinausgeht, selbst durch eigene Vernunft erarbeiten."*[124] Damit greift er einen Gedanken auf, den der römische Schriftsteller Sallust ca. 1800 Jahre vor ihm geäußert hat. (s. S.125) Führen wir über 200 Jahre nach Kant ein epochal menschenwürdiges Leben? Da das der Einzelne oft nicht leisten kann, forderte Kant einen Staatenbund, um Recht und Gerechtigkeit global zu sichern: *"Ziel ist es für die Staaten in ,einen Völkerbund zu treten; wo jeder, auch der kleinste Staat seine Sicherheit und Rechte (…) erwarten könnte.*"[125]

Welche Rolle spielt in unserer heutigen Zeit demnach die UNO, der Zusammenschluss der meisten Staaten der Welt? Finden diese Staaten zu einem globalen Konsens, oder herrschen auch hier politische Klüngelwirtschaft und egoistische Interessen? Damit wir aus diesem Dilemma herausfinden, müssen wir mit Leo Hemetsberger versuchen, *"ein Geschichtsverständnis zu erreichen, das das Gebot der Entwicklung zum Besseren integriert, aber ohne in unrealistische Utopien abzugleiten, die etwa im 20 Jht. [z. B. Kommunismus] so viel Leid verursacht haben. Nur eine Wirklichkeitsauffassung, die allen notwendigen Momenten des Menschenbegriffs, sowie daraus folgend des Gemeinschaftslebens in all seinen Formen gerecht wird und dabei eben auch das unvermeidbar Böse nicht abstrakt wegstreicht, sondern es in seiner generativen Kraft integriert, kann uns den Weg weisen, damit wir akute Probleme zuerst entsprechend definieren, um damit zu einer Lösung zu kommen.*"[126] Wir müssen also versuchen, eine bessere Welt zu formen, wobei wir immer mit dem Auftauchen des Bösen rechnen müssen. Denn realitätsferne Utopien, die gerade die negative Seite des Menschen nicht mit berücksichtigen, sind, das hat die Geschichte wiederholt gezeigt, zum Scheitern verurteilt. Die Erfahrung des Scheiterns darf aber nicht den Mut unterminieren, den Versuch zu wagen, dass wir uns eine bessere Welt schaffen.

Womit wir uns wieder den griechischen Philosophen Platon ins Gedächtnis zurückrufen müssen, für den bereits das Streben nach dem Guten große Anerkennung verdiente.

4. Karl Marx – Ein Weg zur humanen Egalität

"Die Philosophen haben die Welt nur verschieden interpretiert, es kömmt drauf an, sie zu verändern."[127] Mit diesem kritischen Satz hat Marx (1818-1883) die theorielastige Philosophie der Aufklärung, vor allem des Philosophen Georg Wilhelm Friedrich Hegel, vom Kopf wieder auf die Füße gestellt. Denn in seinen Augen konnte die Welt nur durch einen realen Pragmatismus verändert werden. Das macht die philosophischen Bemühungen keineswegs zunichte, aber sie müssen in eine praktikable Welt eingebunden werden, um eine reale Wirkung zu erzielen. Der Mensch, der in diesem realen Leben agiert, wird auch von diesen Lebensumständen geprägt: *"In seiner Wirklichkeit ist [das menschliche Wesen] das ensemble der gesellschaftlichen Verhältnisse."*[128] Das bedeutet, dass jeder Mensch in gewissem Grade auch ein Kind seiner Zeit ist, weil sie ihn mitformt und mitprägt. Geschichte ist für Marx der Vorgang und das Ergebnis menschlicher Praxis und sozialer Beziehungen. Er greift intensiv wieder den antiken Gedanken vom Menschen als einem "animal sociale", einem Gemeinschaftswesen, auf. Mit diesen Ansichten steht Marx noch mitten im Leben der Menschen der Epoche der Industriellen Revolution. Was von den einen als revolutionärer technischer Fortschritt bejubelt wird, wird von Marx mit kritischen Augen analysiert. Denn er sieht nicht nur die gewissen Vorteile der Neuerungen, sondern er deckt auch die nega-

tiven Seiten dieses dynamischen Fortschrittsglaubens auf, der zwei gravierende Veränderungen in Ökonomie und Gesellschaft mit sich bringt. Auf der einen Seite stehen diejenigen, die sich der neuen Errungenschaften profitabel bedienen und sie sich leisten können, die quasi obenauf sitzen, auf der anderen Seite nehmen diejenigen, die diese Errungenschaften produzieren, die Lasten der Arbeit auf sich, mit all den Schattenseiten, die sich immer stärker herauskristallisieren, je intensiver die Entwicklung fortschreitet: Arbeitszeiten bis zur Erschöpfung, Armut, Hunger, erbärmliche Wohnverhältnisse und - Ausbeutung.

Allgemein stellt sich die Frage nach der Bedeutung der Industriellen Revolution für die Entwicklung der Menschheit zunächst in Europa und wie und ob sich hier die Situation für die Menschen, vor allem die Arbeiter, zum Positiven verändert hat. Damals setzte eine große Landflucht unter der bäuerlichen Bevölkerung ein, weil man hoffte, der Armut auf dem Land durch bessere Erwerbschancen in den Städten entrinnen zu können. Das daraus resultierende Überangebot von Arbeitskräften führte zu einem schonungslosen Lohndumping, das die verzweifelten Menschen gegeneinander ausspielte. Das Verhältnis von dem Gewinn der Fabrikbesitzer einerseits und dem Lohn der Arbeiter anderseits war ein krasses Missverhältnis. Vergleichen wir diese Situation mit der in unserer Zeit, so müssen wir feststellen, dass auch heute eine gewisse Landflucht zu verzeichnen ist (viele Dörfer bluten aus, weil die jungen Leute in den Städten größere Erwerbschancen sehen) und dass trotz eines gehobeneren Lebensstandards weiterhin ein krasses Missverhältnis zwischen dem Einkommen der Arbeitnehmer und den exorbitanten Einkommen und Gewinnen von Managern, Banken und Konzernen besteht. Wie bescheiden nimmt sich im Vergleich zu dem häufig bis zu vierhundertfachen Verdienst eines heutigen Managers Platons Vorstellung aus, dass kein Bürger seiner Zeit mehr als den vierfachen Besitz eines anderen Mitbürgers haben sollte, wie er es in seiner Schrift "Gesetze" andeutete. Und sein Landsmann Aristoteles stimmt ihm ausdrücklich zu, wenn er schreibt: *"Deshalb ist die Gleichheit des*

Vermögens allerdings von grossem Einfluss auf die staatliche Gemeinschaft und einige der älteren Gesetzgeber scheinen dies erkannt zu haben, wie Solon in seiner Gesetzgebung. Auch bei Anderen besteht ein Gesetz, welches verbietet so viel Grundbesitz, als man wolle, zu erwerben."[129] Im Vordergrund eines vernünftigen Gesellschafts- und Wirtschaftssystems sollte demnach eine ausgeglichene Einkommens- und Vermögensverteilung stehen. Aristoteles überträgt dieses Prinzip der Ausgeglichenheit auch auf das Verhältnis von Staaten untereinander, um Nachbarschaftsstreit und Zwist zu vermeiden.

Wir müssen uns deshalb freimachen von der ideologischen Interpretation des Begriffes "Ausbeutung" und nüchtern feststellen, was er wirklich bedeutet: der relativ geringe Lohn entspricht nicht der geleisteten soliden Arbeit. Der "Mehrwert" steht nicht mehr im rechten Verhältnis zum jeweiligen Ertrag auf beiden Seiten. Der Begriff der "Entfremdung", den Marx verwendet, kommt hier in seiner weitreichenden Bedeutung zum Tragen. Durch die geringe Wertschätzung der Leistung entfremdet sich der Arbeitnehmer von seiner Arbeit und es entfremden sich damit auch Arbeitgeber und Arbeitnehmer. Sie entfremden sich beide damit auch als Menschen. Schlimmer noch, die Menschen entfremden sich untereinander, weil sie sich hauptsächlich als Arbeitskonkurrenten sehen, die sich um die Billiglohnangebote der Arbeitgeber rangeln müssen, um ein für unsere Verhältnisse gesichertes und menschenwürdiges Leben führen zu können. Marx verallgemeinert diesen Umstand, und somit wird für ihn klar: *"Die Geschichte aller bisherigen Gesellschaft ist die Geschichte von Klassenkämpfen.*"[130] Aus diesem Dilemma wird die Menschen nicht allein das Bewusstsein um diesen Tatbestand, sondern nur eine bewusste Veränderung führen.

Wir müssen uns im Klaren sein, dass wir bei dieser Argumentation noch keineswegs in der Marxschen Ideologie eines utopischen Sozialismus oder Kommunismus verhaftet sind, sondern die realen Missverhältnisse im Zeitalter der Industriellen Revolution - und der heutigen Zeit - betrachten. Dabei sind zwei Gedanken von Marx für uns von vorrangiger Bedeutung: "Das gesellschaftliche Sein bestimmt das Bewusstsein", d. h. unsere

Umwelt mit all ihren Schattierungen beeinflusst in nicht unerheblichem Maße unser Denken und Verhalten. Wir werden also auch sehr von außen geprägt. Marx vertritt aber indirekt ebenso die Ansicht: "das Bewusstsein kann, ja muss unser Sein verändern". In seiner Schrift "Zur Kritik der Politischen Ökonomie" schreibt er nämlich auch: *"In der Betrachtung solcher Umwälzungen muß man stets unterscheiden zwischen der materiellen, naturwissenschaftlich treu zu konstatierenden Umwälzung in den ökonomischen Produktionsbedingungen [einerseits] und den juristischen, politischen, religiösen, künstlerischen oder philosophischen, kurz, ideologischen Formen, worin sich die Menschen dieses Konflikts bewußt werden und ihn ausfechten [andererseits]."*[131] Das heißt, wir können unser Leben durch freie Entscheidungen unter dem Einsatz unserer Vernunft selbst mitbestimmen, um unsere missliche Lage, die gegen jede Vernunft besteht, zu ändern und zu verbessern. Erst dadurch nämlich wird Veränderung, wird Geschichte, wird Revolution im Sinne von Umwälzung möglich.

Mit den Aufklärern im weiteren Sinne, wozu auch Karl Marx zu rechnen ist, wurde uns Menschen wiederholt die Chance zur Entwicklung eines Bewusstseins geboten, das uns als Gemeinschaft befähigt hätte, ein selbstbewusstes, eigenständiges, vernunftbetontes Leben zu führen. Doch haben die zeitnahen Gesellschaften diese Möglichkeit genutzt? Können wir eine positive Antwort auf diese Frage geben? Ich fürchte, nein. Die Gesellschaftsteilung wurde fortgeschrieben. Auf der einen Seite wurde die Gesellschaft von einer aufkommenden sogenannten Bourgeoisie und dem prosperierenden Unternehmertum dominiert, die sich mehr um ihr materielles Wohlbefinden kümmerten, auf der anderen Seite blieben die Arbeitnehmer eher in ihrer Armut behaftet, weil sie bei der geringen Entlohnung den Kampf um das tägliche Leben bestreiten mussten. Beide Seiten waren aus ihren jeweiligen Gründen nicht gewillt bzw. nicht befähigt, eine im gängigen Sinne "vernünftige" Gesellschaft aufzubauen.
Blicken wir mehr als einhundert Jahre weiter in unsere Zeit! Haben *wir* in all den vergangenen Jahren den Aufbau einer

"vernünftigen" Gesellschaft bewirkt? Wir haben viel Positives erreicht. Wir genießen im Durchschnitt bessere Lebensverhältnisse. Aber können wir dies von der Mehrheit der Weltbevölkerung behaupten? Erst bei der Betrachtung dieser Relation können wir wirklich ermessen, was wir erreicht haben. Geht es bei Verhandlungen irgend welcher Art um "vernünftige" und angemessene Abwägungen, oder mehr um lautstarke Trommelwirbel auf beiden Seiten, um dann doch wieder einen seltsamen Kompromiss zustande zu bringen? Haben wir es geschafft, die Arbeitsleistung gemäß unseren heutigen Möglichkeiten gerecht zu entlohnen? Wie ist das alljährliche Gefeilsche der Tarifparteien zu bewerten? Wie unterscheiden sich Zeit- und Leiharbeiter in unserer "modernen" Zeit von den Lehensmännern der vergangenen Jahrhunderte? Haben wir die Minen- und Agrarressourcen anderer Menschen und Völker ihrem Wert nach gerecht bezahlt? Haben wir die betroffenen Menschen am Erfolg ihres eigenen Eigentums gerecht teilhaben lassen? Die rücksichtslose Ausbeutung der Ressourcen wie Öl, Land, Holz, Erz, Silber, Gold, Kupfer, Diamanten u. Ä. durch die industrialisierten Länder vernichtet die Natur und die Lebensräume der indigenen Bevölkerung (Nigeria, Kongo, Südafrika, Brasilien, Argentinien, Peru, Ecuador, Venezuela, Teile Asiens u. a. - schmutziges Öl, schmutziges Gold, schmutzige Diamanten, illegales Holz u. Ä.). Ihr Boden wird zerstört und verseucht, Krankheiten breiten sich unter den Menschen aus, aber Verantwortung wird keine übernommen und Entschädigungen nicht gezahlt.

Europa, zum Beispiel, bezieht billige Holzkohle aus Nigeria und dem Kongo. Die Menschen dort fällen jeden Baum, um ihn zu Holzkohle zu machen und damit wenigstens einen kleinen Lohn für einige Zeit zur Verfügung zu haben. Die Natur wird aus diesem Grund radikal geplündert. Die katastrophalen Folgen für Natur und Mensch bekommen zunächst nur die betroffenen Einheimischen zu spüren. Für die Abnehmer sind die Konsequenzen irrelevant, da sie noch nicht in ihr direktes Leben einschneiden. Die moderne "Zivilisation" zieht ihre Kraft aus den Totenhügeln der Armen, Schwachen und Wehrlosen. Denn sie verdient ihren Reichtum aus fremdem Besitz und fremder Arbeit, ohne dafür einen angemessenen Preis zu zahlen. Die Profitgier steht über Menschenleben und Menschenwürde. Tausende müssen leiden, um Wenige finanziell und materiell zu befriedigen.

Ein Paradebeispiel für solche Missstände bietet wiederum die gegenwärtige Situation in dem afrikanischen Staat Kongo. Die Menschen hier leiden seit zwanzig Jahren unter einem Krieg, der Millionen von Menschenleben gekostet hat und nach außen als ein ethnischer Krieg verkauft wird, aber in Wirklichkeit ein Ausbeutungskrieg von ungeheuerem Ausmaß ist. Die Vorkommen von Coltan, Kupfer, Zink und Gold werden vor allem von ausländischen Firmen rücksichtslos geplündert. Diese Gier nach Bodenschätzen geht so weit, dass ganze Siedlungen, die diesem Raubbau im Wege stehen, geschleift, die Bevölkerung massakriert oder vertrieben wird. Die Gräuel der Eroberungen der Neuen Welt und die Anklage von Bartolomé de las Casas liegen ja auch erst 500 Jahre zurück! Und - so möchte man in ironischer Weise hinzufügen - in einem so knapp bemessenen Zeitraum ist eine Entwicklung zu vernünftiger Reflexion und Humanität nicht zu erwarten.

Und doch! Dieses unmenschliche Verhalten in der Öffentlichkeit anzuprangern, hat sich der schweizer Theaterschriftsteller und Regisseur Milo Rau zum Ziel gesetzt. In einem gewaltigen Projekt hat er sein „Kongo-Tribunal" theatermäßig und filmisch inszeniert, wobei er einen real-fiktiven Gerichtsprozess ablaufen ließ, an dem echte Richter, Vertreter der Opfer, der agierenden Unternehmen und der kongolesischen Administration in ihrer jeweiligen realen Rolle teilnahmen. Was ihn zu dieser Aktion und zu der Form des Tribunals veranlasst hat, schilderte er 2015 in einem Interview im Deutschlandfunk: *„Das hat verschiedene Gründe. Einerseits ist es tatsächlich so, dass dieser Krieg, der seit 20 Jahren sieben Millionen Tote gefordert hat, dass da nie ein Schuldiger zur Rechenschaft gezogen wurde, es gibt kein internationales Wirtschaftstribunal, das zum Beispiel die Firmen für die Massenvertreibung zur Rechenschaft ziehen könnte. Da habe ich beschlossen, eins zu schaffen, und zwar im Bürgerkriegsgebiet selbst."*[132]

Ist es das, was unsere moderne "Zivilisation" ausmacht? Wir haben zwar intelligente institutionalisierte Instrumente geschaffen, aber sie sind stumpf und zahnlos angesichts einer weitverbreiteten Hartherzigkeit und Rücksichtslosigkeit. Suchen wir deswegen nach neuen Lebensorten, um auf fernen Planeten dieses Schema ungehindert weiterzuführen? Was für einen Lebensentwurf haben wir eigentlich im Sinn? Die Verantwortlichen unserer Zeit, die diese Dinge beeinflussen könnten, müssen sich endlich diesen unbequemen Fragen stellen. Die Zukunft wird zeigen, ob Milo Raus Anklage zu einer Reaktion für die Menschlichkeit im Kongo und an anderen vergleichbaren Orten führt. Man kann es nur immer wieder betonen, dass wir schnellstens zu einer globalen Sichtweise kommen müssen, wenn wir uns ein friedliches und vernünftiges Miteinander sichern wollen.

XI. Vom Tier zum Mensch? - Die Frage nach einer globalen humanen Gesellschaft

(Wie viele andere versuchte auch der arabische Historiker Ibn Khaldun, der Menschheit einen Weg zu einer Gesellschaft der Vernunft aufzuzeigen. Wie haben wir bis heute solche Visionen umgesetzt? Oder sind wir dazu gar nicht mehr in der Lage?)

> *"Die meisten Luxusgüter und viele sogenannte Annehmlichkeiten des Lebens sind nicht nur überflüssig, sondern stellen echte Hindernisse für eine Erhöhung der Menschheit dar."*
> (Henry David Thoreau)[133]

Mit Ibn Khaldun betrat vor über 600 Jahren ein Mann die Bühne, der Geschichte in ihrer Entwicklung und in ihren kausalen Zusammenhängen verstehen und seiner Welt vermitteln wollte. Viele seiner Erklärungen sind durchaus nachvollziehbar, auch wenn sie in die politischen und religiösen Umstände seiner Zeit eingebettet sind. Deshalb sind sie einer näheren Betrachtung wert, auch weil sie in einer Linie mit den Staats- und Wirtschaftstheorien der griechischen Philosophen Platon und Aristoteles stehen. Und wenn der Autor diesen arabischen Historiker sehr ausführlich zu Wort kommen lässt, dann tut er dies aus dem einen Grund, weil dessen Gedanken und Schlüsse unserer globalen Welt als Erinnerung dienen könnten, an der wir den Fortschritt unseres allgemeinen Handelns im Laufe der vergangenen Jahrhunderte, sogar Jahrtausende messen müssen. Denn auch für Khaldun spielt die Vernunft als Unterscheidungsmerkmal zwischen Mensch und Tier eine wichtige Rolle: *"Wir behaupten, dass sich der Mensch von den übrigen Lebewesen durch besondere, nur ihn auszeichnende Eigenschaften unterscheidet. Dazu zählen: (1.) die Wissenschaften und die anderen menschlichen Fertigkeiten, die Ergebnis des Denkens sind, durch das er sich von den anderen Lebewesen unterscheidet und das ihn in dieser Eigenschaft über die anderen Geschöpfe erhebt."*[134] Schon in der Zeit des römischen Schriftstellers Sallust (1. Jht. v. Chr.) spielte dieser Gedanke eine Rolle. In seiner Schrift über Catilina schreibt er: *"Alle Menschen, die danach streben, alle übrigen Lebewesen (an Leistung und Verstand) zu übertreffen, müssen sich mit aller Kraft darum bemühen, ihr Leben nicht in Stillschweigen zu verbringen wie das Vieh, das von Natur aus vornübergeneigt lebt und nur seinem Magen gehorcht. Aber all unsere Kraft liegt im Verstand und in unserem Körper: unsere Geisteskraft verwenden wir mehr für die Herrschaft (über Menschen und Dinge), unsere Körperkraft mehr für Knechtarbeit. Das eine haben wir mit den Göttern, das andere mit den wilden Tieren gemeinsam."*[135] Dieses Unterscheidungsmerkmal müsste den Menschen, so sollte man meinen, zu einer gleichgearteten und gleichgesinnten Gemeinschaft zusammenschweißen. So jedenfalls sieht und fordert es Ibn Khaldun. Diese Gemeinschaft bezeichnet er mit dem Namen Asabiya[136]: *"Die asabiya kommt nur durch enge Verbundenheit, die aus gemeinsamer Abstammung oder etwas Ähnlichem herrührt, zustande."*[137] Diesen zunächst auf Stämme und Völker bezogenen Begriff müssen wir in unserer Zeit global interpretieren. Denn was die Asabiya im Kleinen bewirkte, muss heute global zur Anwendung kommen. Wir müssen endlich begreifen, *"dass die Menschen nur durch Zusammenschluß und gegenseitige Hilfe leben und existieren können, um zu ihrer Nahrung und zu den für sie notwendigen Dingen zu gelangen. Wenn sie sich zusammenschließen, wird es erforderlich, dass sie miteinander Umgang pflegen und (so) die Bedürfnisse befriedigen."*[138] Wenn diese Asabyia allerdings auf Dauer nur im regionalen oder nationalen Bereich zur Geltung kommt und nur der Machterhaltung dient, ist eine Fehlentwicklung nicht auszuschließen. Denn die Asabiya, die der stärksten Familie die Macht überträgt, führte unter den arabischen Stämmen und Staaten dazu, dass um diese Macht mit allen Mitteln gerungen wurde. Diese Entwicklung hat auch schon Ibn Khaldun erkannt: *"Unter den Angehörigen der asabiya bleibt die Führerschaft stets der hierzu ausersehenen Familie übertragen ... Die Führerschaft unter ihnen hat eine einzige Familie, nicht die Gesamtheit (der Sippe). Da die Führerschaft durch Überlegenheit zustande kommt, ist es nötig, dass die asabiya dieser Familie stärker als die der übrigen Verbände ist, damit sie ihnen überlegen sein und die Führerschaft über ihre Angehörigen errichten kann."*[139]

Diese Tatsache können wir heute noch in Staaten wie Saudi Arabien, Irak, Iran, Afghanistan, aber auch in anderen islamischen und nicht islamischen Staaten der ganzen Welt beobachten, in denen dieses Gemeinschaftsgefühl eng auf eine Dynastie, eine Sippe, einen Clan beschränkt bleibt. Wer außerhalb derer steht, aus welchen Gründen auch immer, gilt als Feind, Barbar, Unwürdiger. Damit gehen nach Khaldun ganze Kulturkreise zu Ende und schließlich zugrunde. So haben zum Beispiel Mohammad Reza Schah Pahlavi Schahanschah (1919-1980) in Persien, Saddam Hussein (1937-2006) im Irak und Baschar Hafiz al-Assad im heutigen Syrien sich zu sehr von dieser Asabiya entfernt. Ihnen lag die Gemeinschaft des Volkes nicht mehr am Herzen, was zu einer Spaltung der Gesellschaft und zu einem Verfall der Lebenskraft im eigenen Volk führte. Eine Anarchie war die Folge, so wie es Ibn Khaldun in seinem "Buch der Beispiele" auch dargestellt hat: *"Somit leben die Untertanen der Araber in einem anarchischen Zustand ohne jede Gesetzlichkeit. Und die Anarchie ist ein Zustand, der die Menschheit verdirbt und die menschliche Kultur zugrunde richtet."*[140] Hier schien nicht einmal die Religion eine verbindende Komponente darzustellen, wie sie Khaldun noch sah. Denn ein wesentliches Element der Asabiya ist nach ihm neben der gemeinsamen Abstammung die Einheit der Religion. Im Laufe der Geschichte haben sich die Religionen jedoch in den verschiedenen Bereichen der Welt trotz vergleichbarer Inhalte und Ziele wiederum nur als ein vereinendes Element innerhalb der gleichen Religionsgemeinschaft - und selbst nicht einmal hier - herausgebildet. Wir müssen heute konstatieren, dass sie in ihrer mehr rivalisierenden als kooperierenden Ausrichtung als Grundlage eines gemeinsamen Zusammenlebens der Menschheit versagt haben. Denn diese ähnlichen Ziele von Nächstenliebe und friedlichem Zusammenleben konnten bisher in einem weltumspannenden Akt nie auf die gesamte Menschheit gebündelt werden.

Es wird also Zeit, dass wir unseren gemeinsamen Blick auf eine friedliche und harmonische Weltgemeinschaft konzentrieren, um einem von der Vernunft und Gerechtigkeit bestimmten Leben in Gemeinschaft eine Chance zu geben. Es erhebt sich die Frage, ob wir vor dem Beginn eines neuen Kulturstadiums stehen, so wie es Khaldun vor Jahrhunderten schon angedeutet hat. Denn es gibt nicht nur den Wandel der Dinge und der Natur, sondern es gibt auch den Wandel der Gesellschaften und Kulturen, und zwar von einer besten zu einer schlechtesten und wiederum zu einer besten. Khaldun schreibt in seinem "Buch der Beispiele": *"Die Wertschätzung gehört zu den Aspekten, die die Menschen betreffen. Auch sie entsteht und vergeht unvermeidlich. Kein einziges Wesen der Schöpfung gibt es, das sich über Generationen eines hohen Ranges erfreut, der von seinen Ahnen herrührt und von Adam bis zu ihm selbst reicht. ... Die Wertschätzung, die ein Geschlecht genießt, geht nach vier Generationen zu Ende."*[141] *„... Wenn dann die vierte Generation kommt, so steht diese den anderen ganz und gar nach. Sie zerstört die Wesenszüge, die die Errichtung ihres Ruhmes sicherten, schätzt sie gering und bildet sich ein, dass dieser Aufbau ohne Mühe und Anstrengungen vonstatten gegangen sei. Sie glaubt, dass dies den Vorgängern von Anfang an allein aufgrund ihres Stammbaumes gelungen sei und weder (die Unterstützung durch) bestimmte Gruppen noch bestimmte Eigenschaften dabei eine Rolle gespielt hätten. Sie sieht nämlich die Hochschätzung der Menschen, weiß jedoch nicht, wie es zu ihr kam, kennt die Ursachen nicht und wähnt, dass dies allein in der Abstammung begründet liege. So zieht sie sich von den Angehörigen ihrer asabiya zurück und dünkt sich ihnen überlegen. Man meint, dass man herangewachsen ist, damit die Menschen sich unterstellen, und weiß dabei nicht, welche Eigenschaften zu dieser Unterordnung verpflichtet haben. Zu ihnen zählt, dass man den Menschen gegenüber bescheiden auftritt und ihre Herzen zu gewinnen weiß. Der Vertreter der vierten Generation aber verachtet die Menschen dafür, die sich wiederum gegen ihn verschwören und ihn geringschätzen. Sie ersetzen ihn durch einen anderen..."*[142] Dabei dürfen wir uns auch nicht, wie der Historiker betont, von einem trügerischen Höhepunkt, der uns einen vermeintlichen Fortschritt vorgaukelt, blenden lassen: *"Mitunter tritt am Ende der Dynastie noch eine Stärke zutage, die die Illusion vermittelt, dass die Altersschwäche von ihr abgewendet wurde. Ihr Docht leuchtet plötzlich auf und erhellt das Ende, so wie ein brennender Docht kurz vor seinem Erlöschen noch einmal hell aufflackert und glauben macht, dass er gerade anbrennt, dabei verlischt er (in Wirklichkeit)."*[143]

Es scheint doch ein gutes Stück Wahrheit in der Auffassung der Alten zu stecken, dass es oft mehr Kraftaufwand erfordert, das übernommene Erbe zu bewahren als es zu erwerben, vor allem weil die Gefahr besteht, dass man die Zusammenhänge aus den Augen verliert. Mit dieser Erfahrung hat sich Khaldun auf eine Reihe antiker Vorbilder berufen können, die eine vergleichbare gesellschaftliche Entwicklung in der Geschichte von Völkern erkannt zu haben scheinen. Dabei sehen Khaldun und seine Vorgänger diesen Geschichtswandel nicht als einen deterministischen oder biologischen Prozess, sondern sie führen diesen schleichenden Niedergang, als den sie diese Entwicklung interpretieren, auf die Unzulänglichkeiten von uns Menschen zurück, die wir uns von einer möglichen humanistischen Existenz im Laufe unserer Geschichte immer weiter entfernen und an der Herausforderung, uns als vernunftbegabte humane Wesen zu beweisen und als solche ein vernunftbetontes Leben zu gestalten, scheitern.

Wir müssen uns also weiter fragen: Sind wir heute schon an diesem Punkt angekommen, dass wir mit unserer technischen und technologischen Entwicklung einerseits, jedoch mit unserer Profitsucht und gegenseitigen Entfremdung andererseits bereits eine Art Niedergang erreicht haben, in dem es an beiden Seiten zu brennen begonnen hat? Der Autor möchte an dieser Stelle keiner Endzeitstimmung das Wort reden, aber wir sollten, nein wir müssen uns endlich darüber klar werden, was wir eigentlich auf diesem Planeten wollen. Ist es nur das dumpfe Dahinvegetieren wie bei den nach vorne geneigten Tieren, die nur den Boden als ihren Horizont sehen, oder wollen wir uns in einem wie auch immer gearteten ethischen oder religiösen Verhältnis zu uns und der Welt begreifen und aufgerichtet den Blick nach vorn und nach oben erheben? Wie sagte noch einmal Sallust in seiner Schrift "De Coniuratione Catilinae"[144]: *"... all unsere Kraft liegt im Verstand und in unserem Körper: unsere Geisteskraft verwenden wir mehr für die Herrschaft (über Menschen und Dinge), unsere Körperkraft mehr für Knechtarbeit. Das eine haben wir mit den Göttern, das andere mit den wilden Tieren gemeinsam."*
Übertragen auf unsere Zeit bedeutet das, dass wir schon längst

im Laufe unserer Geschichte den Bezug zu unserem eigenen
Dasein, zu unserer Umwelt und zu unserer Lebensgemein-
schaft verloren haben, weil wir unsere übertriebenen Sehnsüchte nach vorzugsweise materiellen Gütern aller Art befriedigen
wollen, was wohl eher dem stupiden Fressen der Tiere entspricht. Der Verstand in uns konnte seine Herrschaft darüber
noch nicht ausreichend entfalten. Die Frage ist also nur, bis zu
welchem Grad wir selbst diese "Separation" treiben, wie es der
amerikanische Philosoph und Mathematiker Charles Eisenstein[145] nennt, also die Trennung des Menschen von der Natur
und seinem Mitbürger. Wenn die Separation des Menschen das
Abreißen aller Brücken zur Natur bedeutet, wird sie zwangsläufig zu dessen eigener Vernichtung führen, vor deren Vernichtung die weitgehende Zerstörung der Natur und ihre Dysfunk-
tion stehen. Wir müssen also mit der Natur einen fairen "Deal"
eingehen, der uns unser Überleben sichert und es dennoch
trotz vieler Einschränkungen bescheiden komfortabel macht.
Bereits im 19. Jht. erkannte der irische Schriftsteller Oscar Wilde unsere defizitäre Einstellung zur Natur, die wir nur dann
staunend betrachten, wenn wir uns eine romantische Ruhepau-
se gönnen wollen. In einem kritischen Bonmot charakterisierte
er die Haltung seiner Zeit: *"It seems to me we look at nature too
much and live with her too little."* (Es scheint mir, dass wir die Natur zu sehr nur betrachten und dass wir zu wenig mit ihr leben).
Möge sich der Optimismus von Charles Eisenstein bewahrheiten, wenn er schreibt: *"Im gegenwärtigen Zeitalter, da der Tanz der
Separation zunehmend untragbar wird, da die ganze Welt von Krisen
erschüttert wird, erkennen wir allmählich, dass die Zeit gekommen ist,
dieses Spiel zu beenden und ein neues anzufangen. Das Spiel des 'wir tun
so, als wären wir eigenständige, isolierte Wesen in einem objektiven Universum' mit allem, was es umfasst, hat seinen Zweck erfüllt... Der Vor-
hang fällt, das Spiel ist aus. Es ist Zeit, aufzuwachen und etwas anderes
zu spielen."*[146]
Gerade die heutige Globalisierung aber, so negativ wie sie sich
in vielen Bereichen präsentiert, bietet eine ungeheuere, vielleicht auch letzte Chance, diesen Zusammenhang wieder herzustellen und uns eingebettet zu sehen sowohl in eine Natur,

die letztlich unsere Lebensgrundlage ist, als auch in eine neu zu definierende Menschengemeinschaft. Denn eine Neubesinnung erscheint notwendig, wenn wir uns nicht dem Vorwurf der nachfolgenden Generationen aussetzen wollen, dass wir uns haben blind treiben lassen in dem Glauben an einen Fortschritt, der sich als eine Sackgasse erwies, weil er trotz sinnvoller Erfindungen und Erleichterungen in unserem Leben die wichtigsten Elemente außer Acht ließ: unsere unabdingbare Abhängigkeit von der Natur unseres Planeten und die Frage nach dem Dasein und dem Ziel aller Menschen, und dass wir es versäumt haben, unserem Leben einen vernunftbetonten Rahmen zu geben, in dem es sich für alle sinnvoll und fair entwickeln kann. Auch Khaldun hat diese Gefahr sehr einleuchtend aufgezeigt: *"Hat nun die Eleganz in diesen hauswirtschaftlichen [ökonomischen] Belangen ihr Höchstmaß erreicht, hat dies zur Folge, dass sich die Menschen ihren Begierden unterwerfen. Von diesen Gepflogenheiten wird die Seele in vielfältiger Weise geprägt, wodurch ihr Zustand in religiöser und weltlicher Hinsicht in Mitleidenschaft gezogen wird. In religiöser Hinsicht nimmt sie Schaden, da sie stark von den Gepflogenheiten des Luxus geprägt ist, die nur schwer wieder abgelegt werden können. In weltlicher Hinsicht nimmt sie Schaden, da diese Gepflogenheiten vielfältige Bedürfnisse und Belastungen mit sich bringen, für deren Verwirklichung der Verdienst nicht ausreicht."*[147]
Gerade wegen diesem ersehnten Luxus - hier verstanden im Sinne von Gütern, die weit über ein komfortables Leben hinausgehen und die uns in all unserem Streben und Denken über die Maßen bestimmen - werden weiterhin auch in der heutigen Bevölkerung einerseits Schulden gemacht, um vorrangig aus Prestigegründen das Luxusniveau halten oder erhöhen zu können, andererseits werden neue Begehrlichkeiten zum Beispiel durch leichte "Modifikation" der alten Ware und durch aggressive Werbung etc. geweckt, um die Produktionsmaschinerie am Laufen zu halten. Man denke hier nur an die Sucht in unserer heutigen Zeit, die neuesten "trendigen" Automobile, Computer, Smartphones, Tablets, Flachbildschirme, Kleider und viele andere "neueste" Produkte zu besitzen, die uns im wahrsten Sinne des Wortes ein "irrsinniges" Wertgefühl

vermitteln und große Teile unseres Verstandes blockieren. Wir leben zwar im Überfluss, aber unsere Bedürfnisse scheinen nicht befriedigt werden zu können. Der amerikanische Philosoph und Mathematiker Charles Eisenstein stellt uns hier ebenfalls im wahrsten Sinne des Wortes ein Armutszeugnis aus: *"Fortwährend im Verlangen zu leben ist die eigentliche Definition von Armut, egal, wie groß das eigene Haus oder wie dick das Bankkonto ist. Nach dieser Definition ist unsere Gesellschaft vielleicht die ärmste, welche die Welt je gekannt hat."*[148] Dieses Verhalten führt zu einer unersättlichen Nachfrage und im Zuge dessen zu einer rasant anwachsenden Massenproduktion, die logistisch bewältigt werden muss. Deshalb schicken wir endlose Güterzüge über die Schienen, Heere von Lastzügen über die Straßen, Batterien von Containerschiffen über die Meere und Schwärme von Transportflugzeugen durch die Lüfte. Die Zeit drängt zum Handel(n), nicht zum Denken.

So wie wir in den Zeiten der Kriege und ideologischen gesellschaftlichen Veränderungen durch Propaganda gleichgeschaltet wurden, so werden wir heute gleichgeschaltet durch verführerische Werbung, um den Massenkonsum und damit die Massenproduktion in Gang zu halten. Seit dem Beginn der Massenproduktion schließen sich immer wieder Firmen zu Kartellen zusammen, um die Kunden durch Preisabsprachen oder sogenannte geplante Obsoleszenz, das heißt durch manipulierte Soll-Defekte, zu betrügen. Das Phoebus Kartell, das schon 1924 von namhaften Glühbirnenherstellern wie General Electric, Osram und Philips zum Zweck der Preisabsprache, der Begrenzung der Lebensdauer von Glühbirnen und der Weltmarktaufteilung gebildet wurde, leitete diese kriminellen Machenschaften ein. Es folgten andere Unternehmen wie die Nylonstrumpf-Hersteller, die ihre Forschungsabteilungen zwangen, ein weniger reißfestes Material zu erfinden. In unserer heutigen Zeit haben wir vergleichbare programmierte „Defekte" zum Beispiel mit festeingebauten Akkus in iPods und iPhones, in Druckern mit Fremdpatronen, manipulierten Füllstandsanzeigen und künstlich limitierten Druckmengen. Der preisgekrönte Dokumentarfilm „Kaufen für die Müllhalde" von Cosima Dannoritzer (2010) zeigt deutlich auf, wie wir durch eingebaute Defektstellen zur vorschnellen Müllproduktion ausgedienter Geräte mehr oder weniger gezwungen werden, damit sich der Produktionskreislauf nicht verlangsamt. Obwohl diese Missstände bekannt sind, wird von Politik und Gesellschaft nicht energisch genug gegen solche kriminellen Manipulationen vorgegangen. Unsere Vernunft wird durch die Gier nach Neuem und ein hohes Maß an Gleichgültigkeit außer Kraft gesetzt. Wir erweisen uns als genau die dummen Schafe, die sich eine auf Konsum und Verschleiß ausgerichtete Wirtschaft heranzuzüchten versuchte.

Realisiert man, dass seit Khaldun über sechshundert Jahre vergangen sind, ohne dass der Mensch seinen Verstand für sich selbst und sein Leben ausreichend kritisch eingesetzt, geschweige denn weiterentwickelt hat, so sollte das vor allem im Rückblick auf die Geschichtsverläufe in allen Teilen der Welt eine niederschmetternde Erkenntnis für uns alle sein. Denn wir nutzen nicht einmal unsere gewonnene Freizeit dazu, um über unsere Lebenssituation nachzudenken, sondern wir versinken im Übermaß in Hyperaktivitäten und in Beschäftigungen mit Medien wie Smartphones, Tablets, Fernsehen und Computerspielen, die uns in eine nur scheinbar lebensnahe Welt entführen, in der wir uns aber als Pseudoakteure wohlfühlen wollen! Anstelle von realen Bildern lassen wir uns von einer Welt von virtuellen Bildern beherrschen und adaptieren in unserem Unterbewusstsein unsere eigene Welt immer mehr an diese fiktive Welt bis zu dem Punkt, an dem diese fiktive Welt zu unserer eigenen "realen" Welt wird. Die Frage ist, in wie weit wir unser individuelles Leben noch selbst gestalten. Unterhalten wir uns und spielen wir noch in und mit unserer eigenen Fantasie oder leben wir eher in einer künstlichen Welt, die von anderen für uns kreiert wurde? Welche Rolle spielen Fernsehen, Kino, Video, Computerspiele und generell geschönte Bilder in unserem Leben wirklich? Gestalten wir aktiv in und mit ihnen unser Leben oder lassen wir uns ein (unser?) Leben von ihnen basteln, ein Leben, das uns vom vielfältigen realen Leben wegführt und uns in seiner vorgegebenen Begrenztheit nur noch als passive

Akteure duldet, die hauptsächlich verkonsumieren und auf vorgegebene Impulse reagieren, eingesperrt in einen Käfig voller bunter Luftballons? Was aber tun wir, wenn die Luft aus den Spielballons entwichen ist und uns diese nur noch wie kolorierter Tand umgeben, sprich, wenn die schöne vorgegaukelte Welt ihren Reiz versprüht hat und zu einer gewissen Langeweile führt, weil wir inzwischen diese sich wiederholenden Vorgänge bereits zur Genüge durchlebt haben? Werden wir dann zu unserem eigenen kreativen Leben zurückkehren oder werden wir nach größeren, intensiveren, packenderen, aufwühlenderen und vielleicht auch sadistischeren Reizen lechzen, um unsere konditionierten Begierden zu befriedigen, weil wir mit unserem eigenen realen Leben, das vor dieser geschönten Kunstwelt verblassen muss, nichts mehr anzufangen wissen? Der tägliche Fernsehkonsum von banalsten Serien, Reportagen und Shows aller Art sowie der zwanghafte Blick auf die überbordenden "Sozialkontakte" auf Smartphone oder Tablet entfremden uns zunehmend von unserer eigenen Realität, weil dieser Konsum nicht der gelegentlichen Zerstreuung oder engen Kontaktpflege dient, sondern zur unverzichtbaren Gewohnheit und teilweise sogar zur Sucht und Flucht geworden ist. Die modernen "sozialen" Netzwerke wie facebook, twitter, instagram, youtube u. a. dienen scheinbar einer zwischenmenschlichen Kommunikation, aber ein direkter Kontakt findet in diesem Moment nicht statt. Das heißt, dass die emotionale und damit auch die soziale Begegnung nicht erfolgt. Es besteht also kein direkter Bezug zu einem leibhaftigen lebenden Gegenüber. Die Folge davon ist eine Entpersönlichung der Mitteilung, die diese Mitteilung zu einer rein faktischen Buchstabenfolge ohne humane Komponente macht. Daraus lässt sich vielleicht auch erklären, wie leichtfertig und teilweise hemmungslos Cyber Mobbing, Shit Storm, Beleidigungen, Verleumdungen, Hassparolen, Fake News und Ähnliches in diesen sogenannten sozialen Netzwerken vorgenommen werden, weil wir die sozialen Elemente aus unserer Kommunikation, die jetzt keine "zwischenmenschliche" mehr ist, getilgt haben. Dazu gehört wohl auch, sich als "blinder" Follower in den Netzwerken anzuschließen, um sich irgend einen Lebensanker zu sichern. Doch in Wahrheit fällt man damit nur einer Scheinfreundschaft, einer Scheinidentifikation zum Opfer. Diese Trennung von unserem Adressaten, den wir nicht mehr als Mitmenschen wahrnehmen, raubt uns unsere Empathie. Wir sind unfähig, seine Schmerzen, Freuden, Leiden, Sorgen, Ängste und Hoffnungen mitzufühlen. Haben wir also unsere reale Welt bereits verlassen? Für den amerikanischen Schriftsteller Henry Miller scheinen wir jeglichen Bezug bereits verloren zu haben: *"Wir verwenden erstaunliche Mittel auf die Kommunikation, aber kommunizieren wir miteinander? Wir bewegen unsere Körper mit unglaublicher Geschwindigkeit hin und zurück, aber verlassen wir wirklich den Ort, von dem wir aufbrachen? Wir sind mental, moralisch, spirituell gefesselt. Was haben wir mit dem Einebnen von Gebirgszügen, mit der Zähmung der Energie mächtiger Flüsse oder der schachfigurengleichen Umsiedlung ganzer Völker erreicht, wenn wir selbst die rastlosen, unglücklichen und frustrierten Kreaturen bleiben, die wir vorher waren? Solche Aktivitäten Fortschritt zu nennen, ist ein vollkommener Wahn. Wir mögen es schaffen, das Angesicht der Erde zu verändern, bis sie selbst für den Schöpfer nicht wiederzuerkennen ist, aber wenn wir davon unberührt bleiben, worin liegt dann der Sinn?"*[149]

Scheinen wir trotz der Massenkommunikation und unserer Hyperaktivitäten nicht doch auch den zwischenmenschlichen Bezug zu unseren Gegenüber und zu den Zusammenhängen unseres weiteren Umfeldes verloren zu haben und sind mehr zu einer Gesellschaft von Einzelwesen in der Masse geworden, die auf der ständigen Suche nach einem Auffälligkeits- oder Alleinstellungsmerkmal sind, weil wir nur mit diesem in eben dieser Masse noch wahrgenommen werden? Vielleicht lassen sich so die künstlich aufgeputschten extravaganten Erscheinungen von Personen und Produkten in der Öffentlichkeit erklären. Auffallen, um sich von der Masse abzuheben, ist gewiss keine neue Erscheinung in unserer Geschichte. Aber wir laufen Gefahr, dass es sich in unserer heutigen Zeit zu einem dominanten Faktor entwickelt. Der Glanz der Hülle wird höher bewertet als der reale Inhalt. Wer Zugang zur Kultmarke hat, kann bedenkenlos die anderen „Habenichtse" als minderwertig herabwürdigen. Das Glamourlicht überstrahlt die tiefen Abgründe, die oft dahinter liegen. Die Formen derer können unterschiedlichster Natur sein: Steuerhinterziehung, sexueller Missbrauch, Machtmissbrauch, industrielle Ausbeutung, Korruption, Betrug. Das betrifft Film- und Musikstars genau so wie Manager und Politiker oder Sportgrößen und Kultfirmen, die in den vordersten Reihen der Gesellschaften stehen. Wer nicht im Rampenlicht auf gleicher Stufe steht, kann im Periodensystem der Gesellschaft nicht die gleiche Wertigkeit besitzen.

Ein weiterer Aspekt erscheint erwähnenswert. Durch den Einsatz von Maschinen wird der Mensch als massenproduzierender Handlanger dazu veranlasst, die Produkte seiner oft inadäquat bezahlten Arbeit selbst zu verkonsumieren. Er wird also oft in doppeltem Sinne ausgebeutet, um den Produktions- und Konsumprozess am Laufen zu halten. Noch eklatanter wird dieser Widerspruch, wenn der zugewiesene Lohn gar nicht ausreicht, um sich die eigenen zwar billig produzierten, aber dann teuer verkauften Waren leisten zu können. (Man betrachte hier nur das so beliebte "Outsourcing"!) Dann ist die Entfremdung innerhalb der Gattung Mensch so offensichtlich, weil jetzt deutlich sichtbar wird, dass sich unsere Gesellschaft seit langer Zeit in Herren und Diener/Sklaven gliedert. Dieses System wird dann bis zum Exzess geführt, wenn die ausbezahlten Boni vieler Manager in keinem Verhältnis zur erbrachten Leistung im Vergleich zur geldwerten Leistung des produzierenden Arbeitnehmers stehen. Wie lässt sich dieses Verhalten mit dem Begriff "Zivilisation", also Bürgergesellschaft, vereinbaren? Schon Aristoteles war sich dieser Problematik bewusst: "...*wenn nicht zwischen den Genüssen und den Arbeiten die Gleichheit eingehalten wird, so werden nothwendig Vorwürfe gegen die, welche viel geniessen, oder viel sich nehmen, aber wenig thun, von denen erhoben werden, welche sich wenig nehmen, aber viel arbeiten.*"[150] Und doch ist Aristoteles so realistisch weltoffen, dass er eine vertretbare Ungleichheit akzeptiert. Aber wir finden in vielen Bereichen der Welt noch das alte Pharaonensystem wie vor Tausenden von Jahren vor. Wie, bitte, können wir über zweitausend Jahre nach den Anfängen eines weit verbreiteten christlichen oder mohammedanischen Glaubens mit ihren durchaus humanen Elementen von "Fortschritt" reden, wenn wir noch immer die gleichen alten Muster anwenden? Hat sich unsere Vernunft noch nicht dahin entwickelt, dass wir durch logisches Denken die Zusammenhänge in unserer Welt erkennen und die notwendigen Schlüsse daraus ziehen, auch wenn sie Einschränkungen mit sich bringen, die wir heute nur deswegen als teilweise unangenehm empfinden werden, weil wir schon längst durch unsere Unmäßigkeit Grenzen überschritten haben in dem Streben, das Machbare zu schaffen, anstatt auf das Sinnvolle zu achten?

Was hat in diesem Zusammenhang der Glaube, der ja in den unterschiedlichsten Formen die Mehrheit der Menschen auf der ganzen Erde bestimmt, wirklich bewirkt und was kann er in der Zukunft noch leisten? Glaube und Vernunft schließen sich nicht aus. Sie können entweder unabhängig nebeneinander existieren oder sich auch gegenseitig unterstützen. Der opportunistisch herbeigeredete Widerspruch ist ein Trugschluss. Religionen ziehen ihre ethischen Prinzipien aus überlieferten Schriften, während die Vernunft ihre Erkenntnisse aus den Schlüssen des Intellekts gewinnt. Und doch haben beide ein gemeinsames Ziel: ein gerechtes und friedliches Leben der Menschen als einer Weltgemeinschaft. Denn Herrschaft und Entscheidungen über ein geregeltes "richtiges" Leben müssen nicht auf Religion begründet sein, sondern können auch auf Vernunft basieren: *"Eine dieser Prämissen [von Religionsvertretern] ist, dass der zügelnde Einfluß vom religiösen Gesetz Allahs herrühre, dem sich die Menschen wie einer Glaubenssache und in religiöser Überzeugung unterwürfen. Dem ist nicht zuzustimmen, da der zügelnde Einfluß durch die Autorität des Königs und die Gewalt der Mächtigen auch dann zustande kommen kann, wenn es kein religiöses Gesetz (unter den Menschen) gibt. So ist es bei den Völkern der Magier und den anderen, die kein (Heiliges) Buch besitzen oder von keiner (prophetischen) Verkündigung erreicht wurden, der Fall. Wir könnten auch sagen: Zur Beilegung der Streitigkeiten genügt das Wissen eines jeden, dass sich Ungerechtigkeit vom Verstand her für ihn verbietet."*[151] Aus diesem Grund sieht Khaldun die Figur eines Herrschers eher positiv, da er davon ausgeht, dass dieser Herrscher teilhat an der allgemeinen Vernunft, dem "common sense", wie wir heute sagen würden, und sich von dem Prinzip der Asabiya leiten lässt. Wendet sich aber seine Herrschaft über das Volk in eine Gewaltherrschaft gegen das Volk, dann ist diese Regentschaft weder theologisch noch weltlich zu rechtfertigen: *"Was vom Königtum an Gewalt, Obmacht und Vernachlässigung der asabiya ausgeht, bedeutet Frevel und Unrecht und wird vom religiösen Gesetz mißbilligt, wie auch von der politischen Weisheit."*[152]

Dass wir alle, ganz gleich ob Regent oder Regierter, aufeinander angewiesen sind, schließt Khaldun aus unserer gegenseitigen Bedürftigkeit: *"Zu allererst muß festgestellt werden, dass der menschliche Zusammenschluß notwendig ist. Die Philosophen geben dem mit ihrer Aussage, dass der Mensch von Natur aus gesellschaftlich sei, Ausdruck. ... Doch ist die Kraft eines einzelnen Menschen nicht imstande, seinen Bedarf an allem zu decken, und sie reicht für ihn als Lebenssubstanz nicht aus."*[153] Diese Anlehnung an Platons "Staat" und an Aristoteles' Definition des Menschen als "zoon politikon" (= Gemeinschaftswesen) (4. Jht. v. Chr.) ist zunächst im Sinne einer Gemeinschaft als einer Familie, dann einer Gruppe, einer Sippe, eines Dorfes, einer Stadt, eines Staates und schließlich in unserer Zeit der Globalisierung als Gemeinschaft der Welt zu verstehen. Nur als kosmopolitische Gemeinschaft können wir unseren Planeten als eine gemeinsame Lebensgrundlage und damit auch uns bewahren. Wir müssen also wieder zu dem ursprünglichen Gemeinschaftswesen zurückkehren und in gemeinsamer Verantwortung für die Welt und für uns selbst als "Familie" handeln. Allein eine weltumspannende Gemeinschaft in friedlicher Koexistenz kann den Bestand von allem sichern, so überzogen und idealistisch das dem einen oder anderen auch erscheinen mag. Das gesamte Handeln des Menschen muss auf ein Gemeinwohl, das sich auf Werte wie Wahrheit und Ehrlichkeit, Toleranz und Respekt, Recht und Gerechtigkeit, Verantwortung und Mitgefühl u. Ä. gründet, ausgerichtet sein.

Gehen wir davon aus, dass Arbeitsteilung und gleichzeitig Kooperation die Grundpfeiler im Leben einer Gemeinschaft bil-

den und dadurch für die Gesellschaft einen gewissen Wohlstand schaffen, so müssten wir davon ausgehen, dass alle Beteiligten auch an diesem Wohlstand teilhaben. Khaldun präsentiert sich hier als Ökonom und Soziologe zugleich: *"Die Ursache hierfür [den allgemeinen Wohlstand] liegt darin, dass, wie bekannt und erwiesen ist, der einzelne Mensch allein die Bedürfnisse seines Lebensunterhaltes nicht decken kann und dass die Menschen zu diesem Zweck in ihrer Zivilisation zusammenarbeiten. Doch was mehrere Menschen durch ihr Zusammenwirken erreichen können, beträgt ein Vielfaches des (zum Leben) Notwendigen für eine viel größere Anzahl von Menschen. So kann z. B. der einzelne seinen Bedarf an Weizen, den er als Nahrung benötigt, nicht allein erzeugen. Doch wenn sich nun sechs oder zehn Leute daran beteiligen - ein Schmied und ein Zimmermann für die Werkzeuge, jemand, der die Rinder aufzieht, andere, die die Erde pflügen, Ähren abernten und alle anderen Mühen der Landwirtschaft meistern - und wenn sie diese Arbeiten untereinander verteilen oder gemeinsam ausführen, dann schaffen sie durch ihr Wirken so viel an Nahrung, dass diese Nahrung für eine vielfache Menge von ihnen selbst ausreicht. Gemeinschaftliche Arbeit geht somit über die Bedürfnisse der Arbeitenden und das für sie (zum Leben) notwendige Maß hinaus. Wenn alle Arbeiten der Bewohner einer Ortschaft oder Stadt entsprechend den notwendigen Dingen und Bedürfnissen verteilt werden, genügt ein Minimum jener Arbeiten. Das Arbeitsvermögen kann folglich mehr als das Lebensnotwendige erbringen."*[154]
Die Diversität, also Verschiedenartigkeit, die wir in der Natur bei Pflanzen und Tieren antreffen, kann sehr wohl ihre Entsprechung in der menschlichen Gesellschaft finden, wobei wie zu früheren Zeiten schon handwerkliche Vielfalt und ethnische Vielfalt auch in einer *modernen* Gesellschaft Hand in Hand nebeneinander hergehen können (vgl. auch Marc Aurel), wenn sich diese Gesellschaft als Gemeinschaft versteht.
Welche Produktivität und welchen Überfluss diese Arbeitsteilung mit sich bringt, wird in unserer technologisierten Zeit vor allem auf den Märkten und an der Vielfalt der Jobs erkennbar. Aber haben alle Beteiligten auch Teil an dem geschaffenen Wohlstand oder schwelgen die einen im Überfluss, während für die anderen kaum das Notwendigste an Grundbedürfnissen wie Nahrung und Unterkunft zur Verfügung steht, obwohl sie

ihren Beitrag zum „allgemeinen" Wohlstand leisten? Wir werden uns auf Dauer dieser Frage nicht verschließen können.

Die Landwirtschaft nimmt bei Khaldun logischerweise einen sehr großen Stellenwert ein. Er reiht sich damit ein in die große Schar berühmter Persönlichkeiten wie die Griechen Platon (Der Staat) und Xenophon (Oikonomikos) und die Römer Cato Maior (De Agricultura), Vergil (Georgica) und Cicero (De Officiis). Letzterer vermerkt lobend: *"Aber unter all den Dingen, die uns zum Erwerb dienen, gibt es nichts Besseres, nichts Ergiebigeres, nichts Angenehmeres, nichts für einen freien Menschen Würdigeres als die Landwirtschaft."*[155] Und in seiner Schrift "Cato Maior de senectute" (Cato Maior über das hohe Alter) lässt er den alten Mann vom Landleben schwärmen: *"Ich komme jetzt zu den Vergnügungen der Bauern, an denen ich mich unglaublich erfreue. Und sie werden durch das Greisenalter keineswegs beeinträchtigt und scheinen mir dem Leben eines Weisen sehr nahe zu kommen. Denn (die Bauern) haben ja quasi ein Geschäftsverhältnis mit der Erde, die niemals einen Auftrag zurückweist und niemals ohne einen Zins das zurückzahlt, was sie empfangen hat."*[156] Muss die Menschheit erst "alt" werden, um zu begreifen, was die Erde - auch im Sinne von Scholle - für sie bedeutet? Denn sie ist es, die mit ihren Früchten den Menschen das Überleben sichert: *"Die Landwirtschaft ist das älteste Gewerbe, insofern sie den größten Anteil an Nahrung, die das Leben des Menschen (erst) möglich macht, liefert, denn der Mensch kann ohne alles, jedoch nicht ohne Nahrung sein."*[157]

Wir verdrängen und vergessen das gerne, weil wir in unseren Supermärkten nicht mit Sonne und Regen, mit Überschwemmungskatastrophen und Dürreperioden, mit Hoffnung auf Wachstum und Angst vor Missernten konfrontiert werden. Wir sehen nicht die abgearbeitete Hand, die mit einem Billigstlohn abgespeist wird. Wir sammeln statt dessen gedankenlos die abgepackten, eingedosten, glänzendgewachsten - und möglichst billigen - Produkte in unsere Einkaufswagen und fahren sie zufrieden ohne große Mühe nach Hause. Was also ist uns "der Andere" wert? Der amerikanische Schriftsteller Henry David Thoreau (1817-1862) hat diese Problematik von arm und reich in einer Anekdote erfasst: *"Vor nicht allzu langer Zeit ging ein Indi-*

aner herum und wollte einem wohlbekannten Rechtsanwalt in meiner Nachbarschaft Körbe verkaufen. 'Möchten Sie irgend welche Körbe kaufen?' fragte er. 'Nein, wir brauchen keine', lautete die Antwort. 'Was!', rief der Indianer, als er zum Tor hinaus ging, 'wollen Sie uns verhungern lassen?'"[158] Leben und leben lassen ist ein Prinzip, das wir in unserer Gesellschaft anscheinend erst wieder lernen müssen.

Der Wohlstand der sogenannten Industriestaaten ist legendär. Wie in unserer Zeit gab es auch früher schon reiche und arme Länder: *"Die Länder unterteilen sich hinsichtlich der Lebensverhältnisse, wie die Städte auch, in reiche und in arme. Wisse, dass die Bevölkerung solcher Länder, die eine blühende Zivilisation aufweisen und zahlreiche Völkerschaften auf ihrem Territorium sowie eine hohe Einwohnerzahl besitzen, in guten Verhältnissen lebt. Die Menschen verfügen über viel Geld und haben zahlreiche Städte. Ihre Dynastien und Königreiche sind mächtig. Der Grund für all dies liegt in der bereits erwähnten Größe des Arbeitsvermögens und, wie sogleich ausgeführt werden wird, darin, dass sie Ursache des Reichtums ist, der sich aus dem ergibt, was nach Befriedigung der lebensnotwendigen Bedürfnisse der Menschen als Überschuß je nach Umfang und Größe der Zivilisation übrigbleibt. Dieser Überschuß kehrt als Gewinn zu den Menschen zurück, die ihn anhäufen..."*[159] Trifft das nicht weiterhin auf unsere heutige Welt zu? Ersticken wir nicht teilweise schon in unserem Wohlstand, weil er uns in seiner erdrückenden Fülle den Atem nimmt und wir uns in einer Art "Schnapp"atmung von einer Phase zur anderen, von einem neuen Produkt zum anderen, von einem "Schnäppchen" zum anderen bewegen? Auch zu Khalduns Zeiten blickten die Leute sehnsuchtvoll und auch neidisch auf andere Länder, die mehr vom Glück begünstigt schienen: *"Heutzutage kann man Zeuge sein, in welchen Verhältnissen die christlichen Völker, die zu den Muslimen des Maghrib reisen, leben. Ihr Wohlstand und ihre großzügigen Lebensverhältnisse liegen jenseits aller Vorstellungskraft. Ebenso ist es mit den Händlern der Völker des fernen Ostens, so des nichtarabischen Irak, Indiens und Chinas. Über ihren Reichtum und Wohlstand gelangen erstaunliche Nachrichten zu uns, die in den Erzählungen der Reisenden kursieren."*[160] Die Menschen der reichen Länder genossen und genießen das Privileg, in alle Welt reisen und sich ein Bild von der anderen Seite des Lebens machen zu können. Ziehen die

Reisenden aber daraus ihre Schlüsse für ihr eigenes Leben und das Leben anderer? Oder trifft das alte Sprichwort immer noch zu *"Reisen verändert zwar das Gestirn, aber nicht das Gehirn!"*? Wenn die Menschen in den armen Ländern von dem Reichtum der anderen erfahren oder ihn direkt an ihrem Ort erleben, müssen sie sich nicht zwangsläufig davon angezogen und veranlasst fühlen, sich dorthin auf den Weg zu machen in der Hoffnung, der eigenen Trostlosigkeit zu entfliehen und einen kleinen Zipfel des Glücks zu erhaschen? Khaldun hält diese Sehnsüchte und Erwartungen in seiner Schrift fest: *"Heutzutage dringt staunenswerte Kunde über die Lebensverhältnisse von Kairo und Ägypten zu uns, was den Reichtum und die luxuriösen Gewohnheiten ihrer Bewohner anbelangt, so dass sich deshalb viele der Armen aus dem Maghrib auf den Weg nach Ägypten machen, weil sie gehört haben, dass der Wohlstand Ägyptens größer als der anderer Länder ist und das gemeine Volk glaubt, dass die Bewohner jener fernen Gegenden uneigennütziger als andere sind, mehr Geld gespart haben und freigebiger und großzügiger als die Bevölkerung jeder anderen Stadt damit umgehen. Dem ist nicht so."*[161] Mit dem letzten Satz macht Khaldun alle Erwartungen zunichte. Den reichen Ägyptern wie allen anderen vergleichbaren Gesellschaften war das Hemd doch näher als der Rock. Teilen sollen die anderen.

Und gerade diese letzte Aussage ist so ernüchternd und entlarvend, weil sie auch heute noch so gültig ist wie damals. Man vergleiche nur die Einstellungen der heutigen reichen Länder zu den Migrationsbewegungen, die - all zu menschlich - ein besseres Leben zum Ziel haben. Zur Erläuterung ergänzt Khaldun seine Ausführungen mit einem ungewöhnlichen, aber treffenden Bild, wenn er das Große und Kleine der Länder mit dem Großen und Kleinen ihrer Behausungen vergleicht: *"Vergleichbar ist dies mit den Häusern einer Stadt, die sich darin unterscheiden, ob sie von frei lebenden Tieren gemieden oder aufgesucht werden. Es sind die Höfe und Hallen der Häuser der Wohlhabenden und Reichen mit ihren übervollen Tischen, von denen Brotkrumen abfallen und zu denen dann Schwärme von Ameisen und Insekten strömen! Über ihnen kreisen Schwärme von Vögeln, die, nachdem sie gefressen und getrunken haben, gesättigt wieder davonfliegen. Aber in den Höfen der Notleidenden und*

Armen, deren Einkommen gering ist, kriecht kein Reptil, flattert kein Vogel in der Luft und suchen weder Maus noch Katze Zuflucht."[162]
Wer kümmert sich in unserer Zeit um die Armen und Notleidenden und wann? Sie werden erst dann interessant, wenn man sich ihrer und ihrer Arbeitskraft sowie ihres Besitzes bemächtigen kann. Ihre Ressourcen werden von den mächtigeren Staaten dann angezapft, wenn diese sich ihre eigene Existenz auf Kosten der anderen sichern wollen. Dann werden Konzessionen zu Dumpingpreisen abgerungen, und selbst dieses Geld erreicht den betroffenen Bürger nicht, sondern fließt in die Taschen der dominierenden, luxusverwöhnten Sippschaften. Nach Ende der Mission hinterlassen wir eine teilweise verseuchte Wüste, mit der sich die Einheimischen herumschlagen sollen. Diese sogenannten Entwicklungsländer werden nicht entwickelt, sondern rücksichtslos ausgebeutet und zerstört. Wir bezeichnen sie mit einem zynischen Lächeln nicht umsonst als "Billiglohnländer" und gehen jetzt sogar so weit, ihnen und ihren Menschen mit scheinheiligen "Fürsorgeangeboten" das eigene Land unter ihren Füßen wegzukaufen, damit wir profitsteigernde Pflanzen für Palmöl, Soja u. Ä. anbauen können, die aber nicht der Versorgung der einheimischen Bevölkerung dienen. Gegen diese rücksichtslose Landnahme wehrt sich die Organisation „La Via Campesina" (Der bäuerliche Weg). Mit Aufklärung, Überzeugungskraft und Unterstützungsinitiativen versucht sie, Kleinbauern überall in der Welt dafür zu gewinnen, sich auf ihrem eigenem Land eine gewisse Nahrungsmittelautonomie für sich selbst und ihre regionale Nachbarschaft zu sichern und dadurch den Aufkauf von Ackerland durch Großkonzerne zu verhindern. Land, das für viele wenigstens eine kleine, wenn auch ärmliche Existenz sicherte. Doch so wie schon in den sechziger Jahren des zwanzigsten Jahrhunderts werden auch heute die Worte und Gedanken von Songpoeten über die Situation unserer Welt gerade von den Einflussreichen belächelt und ignoriert. Konstantin Weckers drastische Forderung nach einem revolutionären Umdenken in seinem Lied "Revolution" gründet sich auf das unsoziale Verhalten von Regierungen, Banken und Konzernen:

Um diesen Makel der Ausbeutung zu kaschieren, hat man sich eine beruhigende Wortsequenz für die Armenhäuser der Welt ausgedacht. Aus den armen Ländern wurden "Entwicklungsländer". Als man sich einigte, dass man aus Kostengründen nichts entwickeln wollte, wählte man den Begriff "Drittländer" oder "Dritte Welt", der die lästigen erbärmlichen Zustände aus dem direkten Blickwinkel schob. Heute greift man bei einigen hoffnungsträchtigen Staaten erleichtert auf den Begriff "Schwellenländer" zurück. Etwa weil sie an der Schwelle stehen, dass sie noch nicht andere Staaten, sondern vorzugsweise noch ihre eigenen Bürger ausbeuten? Wir sollten einen kritischeren Blick auf die sogenannten BRIC-Staaten werfen (Brasilien, Russland, Indien, China). Ist es da verwunderlich, wenn viele Bewohner bestimmter Länder anfangen, um ihr Leben zu rennen, und zwar in die Länder, die sich an ihnen bereichert haben? In dieser Hinsicht haben sich die Menschen in ihren Hoffnungen und Ängsten, in ihren Sehnsüchten und Enttäuschungen nicht verändert. Gerade in unserer Zeit erleben wir eine ungeahnte Migrationswelle aus den früheren und aktuellen Kriegsstaaten wie Afghanistan, Irak, Libyen, Syrien und anderen afrikanischen, aber auch asiatischen und südamerikanischen Staaten.
Wie aber sollen wir damit umgehen? Manchmal muss man sich ernsthaft fragen, ob ranghohe Politiker nicht in der Lage oder willens sind, gewisse Zusammenhänge zu erkennen. Schon Aristoteles forderte von dem Herrscher eines Staates Weitsicht, die Fähigkeit vorausschauen zu können. Als Kanzlerin Angela Merkel anlässlich des syrischen Flüchtlingsstroms und dessen

Sogwirkung eine Willkommenskultur eröffnete, wirkte dies zwar nach außen wie eine noble Geste, aber sie gehorchte vermutlich in erster Linie dem Jammern der Wirtschaft, die nach Arbeitskräften rief, und erst in zweiter Linie einem humanitären Gedanken. Denn wonach die Wirtschaft vor allem verlangte, waren qualifizierte Fachkräfte, die in unserer hoch technologisierten Gesellschaft benötigt werden und anscheinend in nicht ausreichender Zahl zur Verfügung stehen. Wer aber glaubte, dass bei einer Massenflucht viele (zukünftige) Fachkräfte abzuschöpfen seien, wurde eines Besseren belehrt, denn diese Gruppe ist in einer großen Flüchtlingsmasse eher in der Minderzahl. Jetzt zeigt man sich über die Realität verwundert, dass doch auch viele unqualifizierte Menschen bis hin zu Analphabeten einzugliedern sind. Und die erwartete Zahl von hochqualifizierten und zu qualifizierenden Menschen war wohl ein Wunschdenken. Dies führte dazu, dass man jetzt wieder beginnt, für eine Rückführung in sogenannte sichere Staaten auszusortieren, und dass man in langwierigen Verwaltungsprozessen die unterschätzten Probleme wie Wohnungs- und Arbeitsvermittlung und gesellschaftliche Integration zu bewältigen versucht. Die Politik wäre gut beraten, ein eigenständiges Denken und Handeln zu entwickeln und sich nicht an vorschnellen Bedarfsäußerungen der Wirtschaft und ihrer Lobbyisten zu orientieren. Dies könnte zu einer - vielleicht auch unbeabsichtigten - Doppelmoral führen, die eines zivilisierten Staates unwürdig ist.

Dabei gilt es allerdings sehr zu differenzieren. Diese Feststellungen wenden sich keineswegs gegen eine humane Flüchtlingspolitik, sondern vielmehr gegen eine unehrliche Entscheidungspolitik. Denn wir sogenannten Wohlstandsbürger haben einen guten Teil dazu beigetragen, dass sich anderswo Menschen auf die Flucht begeben, um einer Lebensgefahr oder ihrem Elend im eigenen Land zu entkommen. Diese haben ein Anrecht auf Schutz und eine bessere Zukunft, wenn nicht in ihrem eigenen Land, dann eben dort, wo auch die anderen Nutznießer leben. Diese Erkenntnis muss endlich auch in unseren Ländern und vor allem in unseren Köpfen ankommen, dann werden wir sicher auch zu einer landesweiten humanitären Hilfe bereit sein. Doch das wird nicht ohne Opfer auch unsererseits gehen, so wie andere (Ausgenutzte) ihre Opfer schon gebracht haben. Diese Weitsicht von Zusammenhängen scheint vielen Politikern zu fehlen, denn auch die öffentlichen Darstellungen dieser Wahrheiten gehören zu einer transparenten und ehrlichen Politik. Auch ist es nicht so, dass diese Erkenntnisse neu wären. Sie wurden schon vor Jahrzehnten öffentlich kundgetan, doch die Politik richtete ihre finanzielle und Sachunterstützung an rein opportunistischen Prinzipien aus. Da war man auch nicht sehr kritisch, ob sich die jeweiligen Regierungen an demokratischen Wertmaßstäben messen ließen, ganz zu schweigen davon, dass man gar nicht darauf achtete, was letztendlich zum Wohle der ganzen Bevölkerung eingesetzt wurde oder in den privaten Taschen der politischen Clans verschwand. Das Entscheidende war, dass das finanzielle Polster als beschwichtigendes Ruhekissen wirkte, um die politischen Lager und Blöcke einigermaßen stabil zu halten. Erst heute, unter dem Druck der Flüchtlingswellen, erinnern sich die Politiker plötzlich wieder an die früheren Mahnungen, die verarmten Menschen in ihren Heimatländern zu unterstützen, um ihnen dort ein faires und menschenwürdiges Leben zu ermöglichen. Denn viele würden gewiss lieber ein erträgliches Leben in ihrer eigenen Heimat führen, statt als entwurzelte und oft ungeliebte Verschiebemasse von einem Land zum anderen geschubst zu werden. Nun aber, so scheint es, geschieht die Unterstützung aus dem eher egoistischen Antrieb heraus, sich das Flüchtlingsproblem vom Leibe zu halten. Die Chancen wirklich humanitären Handelns hat man damals verpasst. Funktioniert so „humane" Globalität heute?

Diese emigrierenden Menschen werden aus vergleichbaren Motiven zur Flucht aus ihren gefahrvollen oder ärmlichen Verhältnissen getrieben wie die Menschen in den armen Ländern zu Khalduns Zeit und davor. Es bleibt jetzt nur die Frage zu beantworten: Haben diejenigen, die Veränderungen hätten herbeiführen können, damals wie heute nichts von einer Asabiya, einer Gemeinschaft der Menschen, von ethischen und religiösen Gedanken und Schriften, von gutem Denken, gutem Reden und gutem Handeln gehört oder gelesen? Diese Nachlässigkeit erinnert an die Anekdote, die Cicero in seiner Schrift "Cato Maior de senectute" erzählt: Als in einem Stadion in Athen ein alter Mann keinen Sitzplatz mehr finden konnte, standen die Gesandten der Lakedämonier, also Nicht-Athener, auf und boten ihm einen freien Platz an. Als dann das athenische Publikum lauten Beifall spendete, sagte einer der Gesandten: *"Die Athener wissen zwar, was richtig ist, aber tun wollen sie es nicht."*[163] Wissen wir das Richtige und wollen es doch nicht tun? Diese Gewissensfrage wird uns so lange verfolgen, bis wir eine angemessene Antwort darauf gegeben haben.

Wer aber gibt die Marschrichtung vor? Wer trifft die "richtigen" Entscheidungen? Zu Khalduns Zeiten war es einfach, Antworten darauf zu geben, wie Differenzen, Probleme und Schwierigkeiten gelöst werden konnten: *"Dies muß von ihnen (uns Menschen) selbst kommen, da alle anderen Lebewesen in ihrer Verstandeskraft und Eingebung dazu nicht fähig sind. So muß jenes zügelnde Element einer von ihnen sein, der ihnen überlegen ist, Autorität und eine starke Hand besitzt."*[164] Eine einzelne Autoritätsperson war gefragt. Doch welches Vertrauen schenkte die Zeit einer einzigen Person? Man ging davon aus, dass sie nach der Vernunft urteilte, Gerechtigkeit walten ließ und das Gemeinschaftgefühl hochhielt. Dass dies nicht auf alle Menschen zutraf, wusste auch Khaldun. Und deswegen war er nicht bereit, die Entscheidungsmacht auf mehrere Schultern zu verteilen, weil er nicht allen Menschen diese Charakterzüge zutraute: *"Was unter (dem Begriff) 'Politik der (vollkommenen) Stadt' bekannt ist, gehört nicht in dieses Kapitel. Unter ihr stellen sich die Philosophen vielmehr vor, was ein jedes Mitglied jener (idealen) Gesellschaft an seelischen und charakterlichen Voraussetzungen haben muß, damit auf Herrscher an der Spitze (der Gesellschaft) verzichtet werden kann. Die Gesellschaft, in der dies der Fall ist, nennen sie madina feujila - 'die vollkommene Stadt', und die dazu befolgten Grundregeln 'Politik der (vollkommenen) Stadt'. Sie meinen (dabei) nicht die Politik, zu der die Mitglieder einer sozialen Gemeinschaft zum Zweck des Allgemeinwohls angehalten werden. Das ist etwas anderes. Die 'vollkommene Stadt' hingegen ist etwas Ungewöhnliches und weit davon entfernt, Wirklichkeit zu werden. Die Philosophen erörtern sie vielmehr als Hypothese und Vermutung.*[165] Waren und sind demnach die Alleinherrschaften der perfekte Weg, Probleme zu lösen und Menschen zu einer Gemeinschaft zusammenzuschweißen? Ist also unsere Demokratie eine reine philosophische Hypothese, in der von Natur aus kein Gemeinschaftssinn wachsen kann, weil es zu viele "Quertreiber" gibt? Die Geschichte selbst gibt die Antwort auf die eine Frage. Man kann nur wenige Beispiele von Potentaten aufzählen, die zu einer positiven Interpretation taugen.

Können wir andererseits von unseren demokratischen Gesellschaftssystemen Besseres behaupten? Hat sich hier nicht vielleicht nur das monarchische Prinzip von einer Person auf eine Partei verlagert? Ist nicht das ersehnte Ziel von Parteien die absolute Mehrheit und damit die absolutistische Macht, um ihre PARTEI-Ziele durchzusetzen? Man kann sich in unserer Parteienlandschaft manchmal des Eindrucks nicht erwehren, dass das Wohl des Bürgers in den Hintergrund getreten ist. Bedenkt man, wie zögerlich parlamentarische Vertreter an Gesetzesvorhaben herangehen, die die Bürger und auch den Staat vor den unseriösen Machenschaften von Konzernen, Unternehmen, Banken u. a. schützen könnten, muss man sich doch oft wundern, welche Gründe die Volksvertreter umtreibt. Der grundsätzliche Widerspruch gegen die Ideen der anderen Partei(en), ob berechtigt oder sinnentleert, scheint sich als Teil des Systems herausgebildet zu haben, um die Mehrheit der anderen zu verhindern und selbst Stimmen zu gewinnen. Die sogenannte Parteidisziplin als ein diktatorisches Element verhindert oft vernünftiges Denken und Handeln, weil Dissidenten, die noch das Wohl und das Übel für den Bürger abwägen, auf das politische Abstellgleis gestellt werden. Sie werden gerne als Nestbeschmutzer diffamiert, dabei sind sie es, die die Idee der wahren Demokratie, also der repräsentativen Handlung für das Volk, rein halten wollen. Geben wir alle uns also in Wirklichkeit mit einer Scheindemokratie zufrieden?

XII. Das Jahrhundert der Kriege

Wie weit wir Menschen von einer friedlichen Koexistenz entfernt sind, zeigt in aller Deutlichkeit das zwanzigste Jahrhundert mit seinen zahllosen grausamen und verlustreichen Kriegen. Fragen wir nach den Motiven, so stößt man in allen Auseinandersetzungen fast ausschließlich auf nationalistische, ideologische, pseudoideologische und wirtschaftliche Gründe, aber nie auf Gründe, die zur Verteidigung und Existenzsicherung eines Volkes notwendig und zu rechtfertigen gewesen wären. Mit propagandistischen Maßnahmen wurden Menschen in Schlachten geschickt, deren Grausamkeiten viele in ihrer Verblendung nicht gewahr wurden und die sich für eine Sache "aufopferten", die die Welt danach weder für sie und die Ihren noch für irgend jemand anderen besser machte.
Die Kriege wurden von anderen Autoren ausführlich dargestellt, deswegen möchte der Autor sie nur kurz in unserem Zusammenhang von menschlicher Vernunft und Unvernunft, von Fortschritt und Zivilisation ansprechen.

1. Die Weltkriege

(Ein „Idealismus" wider alle Vernunft und der verzweifelte Widerstand einer Minderheit)

Schon vor dem Attentat von Sarajewo (1914) waren die imperialistischen Pläne zu einer Ausweitung der Macht und die nationalistischen Ressentiments weit gediehen. Unverhohlen wurde das Militär aufgerüstet, und es schien sich keine Stimme der Vernunft zu erheben, die diesen Vorbereitungen hätte Einhalt gebieten können. Eine nationale Heldenbegeisterung hatte jedes rationale Denken zum Erliegen gebracht. Das ist auch nicht verwunderlich, wenn selbst die Kirchen in den Chor der Verherrlichung einstimmten, wie ein „Kriegsvaterunser" des Religionspädagogen Dietrich Vorwerk in seinem Kriegsliederheft „Hurra und Halleluja" (Schwerin 1914) aus der damaligen Zeit zeigt:

"Eile, den Deutschen beizustehen,
Hilf uns im heiligen Kriege!
Laß deinen Namen sternengleich
Uns vorleuchten, dein deutsches Reich
Führ zum herrlichsten Siege!
Wer wird unter den Siegern stehn?
Wer wird ins dunkle Schwertgrab gehen?
Herr, dein Wille geschehe!
Ist auch kärglich des Krieges Brot,
Schaff nur täglich den Feinden Tod
Und zehnfältiges Wehe!
In barmherziger Langmut vergib
Jede Kugel und jeden Hieb,
Die wir vorbeigesendet!
In die Versuchung führe uns nicht,
Daß unser Zorn dein Gottesgericht
Allzu milde vollendet!
Uns und unserem Bundesfreund
Gib Erlösung vom höllischen Feind
Und seinen Dienern auf Erden!
Dein ist das Reich, das deutsche Land;
Uns muß durch deine gepanzerte Hand
Kraft und Herrlichkeit werden!"[166]

Für manche gab es ein bitteres Erwachen aus dieser "Herrlichkeit". Zu ihnen gehörte auch der Militärpfarrer Paul Tillich, der zwischen den Soldaten in den Schützengräben weilte. Einmal, so erinnerte er sich, schlief er vor Müdigkeit unter den Toten ein: *"Als ich erwachte, sagte ich mir: Das ist das Ende der idealistischen Seite meines Denkens! In dieser Stunde begriff ich, dass der Idealismus zerbrochen war."*[167] Und später schrieb er noch: *"Das vierjährige Erleben des Krieges riss den Abgrund für mich und meine ganze Generation so auf, dass er sich nie mehr schließen konnte."*[168] So resümierte auch Andreas Roth in der Zeitung Der Sonntag, Gott auf dem Schlachtfeld, 2014: *"Auf den Schlachtfeldern des Ersten Weltkriegs zerbrach die liberale Theologie: Eine Theologie, die vom aufklärerischen*

Glauben an die Vernunft geprägt war, die im Fortschritt das Reich Gottes suchte."[169] Die Stimmen der Vernunft und der Humanität waren zu schwach, um sich Gehör verschaffen zu können. Daher verhallte auch der eindringliche Appell des schwedischen Erzbischofs von Uppsala, Nathan Söderblom, im September 1914 im Nichts. Er wandte sich an die Kriegsparteien mit den Worten: "*Unsagbaren Schmerz hat der Weltkrieg im Gefolge. Die Kirche, der Leib Christi, blutet aus tausend Wunden. Die Menschen seufzen in ihrer Not: 'Wie lange noch, Herr, ach, wie lange?'...*
Wir Diener der Kirche wenden uns an alle, die in dieser Frage Macht und Einfluss besitzen, mit der nachdrücklichen Mahnung, den Gedanken des Friedens ernstlich ins Auge zu fassen, so dass des Blutvergießens bald ein Ende wird,...dass der Wettkampf der Völker der Herrschaft Gottes dienen muss und dass alle Christusgläubigen eins sind. Lasset uns daher den Herrn anrufen, dass er Hass und Feindschaft tilge und uns in Gnaden Frieden schaffe."[170]

Auch Söderblom war sich bewusst, dass der Einzelne in einer solchen Situation machtlos war, mochte er auch mit all seiner Kraft dagegen ankämpfen. Es blieb ihm nur noch der Hilferuf an einen einsichtigen Gott. Doch hat dieser uns nicht die Freiheit gegeben, selbst zu handeln und damit für unsere Taten in unserem Leben selbst verantwortlich zu sein? Hat er uns nicht mit klaren Hinweisen in den verschiedensten Formen den Weg zu einem mitmenschlichen und verantwortungsvollen Handeln aufgezeigt? Und so handelte Söderblom, der Theologe, auch im Sinne des römischen Schriftstellers Sallust, der die Menschen seiner Zeit mahnte: "*Alle Menschen, die danach streben, alle übrigen Lebewesen (an Leistung und Verstand) zu übertreffen, müssen sich mit aller Kraft darum bemühen, ihr Leben nicht in Stillschweigen zu verbringen wie das Vieh...*" Die letzte Verantwortung liegt demnach vor allem bei denen, die die Entscheidungsbefugnis besitzen und die Macht, ihre Entscheidungen durchzusetzen. Doch gerade bei diesen war die Verblendung zu groß, um ihren eigenen Wahn zu begreifen.
Dieser Chauvinismus fand seine Fortsetzung im Nationalsozialismus des Dritten Reiches. Mit ihm traten erneut die zwei we-

sentlichen Elemente einer Volksverführung hinzu: Gleichschaltung durch eine alles durchdringende Propaganda, um eine Pseudozustimmung zu zweifelhaften Parteizielen zu bewirken, und die Abschreckung und Liquidierung von "Dissidenten" durch den Terror und die Gewalt eigens dafür ausgebildeter Organe wie NSDAP, SA, Gestapo und SS. Mit welcher Brutalität Hitler und seine Strohmänner ihre Ziele verfolgten, ist hinlänglich bekannt. Die Judenverfolgung wurde von einer Grausamkeit gekennzeichnet, wie sie schon Jahrhunderte vorher auf den amerikanischen Kontinenten verübt worden war. In einem Archivfilm berichtet eine Französin von den Grausamkeiten des Nationalsozialismus gegenüber Juden: Beteiligte sollen ihr berichtet haben, dass kleine Kinder lebend in die Brennöfen geworfen wurden, nachdem das Gas zur vorherigen Tötung ausgegangen war. Da werden wir unvermittelt an de las Casas' Schilderung über die Grausamkeiten der Conquistadores gegenüber den Kindern der Indios erinnert: *"Sie zerrten die neugeborenen Kinder von der Mutterbrust, packten sie an den Beinen und zerschlugen ihnen den Kopf an den Felsen. Andere warfen die Geschöpfchen rücklings in den Fluss, wobei sie lachten und spotteten, und wenn das Kind ins Wasser fiel, sagten sie:'Du zappelst ja noch, bist du verdammt?'. Mit dem Schwert durchbohrten sie weitere kleine Kinder zusammen mit deren Müttern und allen, die ihnen vor Augen kamen."*[171] (Und welche Grausamkeiten erlebten wir ca. fünfzig Jahre nach dem Dritten Reich im Balkankonflikt in den 1990er Jahren?) Auch dass in der Zeit des Nationalsozialismus die kritischen Stimmen möglichst schnell zum Schweigen gebracht wurden, gehörte zum Prinzip des ganzen Unrechtsystems. Da sich kein einheitlicher Widerstand im großen Stil formieren konnte, sondern die Kritik in Aktionen Einzelner oder kleiner Gruppen stattfand, fiel es den staatlichen Gewaltorganen relativ leicht, diese kritischen Stimmen durch Haft, Folter und Hinrichtung zum Schweigen zu bringen. Unter anderem auch deswegen war es für die Widerstandsgruppen schwer, in der Bevölkerung eine größere Wirkung zu erzielen.

Die Geschwister Sophie und Hans Scholl und ihre Freunde Christoph Probst, Willi Graf, Alexander Schmorell und der

Universitätsprofessor Kurt Huber, die zum Kern der studentischen Widerstandsgruppe "Weiße Rose" gehörten, wagten sich mit ihren Flugblättern 1942 und 1943 mutig an die Öffentlichkeit, um an das Gewissen der Bevölkerung zu appellieren. In ihrem ersten Flugblatt greifen sie das Grundphänomen nicht nur des damaligen deutschen Volkes auf, sondern ihre Ausführungen lassen sich wohl ebenfalls auf eine Problematik der gesamten Menschheit übertragen, so wie sie auch heute wieder mitten unter uns sichtbar ist: "*Wenn das deutsche Volk schon so in seinem tiefsten Wesen korrumpiert und zerfallen ist, daß es, ohne eine Hand zu regen, im leichtsinnigen Vertrauen auf eine fragwürdige Gesetzmäßigkeit der Geschichte das Höchste, das ein Mensch besitzt und das ihn über jede andere Kreatur erhöht, nämlich den freien Willen, preisgibt, die Freiheit des Menschen preisgibt, selbst mit einzugreifen in das Rad der Geschichte und es seiner vernünftigen Entscheidung unterzuordnen - wenn die Deutschen, so jeder Individualität bar, schon so sehr zur geistlosen und feigen Masse geworden sind, dann, ja dann verdienen sie den Untergang.*"
Wie umnebelt von der Propagandamaschinerie muss der Verstand eines Großteils des Volkes gewesen sein, dass er für solch aufrüttelnde Worte nicht mehr empfänglich war? Es lässt sich daraus wohl ersehen, welche Wucht des Widerstandes notwendig gewesen wäre, um diesen zähen Nebel zu zerstreuen und dem Verstand eine klare Sicht auf die gegenwärtige reale Situation zu ermöglichen. Die situationsbedingte Zersplitterung der Widerstandsgruppen machte einen gemeinsamen durchschlagenden Vorstoß gegen das Hitlerregime nicht möglich.
Die Vernunft war in der Minderheit. Es war erschreckend, mit anzusehen, wie wenig Vernunft im Kleinen bewirken konnte, wenn animalische Kräfte auf breiter Front die Oberhand gewonnen hatten.

Da wir die Wertigkeit unserer heutigen Zeit auf ihre Gültigkeit abklopfen wollen, müssen wir uns fragen, wie sich im Vergleich unsere heutige Situation darstellt. Sind wir global inzwischen zu einer vernünftigen Mehrheit gewachsen oder kämpft auch unsere Vernunft immer noch in wenig wirkungsvollen Splitter-

gruppen gegen Rassenwahn, Fremdenfeindlichkeit, Großmannssucht und Profitgier? Welche Erfolge können *wir* vorweisen? Müssen wir nach all den Erfahrungen immer noch den
alten Nebeldunst zu verscheuchen suchen oder können wir uns
triumphierend hinstellen und behaupten: "Wir haben es geschafft! Wir haben der Vernunft zum Siege verholfen und der
überwiegenden Mehrheit der Menschen ein besseres und friedlicheres Leben beschert!"? In ihren Flugblättern klagen die
Mitglieder der Weißen Rose auch die sogenannte Intelligenz an,
also die gebildete Schicht des Volkes, sich eher zu verstecken,
statt in großer Zahl offen gegen das Willkürregime aufzutreten:
*"Wie es [das Geschwür] aber größer und größer wurde und schließlich
mittels einer letzten gemeinen Korruption zur Macht kam, das Geschwür
gleichsam aufbrach und den ganzen Körper besudelte, versteckte sich die
Mehrzahl der früheren Gegner, flüchtete die deutsche Intelligenz in ein
Kellerloch, um dort als Nachtschattengewächs, dem Licht und der Sonne
verborgen, allmählich zu ersticken."*[172] Es war in der Geschichte
schon immer so, dass der gebildeten Schicht eine größere Aufgabe und Verantwortung zugeschrieben wurde, wenn es um die
Belange von Gerechtigkeit, Freiheit, Vernunft, Unrecht und
Willkür ging. Weil eben oft auch viele Menschen die Tragweite
und Bedeutung von Ereignissen in einem Staat nicht überschauen können, müssen gerade diejenigen, deren Verstand
noch klar differenzieren kann, Partei ergreifen für die Werte
einer Gemeinschaft und sich mit aller Kraft gegen jeglichen
Machtmissbrauch stellen. Denn wie die Verhältnisse im Dritten
Reich ebenso deutlich gemacht haben, kann nur ein gemeinsames Handeln eine grundlegende Veränderung herbeiführen:
*"Jetzt kommt es darauf an, sich gegenseitig wiederzufinden, aufzuklären
von Mensch zu Mensch, immer daran zu denken und sich keine Ruhe zu
geben, bis auch der Letzte von der äußersten Notwendigkeit seines Kämpfens wider dieses System überzeugt ist."* Denn *"wenn viele mitmachen,
dann kann in einer letzten, gewaltigen Anstrengung dieses System abgeschüttelt werden."*[173]
Mit welchem Idealismus und Engagement kämpften hier gebildete junge Menschen gegen einen Unrechtstaat und gegen die
Gleichgültigkeit eines ganzen Volkes! Was für ein demokrati-

sches Staats- und Gesellschaftsverständnis spricht aus diesen jungen Herzen! Allein die Diktion und auch der Inhalt ihrer Schriften zeigen, auf welcher Bildungsgrundlage sie standen. Und hier wird ein Mangel offenbar, der bis in unsere heutige Zeit hineingreift: Das Verständnis von gesellschaftlichen Werten, von Staat und Politik, von Wirtschaft und Selbstverständnis, von Zielen und Visionen basiert auf einer umfassenden Bildung. Die Folgen dieses Defizits hatte bereits schon Sallust erkannt: *"Viele Menschen, die sich nur noch um ihren Bauch und ihren Schlaf sorgten, sind blind durch ihr Leben wie durch ein fremdes Land gewandert, weil sie ungebildet und unkultiviert waren."*[174] Bildung muss also das vorrangige Ziel einer jeden Gesellschaft sein, um unser Leben in all seinen Facetten erfassen und verstehen zu können. Selbst wenn sich rassistische, fremdenfeindliche, macht- und profitgierige Haltungen quer durch unsere Gesellschaften ziehen, so darf das nicht darüber hinwegtäuschen, dass Bildung zwar kein Garant, aber doch eine vielversprechende Option ist, das Denken und Verhalten der Menschen auf eine solide Vernunftbasis zu stellen. Denn vielleicht nicht zuletzt wegen dieses Bildungsunterschieds zwischen den Akteuren der "Weißen Rose" und einem Großteil der Bevölkerung konnte die Widerstandsbewegung ihre Wellen nicht bis ins Volk hinein senden und die erhoffte durchschlagende Wirkung erzielen.

Wie wir bereits oben erwähnt haben, spielt in unserem Leben neben einer erkennbaren Vernunft der religiöse Gedanke, der Glaube an eine übernatürliche Kraft, in allen Kulturen eine bedeutende Rolle. Auch Hans und Sophie Scholl mit ihren Freunden waren eingebettet in die christliche Religion, die sich in Europa als Grundglaube etabliert hatte. Mit dem Aufruf zur Rückbesinnung an diesen Glauben wollten sie das Gewissen ihrer Landsleute wecken: *"Daher muß jeder einzelne seiner Verantwortung als Mitglied der christlichen und abendländischen Kultur bewußt in dieser letzten Stunde sich wehren, soviel er kann, arbeiten wider die Geißel der Menschheit, wider den Faschismus und jedes ihm ähnliche System des absoluten Staates. Leistet passiven Widerstand!"*[175] In diesem Zusammenhang stehen sie auf einer Linie mit dem Theologen Dietrich Bonhoeffer, der 1945 im Konzentrationslager Flossenbürg das gleiche Schicksal erlitt wie Hans und Sophie Scholl vor ihm in München. Seinen Widerstand gegen das Naziregime begründete er ebenfalls aus einer christlichen Haltung heraus: *"Tatenloses Abwarten und stumpfes Zuschauen sind keine christlichen Haltungen. Den Christen rufen nicht erst die Erfahrungen am eigenen Leibe, sondern die Erfahrungen am Leibe der Brüder, um derentwillen Christus gelitten hat, zur Tat und zum Mitleiden."*[176] Und wie schon die oben erwähnten Philosophen und weisen Staatsmänner waren sich diese jungen Leute völlig im Klaren, dass man mit dem perfekten Staat einem unerreichbaren Phantom, einer Utopie, nachjagt: *"Alle idealen Staatsformen sind Utopien. Ein Staat kann nicht rein theoretisch konstruiert werden, sondern er muß ebenso wachsen, reifen wie der einzelne Mensch. Aber es ist nicht zu vergessen, daß am Anfang einer jeden Kultur die Vorform des Staates vorhanden war. Die Familie ist so alt wie die Menschen selbst, und aus diesem anfänglichen Zusammensein hat sich der vernunftbegabte Mensch einen Staat geschaffen, dessen Grund die Gerechtigkeit und dessen höchstes Gesetz das Wohl Aller sein soll. Der Staat soll eine Analogie der göttlichen Ordnung darstellen, und die höchste aller Utopien, die civitas Dei, ist das Vorbild, dem er sich letzten Endes nähern soll."*[177] Und allein dieses Streben nach einem besseren Staat, der von Vernunft und religiöser Sittlichkeit getragen wird, hebt die Mitglieder der "Weißen Rose" so bewundernswert heraus, weil sie bereit waren, für ihren Kampf gegen ein Gewaltregime und für ihre Vision von einer besseren Welt den Tod in Kauf zu nehmen. Hier geht es nicht darum, einem Heldentum das Wort zu reden, sondern hier geht es darum, menschliche Größe in ihrer wahrhaftigen Form vor Augen zu führen.

Doch diese menschliche Größe wirkte im Gesamtapparat der Kriegsmaschinerie nur wie ein kleines unbedeutendes Rädchen, und sie wurde über Hiroshima und Nagasaki pulverisiert. Schon lange planten und übten die amerikanischen Streitkräfte den Abwurf der ersten Atombombe auf feindlichem Gebiet. Nachdem Deutschland im Mai 1945 kapituliert hatte, war von einem erwogenen Atombombenabwurf auf das Land Abstand genommen worden. Statt dessen wandte sich die amerikanische Führung dem anderen Kriegsgegner Japan zu, der anscheinend keinerlei Hinweise auf eine Kapitulation erkennen ließ. In der Potsdamer Erklärung formulierte der amerikanische Präsident Truman im Juli 1945 seine Ziele gegenüber Japan ganz klar: *"Die Gewalt, die nun Japan treffen wird, ist unermesslich größer als das, was, wenn es auf die Widerstand leistenden Nazis angewandt worden wäre, ihr Land in eine Wüste verwandelt, die Industrie und die Lebensart des gesamten deutschen Volkes notwendigerweise vernichtet hätte. Die volle Anwendung unserer militärischen Gewalt, die wir mit aller Entschlossenheit einsetzen werden, wird die unvermeidliche und vollständige Vernichtung der japanischen Streitkräfte und ebenso unvermeidlich die totale Zerstörung des japanischen Heimatlandes bedeuten."*[178] Hochrangige amerikanische Generäle rieten allerdings dringend von der Erstanwendung einer Atombombe ab, weil ihrer Meinung nach Anzeichen einer möglichen Kapitulation der japanischen Führung erkennbar gewesen wären und sie die Verantwortung für die unübersehbaren Folgen nicht übernehmen wollten. Doch Truman setzte sich über die Bedenken hinweg und gab im August 1945 den Befehl, die japanische Kapitulation mit dem Abwurf einer Atombombe über Hiroshima zu erzwingen. Wenige Tage später detonierte die zweite Atombombe über der Stadt Nagasaki. Und Trumans Vorhersage in der Potsdamer Erklärung wurde, zumindest in den betroffenen Gebieten, Realität.

Die Meinungen über Trumans Entscheidung, die Atombombe als erster in einem Krieg einzusetzen, gingen und gehen heute noch auseinander. Es bleibt gewiss schwierig, sich in Anbetracht der außergewöhnlichen Umstände für ein militärisch eindeutiges richtig oder falsch zu entscheiden. Unbestritten bleibt sicherlich, dass der Mensch damit eine Grenze überschritten hatte, weil ein Mensch eine unmenschliche Entscheidung getroffen hat, die auf lange Sicht einen Schatten auf die Geschichte der Menschheit und unsere "Zivilisation" werfen wird.

Welche moralischen, politischen und gesellschaftlichen Verwerfungen der Zweite Weltkrieg hervorgerufen hat, können wir direkt und indirekt heute noch an vielen Orten der Welt spüren.

2. Die Zeit danach - Korea und Vietnam

(Die Alten haben wieder nichts gelernt, doch eine junge Generation
möchte die Welt verändern)

Der Zweite Weltkrieg war kaum zu Ende, eine Neuordnung in
Europa gerade geregelt, da loderte 1950 in Korea ein neuer
Konflikt auf, der die verfeindeten Ideologien von Kommunismus und Demokratie auf den Plan rief. Das als Folge des
Weltkriegs in einen kommunistischen Nordteil und einen demokratischen Südteil geteilte Land wurde von verheerenden
militärischen Auseinandersetzungen erschüttert, wobei innerhalb von drei Jahren über zwei Millionen Menschen den Tod
fanden. Die Massenvernichtung und das Massensterben in den
beiden vorangegangenen Weltkriegen taugten offensichtlich
nicht dazu, die Menschen über ihre sinnlosen Gewalttätigkeiten
reflektieren zu lassen. Die Schriften und Worte der Vernunft
und Humanität in der Geschichte der Menschheit, die Auf-
schreie gegen Gewalt und Unrechtstaat schienen kein Echo
mehr auszustrahlen. Wenn man glaubte, dass die abscheulichen
Verbrechen des Hitlerregimes den Menschen in seinen Grund-
festen so erschüttert hätten, dass die Vernunft wie ein Phönix
aus der Asche der verbrannten Erde sich emporschwingen
würde und Gewalt und Unmenschlichkeit unter ihren eigenen
Ruinen begraben würde, so wurde man mit dem Koreakrieg
eines Besseren belehrt. Kein neuer Phönix, sondern die alte
Fratze des Urtiers kam wieder zum Vorschein. Sie wurde gerade von der westlichen Welt nicht so wahrgenommen, weil die
Ferne sie klein machte und eintrübte.
Und es dauerte gerade einmal weitere zehn Jahre, bis das gleiche Spiel von Neuem begann. Die Brutalität des Vietnamkriegs
(1955-1975) verlor anfänglich ihren Schrecken im Dunst des
asiatischen Dschungels, zumal es auch in dessen Verlauf nie
eine offizielle Kriegserklärung gab und der Krieg im Bewusstsein der Weltbevölkerung eher "nebenbei" geführt wurde. Das
jeweilige ideologische Feindbild, das sich auf den Seiten der
Kontrahenten festgesetzt hatte, und die Angst, ihren eigenen

154

Machteinfluss zu verlieren, trieben die Kriegsparteien zu den "altbewährten" grausamen Methoden von Flächenbombardements ohne Rücksicht auf die Zivilbevölkerung, zu dem Einsatz von Napalmbomben mit verheerender Brandwirkung und von Agent Orange, dem hochgiftigen Entlaubungsmittel, das Pflanzen, Tiere und Menschen gleichermaßen verseuchte. Ganze Generationen blieben verwundet, verstümmelt und traumatisiert zurück nach einem Krieg, der so sinnlos und wider alle Vernunft geführt worden war.

Als ersten wurde den betroffenen Soldaten klar, in welche Hölle sie geschickt wurden. Sie versuchten, sich mit Drogen in eine Gegenwelt zu flüchten, um die erlebten Schreckensbilder zu verdrängen und ihrem Auftrag des Tötens weiterhin gerecht zu werden. Vor allem im Westen regten sich die ersten Proteste, die Zahl der Kriegsdienstverweigerer in den USA nahm zu, und dann setzte der Zivilprotest unter den kritischen Teilen der Bevölkerung in den verschiedensten Ländern ein. In den Vereinigten Staaten spielte die Organisation "Students for a Democratic Society" (SDS) eine führende Rolle. In einer Pressemitteilung vom Oktober 1965 ließ sie über den Vietnamkrieg verlauten: *"Wir sind der Auffassung, dass der Krieg absolut unmoralisch ist, dass er von einem Regime geführt wird, das keinerlei Anspruch erheben kann, sein Volk zu repräsentieren, und dass er die Hoffnung zunichte macht, Amerika zu einer anständigen und wahrhaft demokratischen Gesellschaft zu machen."*[179] Auch in Deutschland führte die linke Studentenbewegung innerhalb der sogenannten "Außerparlamentarischen Opposition" eine lautstarke Protestbewegung gegen den Vietnamkrieg an. In seiner Predigt "Warum ich gegen den Krieg in Vietnam bin", im April 1967, erläuterte Martin Luther King Jr. seine Haltung: *"Lassen Sie es mich gleich zu Beginn klar aussprechen, dass ich diesen Krieg als ungerecht, bösartig und sinnlos ansehe...Ich habe mich entschlossen, über den Vietnamkrieg zu predigen, weil ich mit Dante übereinstimme, dass die heißesten Plätze in der Hölle für diejenigen reserviert sind, die in der Phase einer moralischen Krise einen neutralen Standpunkt bewahren. Es kommt (manchmal) die Zeit, in der Schweigen Verrat bedeutet."* Also *"müssen wir uns hinstellen und sprechen."*[180] Was Martin Luther King damals ebenso scharf kritisierte, war nicht nur die Tatsache, dass die Finanzierung des Vietnamkrieges die Gelder für das von Lyndon B. Johnson 1964 in die Wege geleitete "Programm gegen die Armut" mit auffraß, sondern auch der unproportional hohe Anteil von Afroamerikanern, die in die Hölle von Vietnam geschickt wurden.

Die Protestsongs bekannter Musikgrößen nahmen immer mehr vor allem junge Menschen mit auf ihre Gegenbewegung. In einem ironisch-sarkastischen Ton nahm zum Beispiel Country Joe McDonald in seinem Lied "I Feel Like I'm Fixin' To Die" den Vietnamkrieg aufs Korn:

"Auf, ihr Mütter im ganzen Land,
Packt eure Jungs nach Vietnam,
Auf, ihr Väter, zögert nicht,
Schickt eure Söhne fort, bevor es zu spät ist!
Und ihr könnt die ersten in eurem Häuserblock sein,
Die ihren Jungen in einem Sarg nach Hause zurückkehren sehen."

Direkter äußert sich Pete Seeger in seinem Song "Bring them Home":

"Wenn Ihr liebt Euren Onkel Sam (Amerika),
Holt sie nach Haus, holt sie nach Haus!
Unterstützt unsere Jungs in Vietnam,
Holt sie nach Haus, holt sie nach Haus!

Verteidigung erfordert gesunden Menschenverstand,
Holt sie nach Haus, holt sie nach Haus!...

Die Welt braucht Lehrer, Bücher und Schulen,
Holt sie nach Haus, holt sie nach Haus!
Und muss ein paar allgemeine Regeln lernen.
Holt sie nach Haus, holt sie nach Haus!"[181]

Und schließlich Bob Dylans allgemeines Anti-Kriegslied "Blowing in the Wind":

156

"Ja, und wie oft kann ein Mensch den Kopf wegdrehen
Und so tun, als ob er nichts sieht?...

Ja, und wie viele Ohren muss ein Mensch haben,
Bevor er Menschen weinen hört?

Ja, und wie viele Tote braucht es, bis er weiß,
Dass zu viele Menschen gestorben sind?"[182]

Doch das Gewicht der Einwände junger Leute gegen die Macht der Polit- und Militäradministration war noch zu gering, als dass es die Waagschale in die entgegengesetzte Richtung hätte lenken können. Die Wende und das Ende des Krieges führten weniger die Proteste und die Vernunft herbei, sondern die bevorstehende militärische Niederlage, die bei einer Weiterführung des Krieges zu offensichtlich und zu schmerzhaft für eine Weltmacht gewesen wäre, für die ein Scheitern undenkbar war.

Parallel zum Vietnamkrieg formierte sich das "Civil Rights Movement" mit seinem Wortführer Martin Luther King Jr., der endlich eine Gleichberechtigung von Schwarzen und Weißen durchsetzen wollte, und zwar mit friedlichen Mitteln. Seine Ermordung erschütterte das ganze Land und führte trotzdem nicht dazu, dass diese Reformbewegung real in der amerikanischen Gesellschaft umgesetzt wurde. Luthers hoffnungsvolle Vision von einer wirklichen Gemeinschaft von Schwarzen und Weißen in seiner Rede "I have a Dream", die er im Zusammenhang mit dem "March on Washington", 1963 gehalten hatte, wurde bis heute nicht Realität. Davon zeugen erneut die gegenwärtigen Vorkommnisse von offensichtlicher Rassendiskriminierung in den Vereinigten Staaten im Jahre 2016, also 53 Jahre später! Selbst der gegenwärtige US-Präsident Trump scheint diese Diskriminierung zu unterstützen, wenn er schwarze Footballspieler, die bei der Hymne statt zu stehen sich niederknien aus Protest gegen diese Diskriminierung und im Gedenken an die jüngsten Opfer, zurechtweist und deren Entlassung fordert. Dieser Forderung nach Unterwerfung, die noch bei den Pionieren der Neuen Welt gang und gäbe war, entspricht auch Trumps Slogan „America First", wobei er wohl ausschließlich an die weißen Amerikaner denkt. Doch der einstige „Triumph" ist längst verblasst, weil der innere Kern eines demokratischen Verständnisses verlorengegangen ist.

3. Die Golfkriege - Der Kampf ums Öl

(Culture Clash und politische Lüge – Vernichtungswahn auf allen Seiten)

Was im 16. Jahrhundert die Gier nach Gold war, mit dem die Kolonialmächte ihr Aufstreben und ihre „Fortschritte" finanzierten (s. S.72ff), wiederholte sich 400 Jahre später (!) im 20. Jahrhundert mit der Gier nach Öl, das ein Grundpfeiler wurde für die aufstrebenden Industriemächte und ihre „Fortschritte". Nicht von ungefähr wurde das Öl deswegen auch das „schwarze Gold" genannt. Die westlichen Industrienationen holten sich ohne große Rücksicht auf die einheimischen Bevölkerungen mit politischem Druck, mit Korruption, mit Geheimdienstaktivitäten und dem Verrat an demokratischen Werten das flüssige Gold aus fremden Ländern, die die Natur mit diesen Ressourcen gesegnet hatte. Waren die Ölfelder erschöpft, hinterließ man den Einheimischen oftmals nur verbrannte und verseuchte Erde. Man selbst hatte sich mit der Beute schon längst davongeschlichen und streckte bereits seine Fühler nach dem nächsten Opfer aus.

Die Invasion in Kuwait durch den Irak 1990 schreckte besonders die westliche Welt, allen voran die USA auf. Denn hier standen Ressourcen auf dem Spiel, die die Industriestaaten auf Dauer dringend benötigten. Wie so oft in Auseinandersetzungen zwischen Ländern wurde auch hier nicht nach Geschichte, Gesellschaft und Kultur der Konfliktparteien und möglicher Hintergründe gefragt. Der sich anschließende Verhandlungspoker um Sanktionen gegen den Irak und um den Rückzug der irakischen Armee zog sich in die Länge, bis schließlich doch eine militärische Auseinandersetzung eine Entscheidung zugunsten der Allianz brachte. Von da an stand der Irak unter internationaler Beobachtung. In ihrem Schatten entwickelte sich im Untergrund die fundamentalistische Terrororganisation Al Quaida, die dem Westen und den westlichen Werten den Kampf angesagt hatte. Das für die Vereinigten Staaten, aber auch für die übrige Welt schicksalhafte Datum 11. September, 2001 (9/11), an dem der dreifache Angriff von Al Quaida auf die Zwillingstürme des World Trade Center, auf das Pentagon und auf Washington stattfand, löste in einer verunsicherten Welt panische Schockzustände und anschließende sicherheitspolitische Hyperaktivität aus. Diese ging so weit, dass 2003 wahrheitswidrig das Gespenst einer Atommacht Irak mit Massenvernichtungswaffen an die Wand gemalt wurde, um ein erneutes Eingreifen einer westlichen Militärallianz ohne ein UN-Mandat zu rechtfertigen. Deswegen formierte sich schnell ein weltweiter Protest gegen diesen militärischen Schritt. Plakate mit Aufschriften wie "Kein Bush-Feuer, sonst Flächenbrand", "Nein zum Irak-Krieg" und "Arbeit und Bildung statt Krieg und Rüstung" wurden z.B. in Deutschland auf Demonstrationen mitgeführt. Ähnliches galt für andere Länder, die USA und Großbritannien eingeschlossen (No War on Iraq; Make Tea, not War). Dass es hier weniger um eine politische, kulturelle und religiöse Neugestaltung des Irak ging, wurde schnell offenkundig. Zu unausgewogen wurden die Verhandlungen geführt, um eine Diktatur in eine freiheitlichere Staatsform überzuführen. Die Arroganz der Westmächte, ihre eigenen Gesellschaftsvorstellungen auf einen islamischen Staat in der Verkennung der Andersartigkeit dieser Welt zu übertragen, führte zwangsläufig zum Scheitern dieses Unternehmens, denn der Rückzug der alliierten Truppen hinterließ nicht einen erhofften geordneten Staat, sondern eine geschwächte irakische Regierung, weiterschwelende religiöse Differenzen und ein zerbrochenes Gesellschaftssystem. Der sich auf diesem Nährboden kontinuierlich entwickelnde islamische Fundamentalismus und Terrorismus verunsichert die Welt seit dieser Zeit. Denn der sogenannte Islamische Staat (IS) hat als sein Ziel ausgegeben, einen eigenen Staat zu etablieren, der sich in Ablehnung aller "westlichen" Werte auf den von ihm in subjektiver und irrender Weise interpretierten Koran und den Propheten Mohammed stützt. Der religiöse Fanatismus übersieht jedoch gerne die Ausführungen in den jeweiligen Schriften: Niemand soll sich zwischen Gott und die Menschen stellen, denn alle Menschen sind vor dem höchsten Wesen gleich. So können wir es in der Bibel (vor Gott sind alle Menschen gleich[183]) und auch im Koran (Du, Mensch, bist nur Wächter über deine Mitmenschen, aber nicht Rächer! Ein solcher kann nur Allah selbst sein[184]) lesen.

4. Der "Arabische Frühling"

(Das Aufbegehren gegen eine suppressive Staats- und Religionsführung)

Doch wie stark sich freiheitliche Kräfte Bahn brechen können, wenn sie einmal zu wachsen angefangen haben, zeigte der sogenannte "Arabische Frühling", der im Jahr 2010 in Tunesien mit der "Jasmin-Revolution" seinen Ausgang nahm. Es dürfte ein grundsätzliches Bestreben eines jeden Volkes sein, sich irgend wann einmal von dem Joch der Unterdrückung eines ungerechten Systems zu befreien und seinen eigenen Weg zu einer gerechteren Gesellschaft zu gehen. Wenn ein Volk Arbeitslosigkeit, Armut, weitgehenden Bildungsmangel und Korruption nicht mehr länger ertragen will, wird es unweigerlich einen Weg suchen, diese Missstände abzuschaffen. Für ein arabisches, vom Islam bestimmtes Land, war dieser Vorgang in Tunesien sicher etwas Außergewöhnliches, da in diesem Kulturkreis Staat und Religion sehr eng miteinander verzahnt sind. Sich gegen die Macht der Imame zu stellen und ein unerwünschtes politisches System zu stürzen, setzte eine große Überzeugung und Zuversicht voraus. Doch wenn das Bewusstsein einmal die Kraft der Freiheit gespürt und die Vorteile eines selbstbestimmten Lebens in einer pluralistischen Gesellschaft erkannt hat, wird es nicht mehr oder nur noch mit brutaler Gewalt unterdrückt werden können. So erfasste diese Begeisterung bald auch viele andere arabische Staaten, die es den Tunesiern gleichtun und ihr autoritäres und korruptes Regime abschütteln wollten. Ihre Vorläufer fanden sich bereits in nicht-arabischen Staaten wie China (1989 Proteste auf dem Tian'anmen-Platz und wiederholt in der Zeit danach) und dem Iran (Grüne Revolution, 2009). Dort hatte sich ein vergleichbares Klima des Aufbegehrens entwickelt. Und doch wurden die meisten Versuche zu einer politischen und gesellschaftlichen Veränderung von den noch nicht mitgereiften staatlichen Institutionen unterdrückt. In dieser Stunde des Aufbruchs in eine völlig neue Welt hätte sowohl allen direkt Beteiligten als auch den Außenstehenden, die diesen Schritt befürworteten, klar sein müssen, dass nur ein gemeinsames umsichtiges Handeln und staatliche und wirtschaftliche Unterstützung zum Erfolg führen konnten. Die neue ungewohnte Situation und auch eine spürbare Ungeduld führten wiederholt zu einer Überforderung der agierenden Parteien, so dass sich der gewünschte Erfolg nicht in dem erhofften schnellen Maße einstellte, was wiederum eine Enttäuschung hervorrief, die eine weitere Unzufriedenheit schürte. So haben die Bewohner von Ländern wie Libyen, Ägypten oder Syrien nach bürgerkriegsähnlichen Zuständen immer noch nicht zu einem friedfertigen Miteinander zusammengefunden.

Regte in den vorhergehenden Jahrhunderten der Geist, der Verstand, der kritische Intellekt zeitweise zu einem vernunftbetonten Denken und Handeln an, so wurde im Arabischen Frühling der Wille zur Veränderung von einem neuen zusätzlichen Medium getragen: der digitalen Revolution. Was früher nach langsamem Denken und Lesen und Exzerpieren erst zu Papier gebracht und dann in Büchern sporadisch im engeren oder nach Jahrzehnten oder Jahrhunderten im weiteren Kreis verbreitet worden war, wurde über Internet, Facebook oder Twitter, via Smartphone oder Youtube live oder nur um Minuten zeitversetzt in alle Welt kundgegeben. Und niemand konnte diese Verbreitung durch Druck- oder Transportbehinderung oder Verbrennung stoppen. Der Geist, so dachte man, schien

wieder frei zu sein und ungezügelt in alle Richtungen fliegen zu
können. Doch die totalitären Regime wussten einen Ausweg:
sie zensierten, schränkten ein oder kappten die elektronischen
Verbindungen und glaubten, so den Freiheitsbestrebungen der
Menschen die Flügel stutzen zu können. Diese Behinderungen
fanden und finden in allen diktatorisch geprägten Staaten wie
Russland, Iran, China, Syrien, Türkei und anderen statt, und die
Machthaber in diesen Ländern scheinen noch nicht begriffen
zu haben, dass diese Entwicklung zu mehr Freiheit und Gerechtigkeit kaum mehr aufzuhalten ist, es sei denn, sie sind bereit, mit einem ironischen Lächeln über die Leichen ihrer eigenen Landsleute zu marschieren, nur um ihr eigenes korruptes
und diktatorisches System an der Macht zu halten, wie es gerade jetzt erneut im Iran zum Jahreswechsel 2017/2018 geschah,
als vor allem die Jugend wieder für mehr gesellschaftliche Freiheit und gegen die religiösen Zwangsverordnungen protestier-
te.

Und doch: die Bewegungen gerieten ins Stocken, weil sich die
Grundvoraussetzungen verschlechterten. Die Administration
gewann durch das Militär und die Polizei wieder die Oberhand.
Hatten sich Soldaten und Polizisten zeitweise auf die Seite der
Revolutionäre gestellt, unterstützen sie jetzt wieder eher das alte
System. Zwistigkeiten unter den einzelnen Gruppen lassen kei-
ne gemeinsame Basis, sprich handlungsfähige Regierung bilden.
Die Revolutionäre stehen sich in ihrer Uneinigkeit selbst im
Weg. Und das anfängliche Interesse der übrigen Welt lässt
ebenfalls nach. Das Hemd ist eben doch näher als der Rock.
Zumal die Kulturunterschiede ihr übriges dazutun. Letztendlich
bleiben alle mit der Frage allein: "Hat sich der Einsatz ge-
lohnt?" Wenn Ja: "Welche Zieletappe haben wir erreicht?"
Wenn Nein: "Warum konnten wir es nicht zu Ende bringen?"
"Wird es noch einmal einen Ansatz geben und wie werden wir
ihn bewerkstelligen?" "Hat uns jemand geholfen oder standen
nur die neugierigen Gaffer außen herum und wollten nur einmal sehen, was geschehen war?" "Zieht die Karawane weiter
und sucht sich ein neues Ziel?" "Wenn nicht die Freiheit, was
dann?"

5. Der "Prager Frühling"

(Panzer gegen gesellschaftliche Freiheitsbewegung)

Mit dem "Arabischen Frühling" werden wir unvermittelt auch an den "Prager Frühling" 1968 erinnert. Mitten im Kalten Krieg wagten die Menschen der damaligen Tschechoslowakei den Aufstand gegen ein diktatorisches kommunistisches Regime, das von dem "großen Bruder" Sowjetunion gestützt wurde. Als die Marionetten Moskaus der nach Freiheit drängenden Bevölkerung im eigenen Land nicht mehr Herr werden konnten, schickte der "große Bruder" seine Panzer in den sogenannten Satellitenstaat, die den Freiheitswillen niederwalzten und den alten Zustand wieder herstellten Dabei strebten die Tschechoslowaken unter ihrem politischen Führer Alexander Dubcek nur eine Reform weg von einem Kommunismus mit Repressalien, Gefängnissen und Folter hin zu einem "Sozialismus mit menschlichem Antlitz" an. Selbst der Zusammenschluss von Volk und sogenannter Intelligenz konnte gegen die militärische Gewalt nichts ausrichten. Kritiker waren mundtot gemacht worden oder schmachteten in Gefängnissen. Die führenden Reformer wurden zwangsweise nach Moskau beordert und dazu gezwungen, das "Moskauer Protokoll" zu unterzeichnen, in dem die Zugeständnisse der Reformpolitiker, wie Presse- und Versammlungsfreiheit, wieder aufgehoben wurden.
Im Juni 1968 hatte der Schriftsteller Ludvík Vaculík in seinem "Manifest der 2000 Worte" einen *"Aufruf an die Arbeiter, Landwirte, Beamten, Künstler, Wissenschaftler, Techniker und an alle"* veröffentlicht. Er war von vielen Intellektuellen unterzeichnet worden und lieferte eine Art Bestandsaufnahme des gegenwärtigen Zustandes seines Landes und die Ziele einer Reform. Dabei weist er auf das Grundübel hin, das so zahlreichen Staaten in der Welt zum Verhängnis geworden ist: Die Leitung des Volkes *"ist in die Hände der falschen Leute geraten. Nicht so sehr hätte es geschadet, daß es diesen Leuten an genügender staatsmännischer Erfahrung mangelte, an sachlicher Kenntnis und philosophischer Bildung, wenn sie diese Mängel durch ein wenig mehr an bürgerlichem Verstand und An-*

stand ausgeglichen hätten, wenn sie imstande gewesen wären, die Meinung anderer anzuhören, und wenn sie sich einer allmählichen Auslese der Besseren unterworfen hätten."[185] Und wieder einmal konnte die Vernunft gegen ideologische Verblendung und Waffen nichts ausrichten.

Nicht vergessen dürfen wir im Interesse der betroffenen und agierenden Menschen den Aufstand der DDR-Bevölkerung am 17. Juni 1953 und den Ungarnaufstand 1956, die sich ebenfalls gegen das scheinheilige diktatorische kommunistische System, das ihnen von Russland aufgezwungen worden war, richteten und damit im Kampf gegen menschliches Versagen in einer vergleichbaren Reihe liegen. All diese Erhebungen gegen das repressive System lösten unter den Politführungen anderer Staaten des Warschauer Paktes wie Polen, dem damaligen Jugoslawien, Ungarn, Rumänien, Bulgarien und allen voran natürlich unter der Staatsführung der Sowjetunion selbst höchste Beunruhigung aus. Man befürchtete - eben wie auch später in den arabischen Staaten - einen infektiösen Effekt, dessen man unter Umständen nur schwer Herr werden könnte. Doch die Langzeitwirkung des Willens zu einer Selbstbestimmung der Menschen und zur Befreiung von unerträglichen Zuständen wurde unterschätzt, denn Ende der 80er Jahre, als die russische Perestroika unter Gorbatschow schon eingesetzt hatte, kam es in Rumänien zum Sturz des Ceausescu-Regimes, und das Jahr 1991 läutete den Zerfall der Sowjetunion ein und entließ die ehemals unterdrückten Staaten in die Freiheit. Doch Friede und eine bessere Welt waren in diesen Staaten damit nicht garantiert, weil alle Seiten nicht die Kompetenzen besaßen, die herausfordernden Angelegenheiten vernünftig zu regeln. Erinnert sei hier an die sich anschließenden Tschetschenienkriege und die Auflösung Jugoslawiens, die von brutaler Gewalt begleitet wurden, und der Ukraine-Konflikt, der mit der Annexion der Halbinsel Krim durch Russland 2014 und dem sich daraus entwickelnden Bürgerkrieg seinen Höhepunkt erreichte. Eine friedliche Lösung ist bis heute nicht in Sicht.

Wiederholt sich Geschichte in einer Endlosschleife, weil der

Mensch immer noch in seinen alten Bahnen verhaftet ist? Haben wir uns nicht nur von der Welt, sondern von uns selbst schon so weit entfernt, dass wir uns unserer eigenen Gestaltungskraft noch nicht oder nicht mehr bewusst sind, unsere Welt zum Besseren zu verändern? Ist es so schwierig oder gar unmöglich, dass die Vernunft vor allen anderen eine Mehrheit hinter sich mobilisiert, die den Zug der Geschichte auf ein neues Gleis stellt, das uns alle in eine gemeinsame bessere Welt führt? Wenn wir Geschichte nur als die Geschichte des Individuums verstehen, werden wir am Ende alle in einem einzigen Sackbahnhof landen, in dem Tausende von Gleisen wie Wurmfortsätze herumliegen, aber keinen Ausweg zu irgend einem rettenden Ziel finden. Wird es dann immer noch heißen, wir müssen so weitermachen, weil es weitergehen muss, egal wie? Das Problem unserer Vernunft scheint zu sein, dass sie zwar nach Ordnung sucht, aber sie von einem anscheinend übermächtigen Chaos umgeben ist.

XIII. Die Entwicklung von Technik und Mensch seit dem Zweiten Weltkrieg

"Wir neigen dazu, die Bedeutung unserer Arbeit zu überschätzen. Und doch: Wie viel ist von uns noch nicht geleistet!"
(Henry David Thoreau) [186]

Als nach dem Ende des Zweiten Weltkriegs überall in der Welt trotz immenser Verluste und Zerstörungen langsam eine Normalisierung des täglichen Lebens eintrat und die Menschen wieder Hoffnung schöpften, dass sie all dies bewältigen könnten, was an Aufgaben und Herausforderungen vor ihnen lag, da ahnten sie noch nicht, wie dramatisch sich ihr gesamtes Umfeld und sie sich selbst in den folgenden Jahrzehnten verändern würden.

1. Die ersten Umbrüche - Musik, Fernsehen, neues Denken

(Westliche Wohlfühlkultur und alternativer Lebensentwurf)

Es begann mit einem neuen Aufkeimen von Lebensfreude besonders unter den jungen Leuten, seien es Noch-Kriegs-Geborene oder Nach-Kriegs-Geborene. Eine neue Musikrichtung eroberte die Welt. Der Rock'n Roll fegte über den Globus wie ein entfesselter Taifun. Wer sich ihm widersetzte, und das waren vor allem die älteren Leute und die Eltern, die ihre Kinder von einem biblischen Sodom und Gomorra fernhalten wollten, wurde von den rockenden Rhythmen ins Abseits gestellt. Während die Älteren die Schrecken des Krieges mental, psychisch und physisch aufarbeiten mussten, konnte die junge Generation fröhlich nach vorne blicken, weil eine Mauer des Schweigens, aus welchen Gründen auch immer, ihnen den Blick zurück auf die Gräuel der Vergangenheit verwehrte. Ein Radio, ein Plattenspieler, eine Single oder gar eine LP waren die heißesten Wünsche der jungen Menschen. Diese genossen den "Krawall" gedämpft zu Hause, etwas lauter auf privaten Partys bei Freunden aufgeschlossener Eltern oder ziemlich laut auf öffentlichen Tanzveranstaltungen.

Wie nebenbei trat das Fernsehen seinen Siegeszug an und eroberte die Wohnzimmer der betuchteren Familien. Doch auch die weniger betuchten Freunde kamen in den Genuss, weil man ja zeigen wollte, dass man sich die neue Technik leisten konnte. So sehr das Radio und die Rock- und Beatmusik die Familie spaltete, so sehr vereinte der "Kasten" die Familie bei Kinderserien und Familienprogrammen.

Doch ein anderer Signalton sorgte für weltweite Missstimmung. Am 4. Oktober 1957 empfing die Welt einen Piepston, der zunächst für großes Rätselraten sorgte. Schnell wurde bekannt, dass die Sowjetunion einen Satelliten namens Sputnik ins Weltall geschossen hatte, um damit zu demonstrieren, dass sie mit einem "verlängerten" Arm in neue Dimensionen vorstoßen konnte. Die Amerikaner, die als führende Technologienation galten, waren geschockt, weil dieses Ereignis als technischer Vorsprung des Ostens gewertet werden musste. Wenige Jahre später, 1961, gab der amerikanische Präsident John F. Kennedy das Ziel vor, bis spätestens 1969 den ersten Amerikaner auf dem Mond landen zu lassen: *"Ich glaube, dass diese Nation sich mit aller Kraft dem Ziel verschreiben sollte, einen Menschen auf dem Mond abzusetzen und ihn wieder sicher zur Erde zurückzubringen, bevor dieses Jahrzehnt zu Ende gegangen ist. Kein einziges Raumfahrtprojekt wird für die Menschheit beeindruckender oder auf lange Sicht für die Weltraumerforschung wichtiger sein. Und es wird das schwierigste und kostspieligste Projekt werden."*[187]

Gegen diesen zwanghaften Erfolgsdruck und anderen Druck auf ihre Gesellschaft wandte sich eine ganze junge Generation in den unterschiedlichsten Bewegungen. In Europa standen die jungen Leute, angeführt von einer "informierten" Studentenschaft, auf gegen eine politisch, institutionell und moralisch verkrustete Gesellschaft, die noch stark dem Bürgertum des neunzehnten Jahrhunderts verhaftet war, weil ihr die Kriege keine Zeit gelassen hatten, sich in einer politischen, gesellschaftlichen und menschlichen Weise weiterzuentwickeln. Nach

all der Zerrissenheit durch die militärischen Auseinandersetzungen war es erklärbar, dass der Bürger endlich seine Ruhe
finden wollte und sich mit einem sicheren Gefühl dem Lauf
der Dinge hingab, solange ihn diese nicht auf irgend eine Art
aufschreckten. Eine feste Anstellung garantierte ihm ein bescheidenes, aber sicheres Einkommen. Eine kleine Wohnung,
ein eigenes Auto und vielleicht sogar ein eigenes Häuschen bedeuteten für viele Menschen das höchste Glück. Endlich besaß
man eine feste Unterkunft, in die man sich nach Bedarf zurückziehen und die Welt an sich vorbeiziehen lassen konnte,
denn die Welt kam via Bildschirm bequem ins Haus. Andererseits bedeutete ein Auto eine neue Freiheit, die man in einem
Urlaub fern seines angestammten Platzes genießen konnte.
Man hatte ein Stück von der anderen Welt gesehen - und war
doch mit einem kleinen Zipfel mit seiner Heimat verbunden.
Denn der zeitbegrenzte neue Nomade reiste nicht ohne seine
gewohnten Accessoires: seine eigenen vorbereiteten Schnitzel,
seine gut sortierten Konservendosen aus dem heimischen Geschäft, sein Bier, seinen Wein, seinen Schinken, seine Nudeln.
Man lebte in der Fremde so richtig auf mitten unter seinen vertrauten Produkten.

In diese trügerische Stille platzte Mitte der sechziger Jahre vornehmlich in Deutschland, Frankreich und den USA der
Wunsch einer jungen Generation, sich auch ein Stück Freiheit,
ihre eigene Freiheit, zu erobern. Die beschränkte Welt ihrer Eltern war ihr zu eng geworden. Sie stellte die nach ihren Vorstellungen zu engstirnige Moral, bestimmte politische Gegebenheiten und die Lehrinhalte an den Universitäten in Frage. Sie beschäftigte sich plötzlich mit Denkern wie Kant, Nietzsche,
Marx, Sartre, Adorno und anderen, die ihr einen neuen Horizont verschafften. Sie trug in unkontrolliertem Überschwang
ihre Proteste und Ideen auf die Straße und in die Hörsäle. Die
außerparlamentarische Opposition (APO) meldete ihren Anspruch an, die Gesellschaft mitzubestimmen und zu verändern.
Sie wandte sich zum Beispiel gegen atomare Aufrüstung, gegen
sogenannte Notstandsgesetze, die dem Staat erlaubten, gegen
seine Widersacher rücksichtslos vorzugehen, gegen Rassismus -

und sie plädierte für ein freizügigeres Leben nach ihren Vorstellungen. Doch die Gesellschaften waren in ihrem moralischen und politischen Kern noch nicht so weit, um mit einer aufgeschlosseneren Haltung zu neuen Ufern aufzubrechen. Es fand keine Verbindung zwischen Alt und Jung, zwischen erstarrten Schemata und neuer Dynamik statt, ja nicht einmal zwischen gebildeten und weniger gebildeten Jugendlichen. So war es nur logisch, dass dieser Versuch, einem erweiterten Bewusstsein zum Durchbruch zu verhelfen, scheiterte und schließlich im Fiasko einiger radikaler Fanatiker endete (Rote Armee Fraktion/RAF).

Doch so ungewohnt es auch klingen mag, Gesellschaft und Politik waren nicht schuldlos am aufkommenden gewaltsamen Verlauf dieser Bewegung. Weise Menschen sollten um die Ungestümtheit der Jugend und ihren Hang zur Provokation wissen. Und doch ist die Jugend ein Teil unserer Gesellschaft. Daher wäre mehr Verständnis gefragt gewesen, zumal die anfänglichen Forderungen und Vorstellungen der jungen Leute von einem mitbestimmenden Leben nicht in ein Fantasialand zu verweisen gewesen waren. Wer dann kaum Dialogbereitschaft zeigt, mit überzogenen Repressalien reagiert und nicht bereit ist, hinzuhören und Argumente auf ihre Plausibilität abzutasten, hätte wissen müssen, dass sich dadurch ein immenser Druck aufbauen könnte, der sich irgend wann entladen würde.

Der Mensch ist das, was er tut. So sah es der Existenzialismus. Dieses Tun macht sein Wesen aus. Der Mensch ist also auch das, wozu er sich selbst macht. Er hat also die Freiheit, nach seinem Willen zu handeln. Ob wir Menschen zur Freiheit *verdammt* sind, weil wir ohne leitendes Korrektiv im Chaos münden, wie Satre es sah, kann bezweifelt werden. Die uns verliehene Freiheit bietet uns auch eine Chance, das Beste aus unserem Leben und - als Krönung – mit den Leitlinien von Vernunft und Humanität auch aus dem Leben der anderen zu machen. Die Hölle einer verdammten Welt sind demnach nicht die anderen, die angeblich meine Freiheit beschränken. Nein, die Hölle sind wir alle zusammen, wenn wir nicht begreifen wollen, dass wir zu einer Gemeinsamkeit, zu einer Gemeinschaft auf diesem Globus zusammenfinden müssen. Wenn wir dieses Schwarmverhalten, für eine bessere, gerechtere und friedlichere Welt zu kämpfen, nicht entwickeln, werden wir allerdings in Sartres, also in unserer selbstinszenierten Hölle weiterhin bei lebendigem Leibe mit unsäglichem Leid schmoren. Kann das ein homo sapiens zulassen? Diese Frage wird umso dringlicher, wenn wir den Hintergrund betrachten, vor dem die Fragen des Existenzialismus auftauchten. Die beiden vernichtenden Weltkriege und der entgleiste Kapitalismus (ideologiefrei betrachtet!) mit all seinen negativen Begleiterscheinungen haben eine nihilistische Welt hinterlassen, in der sich der Mensch nicht mehr zurecht fand und sich verloren vorkam. Und doch konnte diese Philosophie keine bahnbrechende Erneuerung eines friedlichen Miteinander einleiten. Ihre Wirkung war beschränkt, wie auch Hans Heinz Holz feststellen musste: *"Sartres Einfluß – das muß nun einschränkend gesagt werden – ergriff die bürgerliche Intelligenz. In der Arbeiterbewegung, in der damals eine philosophisch, wissenschaftlich, literarisch [aber eben auch ideologisch] hoch entwickelte marxistische Weltanschauungskultur bestand, hat der Existentialismus nie eine Rolle gespielt. Im Gegenteil. Sartre, als der unter den Existentialisten, der der politischen Linken am nächsten stand, wurde wegen seines „kleinbürgerlich-individualistischen" Freiheitsbegriffs scharf angegriffen."*[188] Waren und sind wir Menschen mit unserer eigenen Freiheit überfordert? Ist unser Intellekt nur ein sinnloses Anhängsel, das wir wie einen blinden Wurmfortsatz in unserem Kopf herumtragen? Wie steht es mit Wissen und Bildung in unserer Gesellschaft? Bildung wurde schon immer und überall als ein Schlüsselelement einer Gesellschaft angesehen. Sie ermöglicht zunächst einen beruflichen und sozialen Aufstieg, aber auch ein gesellschaftliches Bewusstsein, das ein Selbstverständnis und auch eine eigene Positionierung in der Gemeinschaft ermöglichte. Bildung ist andererseits kein Garant dafür, dass man auch den eigentlich geübten Verstand dazu nutzt, ein ethisches Bewusstsein zu entwickeln, das einen ebenso zu einem vernunftgemäßen Handeln für eine für alle bessere Welt veranlasst. Besuchen wir also Bildungsinstitutionen nur, um danach unser Leben organisatorisch zu bewältigen und uns

170

an vorhandene Strukturen anzupassen, ohne unser Handeln und unsere Lebensqualität des status quo kritisch zu überprüfen und gegebenenfalls einer Veränderung zu unterwerfen? Wie viele von uns, die wir solche Bildungseinrichtungen durchlaufen haben, retten einen menschlichen Faktor, der uns dort begegnet ist, mit in unser weiteres Leben hinüber, um zumindest in erforderlichen Situationen über unser Verhalten und über unsere Entscheidungen im Sinne eines *"zivilisierten"* Individuums zu reflektieren? Unterwerfen wir uns nicht doch lieber sogenannten Sachzwängen, weil sie uns so bequem aus der Verantwortung entlassen und uns ein Ruhepolster verschaffen? Ist (Aus)Bildung und das, was sie uns ermöglicht, nämlich nur Geld für unseren Lebensunterhalt zu verdienen, nur Verwaltungen zu organisieren, nur Erfindungen zu machen, nur Produkte von unzähliger Vielfalt herzustellen und zu verkaufen, als *Zivilisation,* als eine bessere Welt für den Bürger zu interpretieren? Haben wir ein hinreichend breites Fundament, auf dem wir ideologiefrei, aber mit Vernunft unser eigenes Tun und Handeln hinterfragen und kritisch beleuchten können? Sind wir in der Lage, uns aus den vorgeschobenen Systemzwängen durch eine Willensentscheidung zu befreien, oder wollen wir uns dem Lauf der Dinge unterwerfen, weil es ja doch so bequem ist, sich dem Wohlgefühl auf der sicheren Couch hinzugeben? Ein wacher Verstand würde uns einen Blick aus dem Wohnzimmer auf die reale Welt draußen werfen lassen, wo keineswegs eine häusliche globale "Zivilisation" herrscht. - Dieser Defekt war auch schon Friedrich Wilhelm Nietzsche klargeworden. *"Gott ist tot!"* Es gibt keinen Retter aus dem Nichts, keinen deus ex machina. Der Nihilismus ist ein leerer kalter Raum ohne irgend einen Anker. Nietzsches Ruf nach einem Übermenschen war nichts anderes als der verzweifelte Schrei eines Erdenbürgers, der die Verlorenheit und Verlogenheit seiner Welt nicht mehr länger ertragen konnte. Nur der Mensch selbst als Übermensch, davon war Nietzsche überzeugt, kann sich aus diesem Dilemma befreien. Wir werden unwillkürlich an den homo-mensura-Satz des Griechen Protagoras (5. Jht. v. Chr.) erinnert: *„Der Mensch ist das Maß aller Din-*

ge!" Wie auch immer der Satz interpretiert wird, ob in seiner subjektiven Sichtweise oder selbst als Objekt: in jedem Fall steht der Mensch im Mittelpunkt. Heute bezeichnen wir ihn immer noch gerne als "die Krone der Schöpfung". Aber was ist das für ein Primus? Bekam er die Diamantenkrone wegen seiner Vernunft, seiner Weisheit, seiner Weitsicht aufgesetzt oder hat er sich in einer narzisstischen Anwandlung einen vergoldeten Blechreifen selbst über Stirn und Augen gezogen, damit er die häßliche Wahrheit vor seinen Füßen nicht sehen muss? Sollte es uns Menschen wirklich nicht möglich sein, das Gute zu denken und dann auch zu tun?

Genau diesen Gedanken verfolgte eine andere Gruppe junger Menschen, die ebenfalls von einem besseren, schöneren und freieren Leben träumte. Ihre "Waffen" waren Musik, Protestsongs und Flower Power. In seinem Song "San Francisco" (1967) drückte Scott McKenzie genau das aus, was dieser Teil der jungen Generation spürte:

„Wenn du nach San Francisco gehst,
Dann trage gewiss ein paar Blumen im Haar!
Wenn du nach San Francisco gehst,
Wirst du sanftmütige Leute treffen.

Für die, die nach San Francisco kommen,
Wird der Sommer ein Fest der Liebe sein
In den Straßen von San Francisco
mit all den sanftmütigen Leuten mit Blumen im Haar.
Durch die ganze Nation geht eine seltsame Vibration,
Menschen sind in Bewegung.
Es gibt eine ganze Generation mit einer neuen Erklärung (des Lebens)"[189]

Diese Generation wollte keinen Krieg mehr dulden, weder in Vietnam noch sonst wo. Sie wollte ein friedliches Miteinander aufbauen und das Leben in der gebotenen Freiheit selbst gestalten. Die Gruppe The Byrds hatte mit "Turn, Turn, Turn" schon 1965 einen großen Erfolg. Darin heißt es:

Für alles (Kehr um, Kehr um, Kehr um)
Gibt es eine Zeit (Kehr um, Kehr um, Kehr um)
Und eine Zeit für jeden Zweck
Unter dem Himmel...

Eine Zeit für die Liebe, eine Zeit für den Hass,
Eine Zeit für den Frieden.
Ich schwöre, es ist nie zu spät[190]

Es gibt also immer einen Weg zur Umkehr, wenn man erkennt, dass man auf falschen Pfaden wandelt. Man muss ihn nur beschreiten. Und dazu rief diese junge Generation auf.

Dass ein neuer Wind für alle wehte, verkündete Bob Dylan bereits in seinem Lied "The times they are a-changin'". Darin wendet er sich direkt auch an Politiker und Eltern:

"Kommt, Senatoren, Parlamentarier,
und hört, bitte, den Ruf (der neuen Zeit).
Bleibt nicht in der Tür stehen,
blockiert nicht den Flur,
Denn der, der verletzt wird,
wird der sein, der im Weg stand.
Der Kampf, der draußen wütet,
Wird bald an euren Fenstern und Mauern rütteln,
Denn die Zeiten ändern sich gerade.

Kommt, Mütter und Väter, vom ganzen Land
Und kritisiert nicht,
was ihr nicht verstehen könnt!
Eure Söhne und Töchter
sind außerhalb eurer Kontrolle
Euer alter Weg veraltet schnell.
Bitte, geht aus dem neuen Weg, wenn ihr uns keine helfende Hand reichen könnt,
Denn die Zeiten ändern sich gerade."[191]

Bob Dylan galt als die Stimme, als das Gewissen seiner Generation, die sich nicht mehr kritiklos mit dem Leben abfinden und selbst etwas unternehmen wollte, um die Welt nach ihren Wünschen, aber zum Besseren für alle zu gestalten. John Lennons Songs "All we are saying is give peace a chance" und "Imagine" verkörperten die Sehnsucht der Jugend nach einem friedlichen Zusammenleben nicht nur im eigenen Land, sondern auf der ganzen Welt.

Wie so oft in der Geschichte der Menschheit war auch diese Jugend von einem euphorischen Idealismus geprägt, der jedoch im allgemeinen auf das Unverständnis, aber auch auf das Unvermögen der alten Generation stieß. Deswegen darf die Missachtung und Unterdrückung des Idealismus der Jugend besonders zu dieser Zeit als tragisch für uns alle bezeichnet werden. Gerade die jungen Menschen haben versucht, die Welt nach ihren idealistischen Vorstellungen zu gestalten, weil sie mit der etablierten Welt der Alten nicht zufrieden waren und sich nicht mit ihr identifizieren konnten. Weil sie andere Vorstellungen von einer friedlichen und gerechten, von einer besseren Welt hatten. Ihre Ideale wurden als utopisch belächelt und deswegen zerschlagen, weil sich die Alten schon längst von einer solchen Zielsetzung verabschiedet und ihr Leben auf einen Zug gesetzt hatten, der sie auf eine Fahrt auf den Schienen mitnahm, die andere für sie gelegt hatten - und es fand sich niemand, der den Hebel für eine andere Weichenstellung umlegte. Oscar Wilde schrieb einmal: *"Eine Weltkarte, auf der das Land Utopia nicht verzeichnet ist, ist es nicht wert, auch nur mit einem flüchtigen Blick betrachtet zu werden, denn sie berücksichtigt das eine Land nicht, in dem sich Humanität immer ansiedelt. Und wenn sich Humanität dort niederlässt, hält sie Ausschau und steuert, wenn sie ein besseres Land erblickt, darauf zu. [Wirklicher] Fortschritt ist die Verwirklichung von Utopien."*[192] Doch obwohl diese Jugend allein gelassen worden war auf ihrem Weg zu einem besseren Verständnis der Menschen untereinander, drang trotzdem allmählich ihr neues Denken in die ersten Nischen der alten verkrusteten Gesellschaft vor. Der Widerstand gegen den Vietnamkrieg gewann an Fahrt, kleine Freiheiten wie zaghafte Mitbestimmungen in verschiedenen

Bereichen und ein toleranterer Blick auf die Liebe der jungen Menschen wurden errungen, Frauenbild und Rassismus schienen sich zu wandeln, ein besorgter Blick wurde auf unsere Umwelt gerichtet und einiges mehr. Waren diese Ziele verwegen, überzogen, weltzerstörerisch, inhuman?

2. Die Wucht des technologischen Zeitalters und der unkontrollierten Wirtschaft

(Die Macht der Technologie über die Vernunft des Menschen)

> *"Viele Menschen sind zu gut erzogen, um mit vollem Mund zu sprechen, aber sie haben keine Bedenken, es mit leerem Kopf zu tun."*
> (Oscar Wilde)

Doch dem Mainstream von Politik und Wirtschaft schwebte eine ganz andere Welt vor. Eine Welt, die nach vorne gepuscht werden wollte, die ihre Machtbereiche ausbauen und neue Produkte auf den Markt werfen wollte. Globaler Handel war das Gebot der Stunde. Er sollte einen noch höheren Profit garantieren. Einen Profit auf die jeweiligen Kosten des anderen! Das verstand sich von selbst.

Mit dem ersten Mann auf dem Mond wurde eine Grenze überschritten, die uns Menschen bisher noch auf unseren Planeten Erde bannte. Der Griff nach den Sternen löste den Menschen von seiner Bodenhaftung und ließ ihn scheinbar schwerelos in eine neue Dimension schweben. Alles schien jetzt möglich. Das Weltraumrennen war eröffnet und löste eine technologische Explosion aus. Immer kleinere und effektivere computergesteuerte Elemente wurden ersonnen, um die Ausrüstung und die Astronauten mit dem Besten zu versorgen, das die Technik derzeit zu bieten hatte. Unser ganzes Streben war nach oben gerichtet zum fahlgelben Trabanten, der uns Abend für Abend als leuchtendes Ziel in unserer dunklen Welt den Weg wies, oder weiter zum Roten Planeten, der uns heute in der Ferne vielversprechend im Teleskop entgegenleuchtet. Doch dabei sollte uns eine Aussage des amerikanischen Astronauten Joseph P. Allen, die er rückblickend über seine Weltraummission äußerte, nachdenklich stimmen: *"Bei allen Argumenten für und wider die Mondlandung, hat niemand vorgeschlagen, dass wir hinfahren sollten, um die Erde zu betrachten. Aber das mag in der Tat der wichtigste Grund von allen gewesen sein."*[193] Müssen wir erst unseren Planeten verlassen, um von außen zu begreifen, welchen Glücksfall wir so schmählich verstoßen? Der weise Elia Abu Madhi aus dem Sudan mahnt uns zu bescheidenem Glück im Kleinen, für das wir auch zum Teil selbst verantwortlich sind, wenn er sagt:

Oh du, der du dich über die Tage beklagst,
Weißt du nicht, dass Glückseligkeit nur ein Lebensentwurf ist?
Sie mag sich in einer Hütte niederlassen,
In der sich kein Brotkrümel findet, und sie mag erhabene Paläste verlassen.
Wenn sie einen blanken Zweig berührt, wird er grün,
Wenn sie einen Stein berührt, wird er eine Perle.
Wisse, dass die Erde, die Galaxy und alles, was da oben ist,
So lange dein ist, solange Glückseligkeit herrscht,
Aber wenn du sie vernachlässigst, wird das Universum zu einem Nichts."[194]

Haben wir es verlernt, unser bescheidenes Glück im Kleinen zu suchen? Denn vor lauter Genickstarre waren und sind wir kaum mehr in der Lage, das Leben zu unseren Füßen wahrzunehmen. Wir sind eher auf der Suche nach dem machbaren Großen, ganz gleich, ob es sinnvoll oder (noch) nicht sinnvoll ist. Wir machen unsere gegenständliche Welt zum Objekt unserer Betrachtungen und Ziele, aber nicht uns Menschen selbst. Wir betrachten die wirklichen menschlichen Herausforderungen wie menschenwürdiges Leben und Arbeiten, genügend Nahrung, Bildung, Erholung etc. für alle als nachrangig. Unser Geist beschäftigt sich ausführlich mit den schwierigsten und komplexesten Vorgängen, Reaktionen und Kausalzusammenhängen in der physikalischen und mathematischen Welt, mit

Atomen, Quanten, Elementarteilchen, mit dem Universum und der Nanowelt, mit der Veränderung, Reparatur und Neuschöpfung unseres Körpers und seiner Organe. Wir versuchen, Roboter in ihrem Verhalten, ihrem Denken, ihrer Sprache immer menschlicher zu machen, werden dabei aber selbst als Menschen Robotern immer ähnlicher, weil wir uns unreflektiert geistlosen Mechanismen in unserer Lebens- und Arbeitswelt unterwerfen. Warum, so müssen wir uns kritisch fragen, beschäftigen wir uns als gegenwärtige vernunftbegabte Wesen nicht mit uns selbst, mit unserer Lage, mit unserer Entwicklung und mit unseren Zielen als Menschen? Werden wir uns wirklich damit begnügen, unsere alte Dummheit in neuerschaffenen Körpern weiter zu pflegen? Ist es wirklich so, dass wir uns so weit außerhalb unseres natürlichen Umfeldes befinden, dass wir uns selbst bereits gar nicht mehr als ein inkludiertes Objekt sehen, das einer intensiven und kritischen Betrachtung wert ist? Wir haben Wege gefunden, die vielleicht fünfhundertsiebenunddreißigste Wurstsorte zu kreieren, die vielleicht vierhunderteinundsiebzigste Sorte Brot, die eintausendfünfhundertzwölfte Sorte Kleingebäck, das siebentausenddreihundertachtundvierzigste elektrische Gerät, aber wir haben unseren Verstand bisher noch nicht dazu eingesetzt, auch nur einen einzigen Weg zu finden, die Weltbevölkerung so ausreichend zu ernähren, dass kaum jemand mehr hungern oder sogar verhungern muss, oder dazu, in der Weltbevölkerung einen Konsens zu erreichen, dass wir uns mit einem globalen Frieden und gemeinsamen Zielen eine größere Überlebenschance sichern, als wenn wir uns in nationaler, ethnischer, religiöser, politischer oder ökonomischer Kleinkrämerei selbst zerfleischen. Homo sapiens, wo bist du?

Auch die freie Zeit, zum Beispiel, ist eher rückläufig, weil uns erstens die Technik nicht die erwartete und versprochene Mehrzeit zur Verfügung stellt und weil viele von uns aufgrund der veränderten Arbeitsstruktur Nebenjobs ausüben müssen, da bei vielen nur ein Gehalt das Überleben einer Familie nicht sichert. So trennen wir uns von uns selbst und, um mit Marx zu sprechen, wir entfremden uns von uns selbst. Die vorrangige Entwicklung von Technologie hat uns von der Natur, unserem Umfeld und von uns selbst entfremdet. Nicht *wir* scheinen Zweck und Ziel unseres Daseins zu sein, sondern die Weiterentwicklung von Technologien, um einen sogenannten Fortschritt zu erzielen. Aber es ist ein Irrweg, diese Art von Fortschritt ohne einen Blick auf uns Menschen und unsere Umwelt zu betreiben. Über die Umwelt und ihren Schutz sagte schon der chinesische Philosoph Mengzi (4. Jht. v. Chr.) zu den Herrschern: *"Verbietest Du den Gebrauch feingeknüpfter Netze in großen Teichen, dann werden dort mehr Fische und Schildkröten sein, als die Menschen essen können. Wenn Du Äxte und Hacken im Wald nur zur richtigen Saison erlaubst, dann wird man dort mehr Holz ernten, als die Menschen benötigen."*[195] Was für ein Paradoxon: Wir machen uns auf die Suche nach wasserführenden neuen Welten, um ein neues Zuhause zu finden. Um uns zu retten und unserem gegenwärtigen Leben zu entfliehen, erscheint uns eine zukünftige Besiedlung eines fernen Planeten wichtiger als uns darum zu kümmern, das Leben auf diesem Planeten erträglicher und humaner zu gestalten. Doch wenn der Mensch seine Unvernunft, seinen egoistischen Charakter, seine Gier mitnimmt, wird er auch dort seine "neue" Lebenschance vertun und er wird scheitern wie in der "alten" Welt. Wollen wir wirklich unsere inhumane Welt einem neuen Planeten zumuten? Platons Höhlenmenschen hätten ihre große Freude gehabt an den Licht- und Schattenflecken der Höhlenwand, denen wir heutzutage nachjagen. Doch wer zieht *uns* aus der Höhle, um uns wieder die reale Welt zu zeigen? Die Frage stellt sich anscheinend für uns nicht, weil wir mit faszinierenderen "Abfallprodukten" der Raumfahrttechnologie versehen und befriedigt werden.

Eines dieser "Abfallprodukte" war der PC, der Personal Computer für alle, der uns in eine aufregende digitale Welt von Bits und Bytes hineinzog und uns gewiss viele neue Möglichkeiten eröffnete. Aber wie ein Schwarzes Loch sog er auch das Geld, die Zeit, die Konzentration und die Emotion von Millionen von Anwendern in sich auf. Durch eigene aktive Programmierung konnte man sich seine eigenen Geschöpfe und Welten kreieren oder in eine vordefinierte Spielewelt eintauchen, die den Anwender auf lange Zeit selbst und im Fortschrittsaustausch mit Freunden und Konkurrenten absorbierte. Dass die digitale Spielewelt immer brutaler wurde, störte die Wenigsten, weil sie die Zerstörung, den Schmerz, die Qualen nicht real miterlebten. "Das ist doch nur im Spiel!" wurde häufig von Befürwortern als Argument oder Ausrede vorgebracht. Doch diese Empfindungslosigkeit schlich sich bei vielen in das Unterbewusstsein und kroch allmählich in die reale Welt. Müssen wir hier den Beginn einer Verrohung unserer Gesellschaften sehen? Die subjektiven Meinungen darüber gehen auseinander. Was aber sprechen die Fakten? Können wir eine zunehmende Verrohung und Gleichgültigkeit gegenüber anderen Mitmenschen seit dem Aufkommen der sogenannten Killer-Spiele feststellen? Oder haben sie zu einem respektvolleren und humaneren Umgang innerhalb der Gesellschaften geführt? Die Antworten darauf muss jeder für sich selbst finden.

Erweitert wurde das Ganze durch die Erfindung des Internets, das im Laufe der Zeit den gesamten Globus mit einem elektronischen Wissens- und Informationsnetz umspannte. Wie viele andere gute Erfindungen wurde und wird auch diese missbraucht. In einer fast biblischen Sintflut wurde die Welt mit Informationen und Werbung überschwemmt, die jegliches geistige Fassungsvermögen sprengen mussten. Und viele haben sich bereitwillig von dieser Flut mitreißen lassen, weil ein ungezügelter Ritt auf den schäumenden Kronen den wahren Surferhelden ausmacht. Hier waren neben Big Brother vor allem Big Data gefragt, die wir freiwillig allen erdenklichen Institutionen und Organisationen preisgaben. Wo die Einwilligung fehlte, schleusten Geheimdienste und kriminelle Profiteure ihre Trojaner und andere Spionageschnüffler auf Milliarden laufende Computer. Und das alles, so gaben alle vor, zum Wohle und zum Schutze der Bürger. Portale wie You Tube und die Möglichkeiten zu "Streamen" fressen mit fragwürdigen Angeboten nicht nur unsere Zeit, unsere Emotionen auf, sondern vor allem unser Denken, weil sie uns so sehr beschäftigen, dass uns anscheinend keine Zeit mehr zu einer vernünftigen Reflexion bleibt. Und dieser Trend scheint ungebrochen.

Fehlt in dieser Reihe nur noch das Smartphone, dieses wundersame Gerät, das uns eine neue Welt der Kommunikation, auch der ungewollten, eröffnete. In Kooperation mit dem Internet und den sozialen Medien wie whatsapp, facebook, twitter und Co. schien es eine weltumspannende Verbindung der Menschen zu gewährleisten. Aber hat es die Menschen auch wirklich zusammengebracht? In den arabischen Ländern, im Iran, in der Ukraine, in China hat es gewiss, wie bereits erwähnt, eine wichtige Rolle gespielt, als sich Veränderungen in den jeweiligen Gesellschaften abzeichneten und man eine geeignete Plattform für gemeinsames Handeln suchte und fand. Doch welche belanglose Rolle spielte und spielt es außerhalb solcher pragmatischer Bereiche? Wenn Warnhinweise an Smartphone-Nutzer auf mögliche Gefahrenquellen ausgegeben werden müssen, weil ihnen der digitale Bildschirm wichtiger erscheint als die reale Welt, von der sie umgeben werden, wenn in wissenschaftlichen Studien flächendeckende Suchterscheinungen von Nutzern konstatiert werden, wenn zum Beispiel das Smartphone gar zum Liebesobjekt erklärt wird, wie das Nachrichtenmagazin "Der Spiegel" von einer Jugendlichen berichtete: *"Ich habe eine sexuelle Bindung zu meinem Smartphone... Mein Smartphone macht was mit mir – und dieses Gefühl ist vergleichbar mit dem Gefühl, in jemanden verliebt zu sein. Jemanden zu brauchen. Wenn es vibriert, bekomme ich Herzklopfen..."*[196], wenn wir also unsere Seele nicht in uns Menschen, sondern in unseren liebgewonnenen materiellen Produkten finden, wenn wir ein horrendes Zeitmaß für stupide Belanglosigkeiten aufwenden, dann laufen wir Gefahr, mit dieser Abhängigkeit unsere individuelle Freiheit zu verlieren und uns wie Sklaven an Produkte binden zu lassen, die unser unabhängiges Denken verhindern oder zumindest beeinträchtigen. Wir müssen uns also ernsthaft fragen, ob wir noch ein lebensnahes Ziel vor Augen haben, ob uns die Welt, so zerrissen wie sie vor uns liegt, erst dann wieder empathisch berührt, wenn der Riss mitten durch uns selbst hindurchgeht. So weit entfernt der Gesprächspartner am anderen

Ende des Smartphones ist, so fern ist uns auch der Gedanke an die Menschen, die dieses Gerät zu Billiglöhnen und unter unwürdigen Bedingungen zusammengebaut haben. Die jeweilige Marke ist Kult, und dafür zahlen wir bereitwillig jeden Preis, der den Konzernen Milliardengewinne in die Kassen spült, von denen nur ein Brosamen für die "ausgelagerten" Arbeiter übrig bleibt. Doch dieses Prinzip der Gewinnmaximierung schlug wiederum auf die Industrienationen zurück. Dort entdeckte und entfachte die Industrie, wie bereits oben geschildert, mit provokanten Sprüchen die Gier der Kunden nach billigen Produkten: "Ich bin doch nicht blöd!" und "Geiz ist geil!" Welcher Trottel lässt sich gerne als blöd hinstellen? Die Jagd nach dem billigsten Schnäppchen begann. Die Konsequenz war schnell auf dem gesamten Markt zu spüren. Es setzte ein großflächiger Preiskampf ein, der zu ungeheuerem Kostendruck und damit zu Preis- und Lohndumping und schließlich zu Entlassungswellen führte, die Tausende auf die Suche nach neuer Arbeit schickten. Der Film "Der Wert des Menschen" (Originaltitel La loi du marché) des Regisseurs Stéphane Brizé nimmt sich dieses Problems an und zeigt, welch teilweise aberwitzige Abenteuer und Erniedrigungen ein einmal arbeitsloser Mensch durchlaufen muss, um wieder in Lohn und Brot zu gelangen. Arbeitgeber und Politik führten ein neues Monopoly mit neuen Spielfiguren ein: die Billiglohn-, Wander-, Zeit- und Leiharbeiter, deren Uhr unaufhaltsam auf ein Ablaufdatum hin tickte. Wer sich diesem System verweigerte, fiel durch das Raster, das sehr weitmaschig geknüpft war. Die anderen, die übrig blieben, durften dafür bei gleichem oder sogar geringerem Lohn mehr und unter höherem Druck arbeiten. Die Industrielle Revolution des 19. Jahrhunderts findet ihre Fortsetzung in der Industrie 4.0 des 21. Jahrhunderts! Dabei hatte schon der sumerische König Hammurabi vor über 3000 Jahren eine Art Mindestlohn für verschiedene Arbeiten wie zum Bespiel Lohnarbeiter, festgeschrieben: *"Gesetzt, ein Mann hat einen Lohnarbeiter gemietet, so wird er vom Anfang des Jahres bis zum fünften Monat sechs SE Silber pro Tag geben, vom sechsten Monat bis zum Ende des Jahres wird er fünf SE Silber pro Tag geben."*[197] Damit war dem betroffenen Menschen ein Auskommen gesichert. Diese soziale Denkweise scheint in unseren Zeiten verlorengegangen zu sein, denn wir streichen dieses unterschwellige "moderne" Sklavenwesen allzu gerne aus unserem Gedächtnis und Gewissen. Der Mensch nämlich ist schon längst unter die Rentabilitätsgrenze gefallen. Profit ist in unserem Gesellschafts- und Wirtschaftsleben wichtiger geworden als jede Menschenwürde. So wie einst Horaz schrieb: *"Ich hasse das niedrige Volk und halte es von mir fern"*[198], so verachtend blickt die neoliberale Marktwirtschaft auf den allgemeinen Bürger. Doch im Gegensatz zu Horaz, der nur das einfache Leben auf seinem Landgut genießen und sich nicht von der Betriebsamkeit der hastenden Menge in Rom durchs Leben jagen lassen wollte und dessen Verachtung seinen Mitbürgern nicht schaden konnte, fallen die Manager von Banken, Konzernen und Märkten skrupellos wie Sklavenhändler über die Menschen her, gleichgültig ob sie Kreditnehmer, Arbeitnehmer oder Konsumenten sind und saugen sie nach allen Regeln der Trickserei und der Rücksichtslosigkeit bis zu ihrer Minimalexistenz aus. Kants Maxime ist dabei schon längst wieder in Vergessenheit geraten: *"Handle so, dass du die Menschheit, sowohl in deiner Person, als in der Person eines jeden andern, jederzeit zugleich als Zweck, niemals bloß als Mittel brauchest."*[199] Das heißt, unser Handeln muss immer auch zum Wohle unserer Mitbürger geschehen und nicht zu ihrer Ausbeutung. Doch gibt es dafür eine Garantie? Selbst der Schutz durch die Gesetze der "Volksvertreter" vor menschenverachtender Ausbeutung ist nicht mehr gewährleistet, da nicht wenige Parlamentarier längst sich selbst in den meisten Fällen wichtiger Entscheidungen nur noch zu Marionetten der Lobbyisten einer Maximierungswirtschaft haben degradieren lassen, in der Erwartung einer postparlamentarischen Spitzenposition in einem der Großkonzerne, auch wenn sie diesen Vorwurf lautstark zurückweisen.

Dass das auf Dauer nicht gut gehen kann und konnte, hätte bei gründlicherer Überlegung jedem vernünftigen Politiker, der die gesetzesmäßigen Grundvoraussetzungen für ein solches System schuf, klar sein müssen. Repräsentative Demokratie bedeutet manchmal eben doch nicht eine Regierung *für* das Volk. Die Folge ließ auch nicht lange auf sich warten. Bei vielen Menschen entwickelte sich eine (Über)lebensangst zum Stressfaktor. Wir sind zu sehr Getriebene, getrieben vom Beruf, der Hektik des Alltags und permanenten Erwartungen. Das schafft Unzufriedenheit und damit Aggressionspotential. Die Erwartungen, beruflich, medial und privat auf ständigem Abruf zu sein, etwas auf irgend eine Weise beitragen zu müssen, zwingen uns zu einem überaus hohen Aktionsniveau. Nicht die Kooperation beherrscht unser Leben, sondern der Wettbewerb und damit das Verlangen, besser zu sein, mehr zu haben, mächtiger zu sein als der andere, weil das quantitative Mehr ein scheinbar qualitatives Mehr mit sich bringt. Bei dem wachsenden Stressfaktor von Mehrarbeit und Jobunsicherheit wurde das Burnout-Syndrom zu einem auffälligen Symptom dieses Produktions- und Gesellschaftssystems. Die zunehmenden psychischen Erkrankungen dürften vorrangig auf den übermäßigen Erwartungsdruck in Beruf und Familie, aber auch auf die überorganisierte Freizeit zurückzuführen sein. Zahlreiche Studien legen diese Entwicklung nahe. Der Wert des Produkts wird immer rücksichtsloser über den Wert des Menschen gestellt. Kein Wunder also, dass sich bei vielen Bürgern ein berufliches und gesellschaftliches Minderwertigkeitsgefühl einstellt, das sie weiter in den Verlierersumpf sinken lässt, aus dem es nur schwer ein Entrinnen gibt. Die "Corporate Identity", die inzwischen von vielen Konzernen nahezu zwanghaft von ihren Angestellten eingefordert wird, weil eine natürliche Bindung verlorengegangen ist, ist schon längst auf der Strecke geblieben. Untersuchungen zeigen, dass sich kaum die Hälfte der Arbeitnehmer mit ihrer Arbeit, mit ihrem Chef oder mit der Firma identifizieren, weil sie das Gefühl haben, dass das Interesse der Vorgesetzten an ihnen als Untergebenen selbst, an ihrem persönlichen Wohlergehen und ihren Familien nahezu auf Null gesunken ist, während die Produkte, die Gewinnmaximierung und der Shareholder (Aktionär) über alles gestellt werden.

Dadurch, dass wir unsere Welt und uns selbst in Zahlen und Daten zerlegen, nehmen wir uns selbst und die Welt nicht mehr als zusammengehörige lebende Organismen und Individuen, sondern nur noch als entfremdete Objekte wahr, die anderen zur Manipulation dienen. Die Jagd nach Daten und Metadaten von Privatpersonen und Kunden nimmt in unserem Digitalzeitalter rasant zu. Der Mensch wird in diesen Fällen als reine manipulierbare Größe in einem Wirtschaftssystem gesehen. Die Gesellschaft als ein zusammenhängender Organismus von lebenden Individuen spielt dabei keine Rolle mehr. Der innere Bezug zu den "Artgenossen" ist verloren gegangen, und damit haben wir auch einen Großteil unserer Menschlichkeit und Verantwortung verloren.

Eine ähnliche Rolle spielt die Zeit. Ihre Unterteilung in Stunden, Minuten und Sekunden seziert das Leben der Menschen in mechanische sequenzielle Abschnitte. Der Bezug zum kontinuierlichen Lebensprozess wird dadurch zerstört, weil die Eigendynamik des Lebens von einem mechanischen Uhrwerk unterdrückt und manipuliert wird. Es ist nicht aus der Welt gegriffen, dass manche Wissenschaftler die Uhr als das eigentliche Charakteristikum der Industriellen Revolution sehen. Denn bis in unsere Zeit sind wir Menschen diesem Messzwang unterworfen. Viele alte Völker kannten und kennen nur das natürliche Maß von Sonne, Sternen, Mond und Jahreszeiten. Ein Diktat durch die Zeit, so wie wir es erleben, kennen sie nicht, weil sie durch die längeren Zeitläufe einen größeren Spielraum haben, der ihnen den "Luxus" von mehr Gelassenheit bietet. Da der Spielraum des "modernen" Menschen so eng getaktet ist, ist dieser logischerweise einem viel höheren Stress ausgesetzt als es die Menschen früher waren. Dies muss einerseits notwendigerweise wiederum zu einem höheren Aggressionspotential führen, weil der Mensch ständig gegen diesen Druck anzukämpfen hat, aber andererseits auch zu einer größeren Anfälligkeit für Krankheiten. Denn kein Organismus kann auf Dauer einem permanenten Druck widerstehen, ohne an Kraft zu verlieren. Im Extremfall wird irgend wann sein ganzes System kollabieren. Der landläufige Spruch "Zeit ist Geld" bringt unser Leben, das vom Kapitalmarkt und künstlich erzeugten materiellen Bedürfnissen bestimmt wird, auf den Punkt. Die

Zeit an sich kann hilfreich sein in unserer durchstrukturierten Welt, aber bedauerlicherweise missbrauchen wir die Zeit zur Versklavung der Menschen. Die Zeit ist der größte Diktator unserer Welt. Aber wir dürfen nicht vergessen, dass wir selbst ihn groß gemacht haben. Und wer davon profitiert, wird diesen Diktator auch lange am Leben erhalten wollen, ohne zu begreifen, dass auch er selbst jetzt diesem Diktator unterworfen ist, der ihn für sich vereinnahmt, der ihm ein erhebliches Maß an Freiheit, an Freizeit nimmt. Wer mit Hilfe dieses Diktators Reichtum anhäufen kann, dem wird der Blick auf die eigene Welt und die Welt der anderen durch die unstillbare Gier nach Mehr verstellt. Man vergleiche hier die horrenden Gehälter von Managern in der Industrie und Finanzwelt, die in keinem Verhältnis zur eigenen Entlohnung einerseits und zur Abspeisung der geleisteten Arbeit der Arbeitnehmer andererseits stehen. Diese Personen haben das natürliche Verhältnis zu sich selbst und ihren Mitmenschen verloren.

Unser eigener Organismus sollte uns in seiner kooperierenden Komplexität die Augen dafür öffnen, dass das gesamte Leben auf unserem Planeten in engen Verbindungen miteinander verknüpf ist. Wir müssen begreifen, dass wir Menschen zu diesem Gesamtorganismus ebenso dazugehören wie die Tiere, die Pflanzen, die klimatischen Bedingungen und eben auch alle anorganische Materie. Daher müssen wir gerade auch in Bezug auf die Welt, aus der wir uns gern als eigenständiger Machtfaktor ausklammern wollen, zu Recht von einem Organismus sprechen, weil in ihr viele Einzelfaktoren zu einer Biodiversität führen, in der alle Elemente, also auch der Mensch, kooperieren, um den gesamten Organismus am Leben zu erhalten. Wenn ein Teil davon die Zusammenarbeit verweigert, droht das ganze System zusammenzubrechen.

Der alte Römer Menenius Agrippa hatte diesen Umstand schon vor über zweitausend Jahren mit seiner Fabel von den Glieder und dem Magen zu verdeutlichen versucht. Der Staat beziehungsweise die Gesellschaft, so Agrippa, ist vergleichbar dem menschlichen Organismus, in dem die einzelnen Teile zusammenarbeiten müssen, um das Überleben des Ganzen zu sichern. So müssen Glieder wie die Hände dem Körper Nahrung zuführen, um sein Wachstum und seine Stärke zu fördern. Das Zentralorgan des Magens liegt dabei nicht als Nutznießer faul im Zentrum, sondern sorgt für die notwendige Verteilung der jeweiligen Stoffe, die wiederum der Funktionstüchtigkeit der Glieder zugute kommen. Stellt nun ein Teil seine Arbeit ein, weil er dem anderen schaden, gegen ihn protestieren oder ihn ausnutzen will, so wird die unabwendbare Folge die Zerstörung des ganzen Organismus sein. Es tritt also auch ein selbstzerstörerischer Effekt ein.

Da eine intakte Natur von sich aus gar nicht daran denkt, die Zusammenarbeit in irgend einem Bereich einzustellen, weil sie in Millionen von Entwicklungsjahren die Vorteile dieser Gemeinsamkeit intuitiv erfasst und akzeptiert hat, wird es also an uns liegen, uns bescheiden in dieses System einzufügen und unseren Pflichtanteil zu leisten. Wir werden uns auch nicht schuldlos dieser Pflicht entziehen können, denn die Wissenschaft hat uns schon lange unter Zugzwang gesetzt, indem sie uns genau diese Zusammenhänge ausführlichst in das Bewusstsein gebracht hat, nur haben wir uns bisher hartnäckig dagegen gesträubt, uns mit diesen Aussagen zu beschäftigen, sie zu verarbeiten und konsequent danach zu handeln. Solche "Literatur" ist zu anstrengend. Sie kann nicht mithalten mit sich stupide wiederholenden schlichtgestrickten Liebes-, Erotik-, Fantasie- und Kriminalromanen und Fernseh- und Filmserien, die massenhaft verschlungen werden und uns scheinbar immer wieder von Neuem einen unerklärlichen Kick verschaffen. Sie kann ebenso wenig mithalten mit seichten und teilweise dümmlichen Unterhaltungsprogrammen jeden Genres, mit denen wir unser Leben ausfüllen. Sie kann auch nicht mithalten mit den als Reportagen getarnten sinnfreien und voyeuristischen Berichten von Boulevarmagazinen über das banale und doch aufgeilende Leben von A-, B- und C-Sternchen, in deren fahlem Licht wir uns mitsonnen wollen, und letztlich auch nicht mit dem belanglosen Geschwätz in sozialen Medien, in denen jeder seinen geistigen Müll abladen kann! Der Autor möchte hier nur an Neil Postmans Buch "Wir amüsieren uns zu Tode" erinnern, das in vielen Teilen nichts von seiner Aussagekraft verloren hat: *"Wenn sich ein Volk von Trivialitäten ablenken lässt, wenn das kulturelle Leben neu bestimmt wird als eine endlose Reihe von Unterhaltungsveranstaltungen, als gigantischer Amüsierbetrieb, wenn der öffentliche Diskurs zum unterschiedslosen Geplapper wird, kurz, wenn aus Bürgern Zuschauer werden und ihre öffentlichen Angelegenheiten zur Varieté-Nummer herunterkommen, dann ist die Nation in Gefahr - das Absterben der Kultur wird zur realen Bedrohung."*[200]

Warum werden Schriften, die sich mit unserer unsicheren Existenz, mit unseren Problemen, mit der Gestaltung unserer Zukunft auseinandersetzen, nicht zu permanenten weltweiten Bestsellern? Warum vor allen Dingen werden die Kritik und die Anregungen, die darin ausgesprochen werden, nicht von intelligenten "Machern" auf breiter Basis für eine praktische Umsetzung aufgegriffen? Sind wir geistig nicht in der Lage, das existenziell Wesentliche zu erfassen und dafür eine breite Mehrheit zu gewinnen? War René Descartes' (1596-1650) leuchtende Erkenntnis "Cogito, ergo sum" (Ich denke, also existiere ich) das Produkt eines versprengten Geistesmenschen, der im Meer der Dummheit wie eine Vulkaninsel herausragte und uns klar zu machen versuchte, dass wir erst durch den Gebrauch unseres Verstandes als "Menschen" existieren und wir uns mit dessen Hilfe von der "Wahrheit" der Welt selbst überzeugen müssen? Ist dieses innere Feuer längst wieder erloschen und erkaltet? Konnten wir, die angeblichen Nachfahren dieser leuchtenden Geisteslinie, uns an diesem Feuer nicht mehr entzünden? Wir dürfen uns nicht als in die Welt geworfene geist-, seelen- und empathielose Subjekte erweisen, die einem selbstiniziierten mechanischen Ablauf namens "Entwicklung" und "Fortschritt" kritiklos folgen. Wir müssen den Funken des Geistes wieder zum Leuchten bringen und uns zusammen mit unserer (Um)Welt, in die wir eingebettet sind, neu definieren und gestalten. Nur: Homo sapiens, wo bist du?

In diesem Zusammenhang muss die Frage gestellt werden, welchen Wert allgemeine Bildung - nicht Ausbildung - noch in unserer Gesellschaft hat, da gerade die Leute in höheren verantwortlichen Positionen, die häufig zu Gier, Macht, Ausbeutung oder Ausnutzung neigen, in vielen Fällen eine höhere Schul- und Universitätsausbildung vorweisen können. Welchen Wert hat also Bildung in einer Gesellschaft, in der der gesteuerte mechanische Ablauf von Prozessen zur Gewinnmaximierung ohne die Komponente Mensch Vorrang hat vor einer menschenbezogenen und damit menschenwürdigen Behandlung? Es ist auffällig, dass in unserer gegenwärtigen Zeit kaum philosophische und gesellschaftspolitische Visionen in der Öffentlichkeit diskutiert werden. Es scheint kein Bedarf in der besten aller Welten vorzuliegen, eine umfassende Inventur des status quo vorzunehmen. Sind wir so auf das Materielle fixiert, dass der reflektierende Geist keinen Platz mehr in dieser Welt hat? Wie sehr manche Länder von dieser Gewinnmaximierung bedroht zu sein scheinen, zeigt sich offenkundig auch im Verhalten und der Zielsetzung der Tourismusbranche. Die Zahl der noch einigermaßen "intakten" alten Kultur- und Naturgebiete wird immer kleiner. Denn wir treiben den Raubbau in alle Richtungen voran, nur um wieder mehr von und mit etwas produzieren zu können. Es ist interessant, oder eher erschreckend, zu sehen, wie wir als Touristen heiß gemacht werden auf Gebiete, die sich noch eine gewisse Ursprünglichkeit bewahrt haben. Und das Paradoxe daran ist, dass darunter häufig Länder sind, deren Ursprünglichkeit von diktatorischen Regimen "erhalten" wurde, weil sie weder an einer Entwicklung des Volkes noch an der Fortführung der Kultur noch an der Natur, sondern in erster Linie an ihrer eigenen Machterhaltung interessiert waren. Ich möchte als Beispiele nur einige touristisch angepriesene Länder anführen: Kambodscha, Vietnam, China, Myanmar und jüngst Kuba. Und jetzt, nach dem Sturz der Regime oder der Öffnung des Landes, folgt der Höhepunkt der Absurdität, nämlich die Begründung für eine Reise dorthin: Wir sollen als Touristen diesen Ländern möglichst bald einen Besuch abstatten, um noch das jeweilige Land in seiner "Ursprünglichkeit" zu erleben, bevor dessen Umwelt und Kultur von der industriellen und technologischen Entwicklung und ökonomischen und fremdkulturellen Einflussnahme unserer sogenannten zivilisierten Welt zerstört wird! Welch einer Abgestumpftheit muss ein Lebewesen unterliegen, um hier nicht seine eigene Schizophrenie zu erkennen?

Wir müssen uns generell fragen, ob wir nicht auch überleben könnten, wenn wir weniger erfinden, produzieren und verkonsumieren würden, aber dafür mehr Zeit zum Leben hätten. Leben im Sinne einer intensiveren zwischenmenschlichen Beziehung, Leben im Sinne einer bewussteren Wahrnehmung unseres Umfeldes, unserer Umwelt, ja des gesamten Erdballs. Kann oder soll unser Leben wirklich nur darin bestehen, einem endlosen Fortschritt nachzujagen wie ein Hund, dem man eine Wurst vor dem Maul baumeln und ihn der Meinung sein lässt, er werde diese Wurst schon erreichen, er müsse nur schneller laufen? Haben wir wirklich noch nicht begriffen, dass die unreflektierte Jagd nach einem imaginären Fortschritt uns im wahrsten Sinne des Wortes die "Besinnung" raubt? Sehen wir nicht, dass wir damit auf einen Erschöpfungstod zusteuern, der unsere ganzen Fortschritte am Ende ad absurdum führt? Welche Re-volution kann diesen Prozess in neue Bahnen lenken? Sind wir überhaupt bereit dazu, uns durch einen Umdenkungsprozess zu retten, oder sind wir schon gar nicht mehr dazu fähig? Gibt es noch diese visionären weisen Führungskräfte und werden sie die Macht haben, uns auf diesen neuen Weg mitzunehmen? Es wird in erster Linie an uns allen liegen, ob es gelingt, eine globale zwischenmenschliche Beziehung aufzubauen, in der wir wieder Zeit für uns und die anderen haben, auch wenn der Fortschritt eine Pause einlegt, aber damit der Welt eine Ruhe- und Besinnungszeit gönnt. Wie sagte doch ein Weiser aus einem "Entwicklungsland" so treffend: *"Ihr habt die Uhr, wir haben die Zeit."*

Ist der "Homo Ludens", wie ihn der Niederländer Johan Huizinga in seinem gleichnamigen Buch 1938/39 bezeichnete, also der spielende Mensch, ein Verschwender oder ein Planer? Spielt er aus reiner Freude oder ist sein Spiel einem Plan unterworfen, damit für sein Leben etwas zu lernen? Welche Rolle nimmt das Spielerische in unserer heutigen Gesellschaft ein? Können wir uns den Luxus des reinen Spiels überhaupt leisten oder haben wir das Spielerische in unserem Leben so in ein planvolles Lernen kanalisiert, um unser Umfeld noch subtiler zu kontrollieren, zu dirigieren und zu beherrschen? Die freie Kunst des früheren Affenmenschen, die noch den Geist eines individuellen und gesellschaftlichen Bewusstseins atmete, scheint sich heute weitgehend im Kommerzstreben zu verlieren, da sie als Spiegelobjekt nicht mehr der Identifikation dieses Bewusstseins dient, sondern mehr als exhibitionistische Äußerlichkeit bewundert wird. Wir betrachten sie gerne in geschlossenen Gebäudekomplexen, aber ihre Bilder dringen nicht mehr zu uns durch, weil wir wie in Käfigen wandeln, die die Verbindungen nach draußen nicht mehr gewährleisten. Die einst neue Errungenschaft eines kreativen Geistes ist heute nicht mehr integrierter Bestandteil des täglichen Lebens. Die Jagd nach immer neuen Produktentwicklungen und Absatzmärkten hat sie als entbehrlich von der Gesellschaft isoliert und sie selbst zum reinen Spekulationsobjekt werden lassen. Die Kunst in den Tresoren und vielleicht auch in den Museen scheint ihren einstigen gesellschaftlichen Bezug und Wert eingebüßt zu haben. Eine ehemals dynamische Kultur ist zu einem statischen ökonomischen Wert erstarrt. Ein eklatanter Verlust für den Geist einer Gesellschaft. Denn diese Kunst kann nichts mehr vermitteln und keinen dynamischen Prozess auslösen, der unserem Bewusstsein eine Alternative aufzeigen könnte, dass das Leben eben mehr ist als nur Produktionsprozess und Konsum. Ist allein die Ausweitung von Kontrolle und Macht auf welchem Gebiet auch immer der Gradmesser für Fortschritt? Wenn wir uns Zeit für uns oder für eine Besinnung nehmen, endet dieses Wagnis zwangsläufig in Stagnation, ja bedeutet es sogar einen Rückschritt? Wie könnten wir eine solche Stagnation, einen solchen Rückschritt verkraften? Würden wir unsere Existenzberechtigung verlieren, wenn wir nicht unablässig im Hamsterrad die Abläufe in unserer Welt vorwärts trieben? Müssen wir dieser unserer Welt die letzten "Wahrheiten" entreißen, müssen wir alles unablässig in Zahlen, in Gesetze, in eng begrenzte Zeitabschnitte fassen, oder können wir uns aus dem selbstgezimmerten Käfig befreien und die Welt mit einem offenen Blick betrachten, der nicht durch das ständige Vorüberziehen der Gitterstäbe getrübt ist und uns nicht die vor unseren Augen liegende wahre Welt verstellt? Rilkes "Panther" sollte uns unwillkürlich anspringen:

> *"Sein Blick ist vom Vorübergehn der Stäbe*
> *so müd geworden, daß er nichts mehr hält.*
> *Ihm ist, als ob es tausend Stäbe gäbe*
> *und hinter tausend Stäben keine Welt."*[201]

Müssen wir diese Welt mit immer mehr Produkten ersticken, obwohl ein nicht geringer Teil davon auf wachsenden Müllhalden landet, müssen wir künstlich neue Nahrungsmittel kreieren, die zwar mit Hilfe von Ersatzstoffen und chemischen Zusätzen nach Natur riechen und schmecken, in denen jedoch kein spezifisches natürliches Element mehr enthalten ist, oder können wir mit weniger Produkten Platz schaffen für eine gezieltere und sinnvollere Nutzung der vorhandenen?

In einer Studie mit der Überschrift „*Ein gutes Leben für alle innerhalb der naturgegebenen Grenzen unseres Planeten*" hat ein Forscherteam um Daniel O'Neil von der University of Leeds, England, eine interessante Beobachtung über Nachhaltigkeit bei einer wachsenden Weltbevölkerung vorgestellt. Unter Berücksichtigung bestimmter Indikatoren der physischen, d. h. der ressourcemäßigen, und der sozialen, d. h. der lebensstilmäßigen, Bedürfnisse der Menschen kommen die Forscher hinsichtlich unserer Zukunft zu einem beunruhigenden Ergebnis: „*Die Menschheit steht vor der Herausforderung, eine hohe Lebensqualität für mehr als sieben Milliarden Menschen zu gewährleisten, ohne wesentliche globale Prozesse zu destabilisieren. Unter Verwendung von Indikatoren, die dazu geeignet sind, einen 'sicheren und gerechten' Entwicklungsraum zu messen, bestimmen wir den Verbrauch von Ressourcen verbunden mit der Befriedigung von Grundbedürfnissen und vergleichen dies mit den jeweiligen natürlichen Beschränkungen von über 150 Ländern. Wir sind der Auffassung, dass kein Land die Grundbedürfnisse seiner Bürger auf einem global nachhaltigen Level des Verbrauchs von Ressourcen befriedigt...[denn] das allgemeine Streben nach qualitativ höheren Zielen (zum Beispiel die Sicherung eines hohen Lebensstandards) würde, gemessen an den gegenwärtigen Verhältnissen, ein zwei bis sechs Mal höheres Maß an Ressourcenverbrauch benötigen, als dies bei einer nachhaltigen Zielsetzung der Fall wäre."*[202] Dieses drohende Missverhältnis könnte aber nach Meinung des Teams bei einem vernünftigen Verhalten von uns vermieden werden: *„Die physischen Erfordernisse wie Ernährung, Gesundheitswesen, Zugang zu Elektrizität und die Beseitigung extremer Armut könnten wahrscheinlich für alle Menschen befriedigt werden, ohne die naturgegebenen Grenzen zu überschreiten, ... [denn] Strategien, die physischen und sozialen Versorgungssysteme zu verbessern, bieten die Möglichkeit, Länder zu [mehr] Nachhaltigkeit zu bewegen, wenn man den Fokus auf ausreichende Grundversorgung und gerechte Verteilung legt. Aber diese Herausforderung ist gewaltig."*[203]

Wir müssten uns also nur zu einer gewissen Bescheidenheit in Produktion und Konsum und zu einer gerechten Verteilung der Chancen bereit erklären, um ein nachhaltiges und trotzdem befriedigendes Überleben für alle zu gewährleisten.

Der Natur wird es gleichgültig sein, denn sie kann, wie wir bereits festgestellt haben, nicht agieren, sondern nur reagieren. Sollten aber uns, die wir als vernunftbegabte Wesen bewusst agieren können, die Vorkommnisse in unserer Welt egal sein? Glauben wir wirklich, die Kraft zu besitzen, über die Natur hinaus, das heißt autark mit uns selbst, überleben zu können? Werden wir uns bei solchen Fragen nicht unseres eigenen Größenwahns bewusst? Spätestens an diesem Punkt sollte uns klar werden, dass im Laufe unserer Geschichte etwas schiefgelaufen ist, wenn wir dem Intellekt, den wir als vernunftbegabte Wesen ja so gerne für uns selbst in Anspruch nehmen, gerecht werden wollen. Denn wenn wir zu einem fortgeschrittenen Zeitpunkt diese unsere Macht, mit der wir alles zu kontrollieren suchen, verlieren sollten, werden uns alle errungenen Fortschritte um die Ohren fliegen, weil sich die Natur aus dem Druckkessel, in den wir sie hineingezwängt haben, explosionsartig befreien wird. Beispiele aus der Geschichte der Menschheit haben wiederholt gezeigt, wie die Natur mit ihrem unaufhaltsamen Lauf reagiert, wenn der Mensch die Kontrolle über seine Macht der Unterwerfung verloren hat. Es sei hier an die Osterinseln oder wüstenähnliche Gebiete erinnert, die nach der Vergewaltigung

192

der Natur durch Menschen nahezu unbewohnbar geworden sind, weil es keine Lebensgrundlage mehr gab. Oder die riesigen Tempelkomplexe von Ankor Wat in Kambodscha oder diejenigen in Mittel- und Südamerika, die sich die Natur wie viele andere "Zivilisationsbauten" nach deren Aufgabe durch die Menschen wieder zurückerobert hat. Dies lief in einem langandauernden Prozess relativ gemütlich ab, weil die Natur noch Zeit genug hatte, sich gegen die eher bescheidenen Eingriffe zu wehren. Anders als bei dem Aralsee, der nach dem Eingriff des Menschen als Nahrungsquelle in kürzester Zeit verlorengegangen ist, da eine Regeneration nicht möglich war. Und weiter: Die Vernichtung der Regenwälder auf der ganzen Welt schreitet trotz lautstarker Proteste rasant fort. Sie ist die große Unbekannte in unserem zukünftigen Leben, denn wir kennen nicht die langfristige Bedeutung ihrer Existenz für die Grundbedingungen unseres Lebens auf diesem Planeten. Noch gibt es keine direkten Anzeichen für irgend welche Konsequenzen, sondern nur Vermutungen, weshalb wir weiterhin ungeniert und gedankenlos unsere Macht ausspielen, unsere scheinbar grenzenlose Macht, alles unter unsere Kontrolle bringen zu können. Was scheren uns die verheerenden Katastrophen der implodierenden Atomkraftwerke von Tschernobyl in Russland (1986) und Fukushima in Japan (2011) und andere offenkundige und verschwiegene Nuklearunfälle? Ironie der Geschichte: Wir bauen alle möglichen Sensoren in unsere modernsten technologischen Apparate zur Sicherheitskontrolle ein, um einen GAU zu verhindern, in uns selbst aber schalten wir alle vorhandenen emotionalen und intellektuellen Sensoren stumm. Ist die Geschichte vom homo sapiens fake news?
Wenn wir den homo sapiens nicht in das postfaktische Zeitalter verbannen wollen, täte uns ein neues selbstkritisches Bewusstsein gut, um uns den wirklichen Existenzfragen einer zivilisierten globalisierten Welt zu stellen. Dabei ist unter Globalisierung nicht nur die weltweite politische und ökonomische Ausbreitung von Systemen und Produkten zu verstehen, sondern es ist eben auch ein neues Verständnis unserer Umwelt gegenüber nötig. Diese Sorge um die Natur finden wir bereits bei

Platon (4. Jht. v. Chr.) in seinem Dialog "Kritias", in dem er schon die damalige Umweltproblematik ausführlich darlegt.: *"Das Ganze, so wie es vom übrigen Festlande ab sich langhin in das Meer erstreckt, liegt da wie ein Vorgebirge; denn das Meeresbecken, welches es umgibt, ist hart an seinen Gestaden überall von großer Tiefe; und da nun viele bedeutende Überschwemmungen während der neuntausend Jahre stattgefunden haben – denn so viele sind ja deren seit jener Zeit bis auf die gegenwärtige verstrichen –, so hat die Erde, welche während dieser Zeit und unter diesen Einwirkungen von den Höhen herabgeflossen ist, nicht, wie in anderen Gegenden, einen Damm, welcher der Rede wert wäre, aufgeworfen, sondern ist jedesmal im Kreise herumgeflossen und so in der Tiefe verschwunden. So sind denn, wie es auch bei kleinen Inseln zu geschehen pflegt, im Vergleich zu dem damaligen Lande in dem gegenwärtigen gleichsam wie von einem durch Krankheit dahingeschwundenen Körper nur noch die Knochen übriggeblieben, indem die Erde, soweit sie fett und weich war, ringsherum abgeflossen und nur das magere Gerippe des Landes zurückgelassen ist.*

Damals aber, als es noch unversehrt war, waren seine Berge hoch und mit Erde bedeckt, und ebenso waren seine Ebenen, welche jetzt als Steinboden bezeichnet werden, voll fetter Erde; auch trug es vieles Gehölz auf den Bergen, von welchem es auch jetzt noch deutliche Spuren gibt. Denn von den Bergen bieten zwar einige jetzt nur noch den Bienen Nahrung dar; es ist aber noch nicht gar lange Zeit her, als noch Dächer, welche aus den Bäumen verfertigt waren, die man dort als Sparrenholz für die größten Gebäude fällte, unversehrt dastanden. Es gab aber auch noch viele andere hohe Bäume, und zwar Fruchtbäume, und für die Herden brachte das Land unglaublich reiche Weide hervor. Ferner genoß es eine jährliche Bewässerung von Zeus und verlor diese auch nicht wieder, wie jetzt, wo sie von dem dünnen Fruchtboden ins Meer abfließt; sondern wie es diesen damals reichlich besaß, so sog es auch den Regen in ihn ein und bewahrte ihn in einer Umschließung von Tonerde auf, indem es das eingesogene Wasser von den Höhen in die Tiefen hinabfließen ließ, und bereitete so an allen Orten reichhaltige Quellen und Flüsse, von denen auch noch jetzt da, wo einst ihre Ursprünge waren, heilige Merkzeichen für die Wahrheit meiner gegenwärtigen Erzählung über unser Land geblieben sind."[204]
Schon in antiken Zeiten also litt die Natur unter den gewaltigen Eingriffen des Menschen, der allgemein auf die Endlichkeit der

Ressourcen und die Nachhaltigkeit seines Verhaltens keinerlei Gedanken verschwendete. Die Natur bot ja immer noch reichliche Lebensgrundlagen.

Gerade Wasser war, wie wir oben gesehen haben, früh als lebenssicherndes Element angesehen und daher allen zur Bewässerung ihrer Felder gerecht zugeteilt worden. Wenn einmal die Quellen versiegen werden, wie es Platon befürchtete, dann werden auch wir unserer lebensnotwendigen Grundlage beraubt sein. Die sich heute bereits in manchen Gebieten andeutende Wasserknappheit, die sich in Zukunft verstärken und ausbreiten wird, wird aufgrund einer zunehmend schwierigen Erreichbarkeit und eines immer höheren Preises zu einer ungerechten Verteilung führen, die durch eine eventuelle Privatisierung, die von einigen Profithaien schon gierig angedacht wurde, das gesellschaftliche Gleichgewicht ins Wanken bringen kann. Kriege um Wasser gelten heute bei manchen Experten bereits als Schreckensszenarien der Zukunft. Doch wer möchte sich mit solchen Unannehmlichkeiten beschäftigen, so lange er noch am Tropf der gegenwärtig funktionierenden Wasserversorgung hängt? Wie war das noch mit dem vornübergeneigten Tier?

Die ersten Ansätze, die bedenkliche Situation unserer heutigen Welt zu beschreiben, wie z. B. die Studie des Club of Rome "Die Grenzen des Wachstums" (1972), wurden in ähnlicher Weise wie zu Platons Zeiten nach anfänglichem Interesse bald als Übertreibung abgetan, vor allem als sich die Welt in wunderbarer Weise weiter ökonomisch entwickelte und die großen negativen Umweltszenarien ausblieben. Die gewaltigen Veränderungen von Bevölkerungswachstum, Industrialisierung, rücksichtslosem Abbau von Rohstoffen, von zunehmender Unterernährung und Zerstörung der Umwelt wurden heruntergespielt oder gar nicht zur Kenntnis genommen. Die Mahnungen der Umweltaktivisten und -organisationen wie Greenpeace und andere, die in offenem Kampf für die Erhaltung der Natur eintraten, wurden als Kassandrarufe diffamiert, obwohl man insgeheim deren Richtigkeit erkannt hatte. Voller Ironie hat Charles Eisenstein eine derartig sorglose Haltung fiktiv auf ein

Gespräch über den Kollisionskurs der Titanic (1912) übertragen: *"'He Jungs, wir sind ziemlich weit nördlich. Meint ihr nicht, wir sollten langsamer fahren? He Jungs, ist das da vorn nicht ein Eisberg?' - 'Entspann dich, Charles! Nimm einen Drink. Komm, hör dir die Band an. Alles ist in Ordnung - siehst du? Niemand sonst macht sich Sorgen."*[205] Doch könnte ein Unglück gleich welcher Art unsere Lage verändern? Wir müssen diese Frage mit großer Skepsis stellen. Denn „*... solange nicht die Anerkennung dessen, was getan und was verhindert wird, das Bewußtsein und Verhalten des Menschen umwälzt, wird nicht einmal eine Katastrophe die Änderung herbeiführen.*", wie schon Herbert Marcuse kritisch anmerkte.[206]

Die natürliche Schwarmintelligenz, die wir noch bei Tieren und Pflanzen finden und die sich in einer Kooperation zum Wohle der Beteiligten manifestiert, haben wir nach unserem Abstieg von den Bäumen kontinuierlich verloren. Unsere Gesellschaft scheint nicht mehr aus dem Pluralismus diverser integrierter, also miteinander verbundener Gruppen zu bestehen, sondern die Gruppen haben sich durch eine gewisse Eigendynamik verselbstständigt und isoliert, so dass unsere Gesellschaft an dieser Disintegration zu zerbrechen droht. Statt Integration herrscht vielerorts Ablehnung und Animosität, weil man das Verständnis für die jeweils anderen Gruppen verloren hat. Der Verlust von Allgemeinbildung im Sinne von gruppenübergreifender Bildung wird hier offensichtlich. Jede Gruppe hat sich eine hervorragende „Kompetenz" in ihrem Bereich erworben, aber sie weiß nichts mehr oder nur wenig über die anderen Gruppen der Gesellschaft. Das macht Kommunikation und Verständnis für alle schwierig bis unmöglich. Ein Großteil der Jugend geht in ihrer digitalen und virtuellen Welt mit einer spezifizierten Kommunikation über Internet und Spiele, über facebook, whatsapp, instagram u. Ä. auf, von der andere, die den Zugang dazu verloren haben, ausgeschlossen werden. Die Alten tun sich schwer, mit der rasanten technischen Entwicklung von Produkten und Sprache mitzuhalten. Gleiches trifft auf die unterschiedlichen Positionen in Politik, Beruf und Gesellschaft zu. Die Barrieren sind größer geworden. Finanzwelt und Wirtschaft lassen den Verdacht aufkommen, dass sie den Kunden nur als Bezahlobjekt für Ihre jeweiligen Produkte betrachten, für das sie keinerlei Verantwortung übernehmen brauchen. Verlust- und Existenzängste scheinen immer stärker in unseren Alltag vorzudringen. Die Gegensätze sind oft krass: Hartz-IV Empfänger und Boni-Empfänger, Singles und Familien, Arm und Reich, Migranten und Einheimische erscheinen zwar als Pixel auf unserem Gesellschaftsschirm, sie ergeben aber kein einheitliches Bild mehr, aus dem wir die Zusammenhänge erkennen können. Der Grundsatz der amerikanischen Demokratie: „E pluribus unum" (eine Einheit aus Vielen) scheint nicht mehr zu existieren - wenn er überhaupt jemals Gültigkeit in unseren Gesellschaften gehabt hat.

Statt dessen haben wir eine neue, aggressive Schwarmintelligenz, eine ökonomische Schwarmintelligenz von Raubtieren und Heuschrecken entwickelt, die sich in ihrer Fressgier den Bauch und die Taschen vollschlagen mit dem Ziel, den eigenen Profit bis zum Exzess zu steigern und die Konkurrenz zu vernichten, während auf der anderen Seite Mangel, Armut und Unterernährung herrschen. Da wir die Welt mit all unseren Mitteln einseitig zu kontrollieren scheinen, glauben wir, dass wir von nichts abhängig sind, dass wir wie Despoten unser Reich beherrschen können. Wir wähnen uns an einem sicheren Ankerplatz außerhalb dieser Welt und verfallen dabei dem aberwitzigen Gedanken, dass wir sie nach unseren Vorstellungen aus den Angeln heben, sie uns gefügig machen und uns in ihr an einem wonnigen Plätzchen einrichten könnten. Das wäre aber, wie wenn der Schwanz, der sich am Ende des Körpers schon als unabhängiger Teil sieht, mit dem Hund wedeln wollte und dabei gar nicht merkt, dass er sein Handeln nur einer untrennbaren Verbindung verdankt. Diese Verbindung mag für uns heute wie ein unsichtbares Seil wirken, und genau diese Unsichtbarkeit gilt es endlich erneut sichtbar zu machen, indem wir ihr mittels unseres Verstandes wieder eine Kontur geben. Unsere fortschrittlichen Erfindungen vom Rad bis zur modernsten Technologie, von Landwirtschaft und Bergbau bis zur ausgefeiltesten Medizin haben uns zu dem Irrglauben verleitet, dass wir abgehoben in einer eigenen autonomen Welt leben, die es uns erlaubt, uns des Restes der Welt, ja des gesamten Weltalls nach Belieben zu bedienen. Wie leichtfertig verwenden wir Sätze wie "Geld macht nicht unbedingt glücklich, aber es beruhigt, es schafft Unabhängigkeit von anderen"! Welch ein Irrtum! Wie gewinnen wir denn Geld? Wächst es etwa im heimischen Garten? Fliegt es uns zu? Nein! Wir holen es uns von anderen Quellen. Von der Arbeit oder dem Konsum der anderen. Und: Können wir uns von Geld an sich ernähren? Wie wahr ist der alte Slogan von Umweltaktivisten: *"Erst wenn der letzte Baum gerodet, der letzte Fluss vergiftet, der letzte Fisch gefangen ist, werdet Ihr merken, dass man Geld nicht essen kann."* Wer also sichert unser Überleben, beschert uns ein Dach über dem Kopf? Es ist unsere gute alte Erde. Wie wahr und einsichtig sind doch oft die banalsten Feststellungen! Aber wir haben keinen Sinn mehr für "Banalitäten", sie sind zu schlicht, zu einfach gestrickt und daher unterhalb unserer Wahrnehmungsschwelle. Wir bewegen uns nur noch im hoch-komplizierten Bereich, unsere Köpfe schweben über den Wolken, in einem Wolkenkuckucksheim, das keinen Blick mehr zulässt auf das, was sich zu unseren Füßen tummelt.

Denn der ökonomische Profit, der in nahezu allen Industrieländern verfochten wird, wird über die Umweltzerstörung und alle anderen Probleme gestellt. Doch dadurch sind diese nicht geringer geworden. Die Zerstörung der Umwelt nimmt in dramatischer Form zu, die Entsorgung von Problemabfällen wird in hohem Maße auf bestimmte lokalferne Brennpunkte wie gewisse Länder in Asien und Afrika konzentriert, weniger dorthin, wo sie anfallen. Besonders Ghana ist von Elektronikschrott-Müllhalden betroffen, die bevorzugt aus Europa und den USA containerweise beliefert werden und ganze Landstriche zerstören, so dass die Lebensgrundlage der dortigen Bevölkerung erheblich eingeschränkt wird, weil Flüsse und Böden kontaminiert werden. Die auch daraus resultierenden Migrationsbewegungen stoßen in den Verursacherländern auf Unverständnis, weil wir die Zusammenhänge schlichtweg leugnen und wir uns nicht von unserem Wohlstandsgefüge trennen wollen. Die Globalisierung, das ist unbestreitbar, ist nicht mehr aufzuhalten, wir müssen sie nur als gemeinsame Aufgabe aller verstehen. Wir müssen sie neben dem Gebot der Vernunft auch als einen christlichen, muslimischen, buddhistischen, hinduistischen Auftrag verstehen, an dem alle jetzt noch widerstreitenden Kräfte gemeinsam zum Wohle aller arbeiten.

Man ist gerne der Meinung, dass das Wesen einer Gesellschaft nur von der jeweiligen Gegenwart oder der jüngsten Geschichte heraus interpretiert werden kann. Das ist so gesehen unzureichend. Man muss ebenso auf die Anfänge eines Individuums, einer Nation zurückgehen, um die verdeckten Charakteristika einer Gesellschaft aufzuspüren, die in den Menschen tief verwurzelt blieben. Zum Beispiel in Japan der chinesische Bezug in Schrift und konfuzianischer Philosophie, in China der indisch-buddhistische Bezug trotz eigenständiger Gesellschafts- und Staatsformen, in Indien der arabische und europäische Bezug durch Handel und Kolonialisierung, in Amerika der Bruch mit der Indianerkultur und der europäische Bezug und die treibende Kraft des Pioniergeistes; in Australien der Bruch mit den Aborigines, in Neuseeland noch oder wieder die Verbindung zu den Maoris, in Mittel- und Südamerika der Bruch mit den Mayas und Inkas und der europäische Bezug, in Europa und Afrika ein trennendes Element aufgrund der staatlichen Diversität oder vielmehr Zersplitterung der Volksgruppen und Einzelstaaten mit doch jeweils gemeinsamen kulturellen Verbindungen. Aufgrund solcher Bezüge sollten wir erkennen, dass wir alle auf irgend eine Weise als Kulturmenschen zusammenhängen, und sollten uns an dieses Band wieder erinnern, um zu begreifen, dass gerade in der heutigen Zeit und einer global verbundenen Welt ein verantwortungsvolles Gemeinschaftsgefühl entwickelt werden muss, das uns zu dem macht, wozu wir vielleicht eigentlich bestimmt sind: zu einem vernunftbegabten menschlichen Wesen, das sich eben doch von den Tieren unterscheidet und uns souverän eine für alle vorteilhafte Symbiose eingehen lässt, getragen von einem Kulturband der (Mit)Menschlichkeit. Diesen Optimismus für eine bessere Welt teilt auch der amerikanische Philosoph und Mathematiker Charles Eisenstein, wenn er schreibt: *"Eine andere Form des Seins ist möglich, und das direkt vor unseren Augen...Wir schreiben es [zwar noch] einer ungewissen Zukunft zu und nennen es Utopia...Wir trennen es [noch] ab von dieser Welt und diesem Leben. Dadurch streiten wir im Hier und Jetzt ab, dass es praktikabel und realisierbar ist. Doch das Wissen, dass das Leben mehr ist als 'nur das', kann nicht unterdrückt werden, jedenfalls nicht für immer."*[207] Daher ist es umso erschreckender, dass es uns als Menschen im Laufe unserer langen Geschichte immer noch nicht gelungen ist, unsere Welt besser, das heißt vor allem auch humaner zu machen, obwohl es Tausende von Denkern und Tausende von vernünftigen Ratschlägen gab und gibt. Auch Herbert Marcuse griff die Problematik des Gedankens einer visionären Vernunftgesellschaft schon 1964 in seinem Buch „The One-Dimensional Man" auf: *„Freilich ist es ein paradoxer und Anstoß erregender Gedanke, einer ganzen Gesellschaft Vernunft auferlegen zu wollen ..."* Aber er merkt gleichzeitig auch kritisch an: *„... obgleich sich die Rechtschaffenheit einer Gesellschaft bestreiten ließe, die diesen Gedanken lächerlich macht..."*[208]

Wir steigen in die höchsten Höhen des Weltall hinauf, wir dringen in die tiefsten Tiefen unserer Erde vor, wir tauchen in die Geheimnisse der Teleskop- und Nanotechnologie ein mit dem Ziel, alles, das Größte und das Kleinste, zu entdecken, zu erobern, zu beherrschen und neu zu gestalten. In dem Bestreben, stets mehr oder etwas Neues zu produzieren, brechen wir uns durch alle Widerstände eine Bahn nach vorn und merken dabei nicht, welche Zerstörung, welches Chaos wir hinter uns lassen, weil wir keine Zeit zum Innehalten und schon gar nicht zum Zurückschauen haben. Wir haben das gesamte Universum zu unserem Objekt gemacht. Aber warum haben wir nie in gleichem Maße und mit der gleichen Intensität die Geheimnisse der Existenz und Entwicklung von uns Menschen erforscht? Warum haben wir nie in gleichem Maße nach unserer charakteristischen Einzigartigkeit und unseren tiefgründigen Zielen gefragt? Warum haben wir uns nie ernsthaft aufgemacht, uns Menschen in unserer herausragenden Art so zu gestalten, dass wir auf dieser Welt als vernunftbegabte Wesen auch eine ver-

nünftige Rolle spielen? An der Kraft und an den technischen Möglichkeiten kann es nicht gelegen haben, denn wir haben bewiesen, dass wir auch das scheinbar Unmögliche bewältigen können. Es kann also nur an dem fehlenden Willen und Bewusstsein des vernunftbegabten Wesens liegen. Denn trotz aller technischen Entwicklungen und Verbesserungen im täglichen Leben, trotz aller schöngeistigen Literatur und Kunst scheint der Mensch kaum eine flächendeckende *charakterliche* und *geistige* Entwicklung zur allgemeinen Verbesserung seiner selbst, der Welt und zu einem harmonischen und friedlichen Zusammenleben durchlaufen zu haben. Auch die Weltreligionen wie Judentum, Christentum, Islam, Buddhismus und Hinduismus konnten bisher nicht dazu beitragen, dass die Menschen sich ein dauerhaft friedliches und humanes Lebensumfeld schufen. Hatte Marx doch Recht, wenn er die Religion als Opium für das Volk brandmarkte? Werden die Menschen mit ihr nicht in eine Scheinwelt hineingezogen, die sie ängstlich, blind, abhängig und geistig unselbstständig macht, weit entfernt von dem *sapere aude* des aufklärerischen Geistes Kants? Eine weltweite effektive positive Einwirkung auf die Praxis des täglichen Lebens findet jedenfalls nicht statt. Wenn wir Menschen nicht bereit sein wollen, unser Leben mit Kultur in einer humanen Zivilisation fortzuführen, was wird uns dann noch übrig bleiben als uns gezwungenermaßen an die Stadien der Evolution zu erinnern und uns wieder auf unsere Vorderpfoten zurückfallen zu lassen, um wenigstens weiter als Tier zu überleben. Denn "Evolution" erscheint eher als die naturgemäße Anpassung an die Natur und bedeutet in diesem Sinne *auch* Fortschritt. Sie bedeutet nicht zwingend die rücksichtslose Unterwerfung der Natur durch Kulturlandschaft und Technologie. Bis zu welchem Grad hier ein Fortschritt erzielt wird, müsste allerdings stets kritisch hinterfragt werden.
Deshalb mag auch die Genmanipulation nur ein verzweifelter Versuch sein, die Natur zu übertrumpfen und neue Arten von Lebewesen jeglicher Art zu produzieren, um zu überleben, statt sich den Gegebenheiten der Natur anzupassen und so einen sicheren Fortbestand zwar nicht zu garantieren, aber zu ermög-

lichen. Jedoch was nützt uns ein technologisch-medizinisch hochgezüchteter Übermensch, wenn er sich eine Umwelt geschaffen hat, in der er selbst gar nicht mehr zu überleben vermag? Das Fatale an dieser Situation ist, dass es noch eine Zeit lang dauern kann, bis wir vor der letzten Existenzfrage stehen, weil wir das Denken immer weiter hinausschieben. Wir lärmen lieber auch heute noch in allen möglichen Formen lautstark auf unserem Planeten herum wie die Menschen zur Zeit des Atrahasis. Und unser Getöse schreit zum Himmel, in dem sich ein möglicher Gott bereits mit Grausen abwendet von seinen missratenen Geschöpfen, weil er wohl schon die Kontrolle über sein eigenes Produkt verloren hat, so wie wir vielleicht in Zukunft auch Gefahr laufen, die Kontrolle über unsere Cyborgs und Roboter zu verlieren, die wir doch zu nützlichen Gutmenschen programmieren wollen. Erst wenn wir die letzten Ressourcen verbraucht haben, wenn die vergrabenen Atommüllfässer zu lecken beginnen, wenn die Erde zu trocken oder salzig ist, um ausreichend Nahrung anzubauen, wenn die Erosion unseren noch verbliebenen fruchtbaren Ackerboden hinweggefegt oder -geschwemmt hat, wenn wir die letzten Waldregionen in Wüsten verwandelt, die Meere zugemüllt und vergiftet und alles Leben darin erstickt haben, weil wir uns nicht dazu bekennen, Teil der gesamten Welt zu sein, wenn wir also schließlich auf einer leeren Konservendose sitzen, dann werden wir die letzten noch nicht ausgerotteten Tiere verwundert fragen, wie all dies kommen konnte.

Die Revision von Fehlern wäre erfolgversprechender als sein Heil in einem blinden Fortschrittsglauben zu suchen. Denn was verstehen wir unter Fortschritt? Mit dem Ackerbau, so sah es auch Charles Eisenstein[209], begann die intensive Unterwerfung der Natur und damit die unaufhaltsame Entwicklung eines Fortschritts. Wir müssen uns heute in unserer hoch-technologisierten Welt allerdings fragen, welchen Sinn zum Überleben dieser "Fortschritt" beinhaltet, wenn er sich von der Natur, also unserer Basis, losgelöst hat und wir diesen Fortschritt im Sinne eines l'art pour l'art betreiben, wir ihn wie eine grandiose Errungenschaft feiern und dabei vergessen, dass wir uns von unserem "Nährboden" immer weiter entfernen. Sind "Fortschritt" nur die technischen Errungenschaften, die Weiterentwicklung von Nahrung und Produktangeboten, oder müssen wir Fortschritt vor allem als eine ethisch-moralische Entwicklung verstehen, die im Dienste der gesamten Menschheit steht? Was nützt Fortschritt, wenn wir die materiellen Entwicklungen dafür nutzen, um unser Leben zwar bequemer zu gestalten, uns aber den anderen gegenüber nur Vorteile zu verschaffen suchen und wir damit Ungleichheit säen, die irgend wann notwendigerweise zu Auseinandersetzungen und Kriegen führt. Die entwickelte, sogenannte zivilisierte Welt darf sich nicht in Anbetracht ihrer "fortschrittlichen" Errungenschaften vorgaukeln, dass sie eine *Zivilisation* im Sinne einer bürgerfreundlichen (civilis!) Welt erschaffen habe. Denn bei genauerer kritischer Betrachtung entpuppt sich diese als eine rücksichtslose, teils grausame, korrupte und ausbeutende Welt, die sich ihren finanziellen und materiellen Reichtum in vielen Fällen mit Hilfe unterstützter korrupter Despoten oder selbstsüchtiger Regierungen auf Kosten der Ressourcen von anderen Ländern, von disproportional bezahlten Arbeitnehmern und den ungebildeten und machtlosen Armen der Welt erwarben. Wollen wir also als Tiere darauf warten, bis uns ein Instinkt zu einem besseren Handeln nötigt? Das wird schwierig, da wir nahezu alle Instinkte, die den Tieren noch eine Richtschnur geben, im Laufe unseres Daseins verloren haben. Entsagen wir auch jetzt noch der Vernunft? Können wir deswegen schon nicht mehr beurteilen, was für uns Menschen zu einem harmonischen und gerechten Leben notwendig ist? Wenn wir unsere vorhandene Vernunft nicht nutzen wollen und uns lieber in Fantasiewelten wie Star Wars, Herr der Ringe, Game of Thrones, Hunger Games und gar in einer erdfernen Sehnsucht auf ferne Planeten flüchten und dabei gar nicht bemerken, wie uns der Boden unserer realen Erde unter den Füßen weggleitet, müssen wir uns dann wundern, dass wir in unserem "Höhenflug" plötzlich im freien Fall landen? Oder sind wir vielleicht doch zu viele, so dass wir den Überblick über ein vernünftig zu gestaltendes Leben verloren haben? Oder sind wir gar fehl am Platz, und erst die zukünftige ausweglose Situation wird uns eine klare Anweisung und zugleich eine Lösung an die Hand geben, wie sie uns ein sarkastischer Weiser aus Kalifornien einst auf einem Autoaufkleber nachdrücklich ans Herz legte: *"Save the Planet! Kill Yourself!"* (Rette den Planeten! Bring Dich um!)? Das Schlimme daran wäre: Dann können wir nicht einmal mehr von einem Neuanfang träumen!

Damit scheint sich der Kreis zu schließen, und wir werden es wieder einmal wagen müssen, von unserem sicheren Ast zu springen in die Welt eines neuen Abenteuers, in der wir diese mit anderen Augen sehen und uns den Boden unter unseren Füßen wieder neu erschließen müssen. Wenn wir klug sind und den Stimmen der Vernunft, deren mahnende Appelle wir im Laufe der Geschichte der Menschheit all zu oft missachtet haben, größeres Gehör schenken, können wir aus den Fehlern der Abenteuer des ersten Menschen lernen und einen Neuanfang zu einer besseren, friedlicheren und gerechteren Welt wagen. Noch wären wir in der Lage, eine reale Welt 2.0 zu kreieren, die unserem gemeinsamen Leben eine zweite Chance offerieren könnte.

Wir können aber auch so weitermachen wie bisher, indem wir wie die Tiere nach vorne gebeugt nur den beschränkten Horizont vor unseren Füßen betrachten und den kurzzeitigen vermeintlichen Fortschritt als einen grandiosen Erfolg feiern auf dem Weg in eine Zukunft, in der wir den Sturz über die Klippe erst dann wahrnehmen werden, wenn wir uns bereits im freien Fall befinden. Wenn die für uns heute wichtigen Ressourcen wie Öl, Wasser, Pflanzen, Kohle, Erze, seltene Erden, der fruchtbare Erdboden u. Ä. endgültig versiegt und die Umwelt und Meere verseucht sind, was haben wir uns dann selbst noch zum Leben übrig gelassen außer Wüste, nacktem Stein und nutzlosen Ozeanen? Sind wir auf eine solche "Steinzeit" mit trotzigem Stolz vorbereitet? Werden wir dann noch im Untergang die Siegesfaust emporrecken, wenn die gleißende Sonne unsere Wasserkörper zu Schrumpfköpfen verhutzeln lässt? Oder werden wir in ein erbärmliches Jammern nach einem rettenden Gott verfallen, wenn uns aufgrund unseres "selbstver-antworteten" Handelns sintflutartige Regenfälle mit all dem unbrauchbaren Geröll hinwegschwemmen, wenn uns Riesen-zyklone wie entwurzelte Grasballen über den Globus fegen werden? Unsere "Zivilisation" wird nicht durch Krieg oder Krankheit, nicht durch eine ökonomische Krise oder eine Energiekrise beendet, weil wir all diese Katastrophen in zwar dezimierter Anzahl, aber gewiss irgendwie überleben werden. Nein, unsere Zivilisation wird ausgelöscht durch den erzwun-genen Streik der Natur, die es satt hat, immer nur geben und bis zur Erstickung einstecken zu müssen. So wie wir Menschen uns zu einem Streik entschließen, wenn wir Ausbeutung und unmenschliche Zustände nicht mehr länger hinnehmen wollen. Zarathustras Weisheit hat noch nichts von ihrer Gültigkeit ver-loren, nämlich dass der Mensch im Kampf zwischen Gut und Böse die Wahl hätte, sich kraft seiner Vernunft für den "richti-gen" Weg zu entscheiden.

XIV. Die Entscheidung – Was nun?

Es hat also, wie wir gesehen haben, schon sehr früh Hinweise auf eine mögliche friedliche und harmonische Zusammenarbeit im Einklang mit unseren Mitmenschen und der Natur gegeben, wobei die Weisen stets auf die Kraft der Vernunft verwiesen. Was uns erschrecken muss, ist die Tatsache, wie zahlreich die Darstellungen, Aufforderungen und Ermahnungen zu einem solchen Leben im Laufe der Jahrtausende der Menschheitsgeschichte auftraten und wir Menschen sie dennoch in einer solch hartnäckigen Weise ignorierten, dass wir letztendlich in dem bedauernswerten Zustand gelandet sind, den wir heute vorfinden: in einer Zivilisationslosigkeit. Wir glaubten immer und glauben es anscheinend heute noch, dass das Böse oder Unangenehme durch irgend eine geheimnisvolle Kraft von außen in unsere Gesellschaft hineingetragen würde, gegen die nur die Anrufung irgend eines Gottes helfen könne. Dabei sind wir Menschen es selbst, die durch ihr Verhalten diesen oft vernichtenden und unerträglichen Zustand herbeiführen. Die Hölle, das sei hier noch einmal betont, das sind nicht die anderen, wie es der französische Philosoph Jean Paul Sartre formulierte, sondern die Hölle, das sind wir selbst, wie es der englische Schriftsteller T. S. Eliot in seinem Theaterstück "Die Cocktailparty" (1949) erkannte. Der Theaterschriftsteller Shimon Wincelberg beschreibt in seinem erstmals 1959 aufgeführten Theaterstück "Kataki", wie zwei zufällig auf der gleichen Insel gestrandete Feinde des Zweiten Weltkrieges, ein Japaner und ein Amerikaner, sich zunächst als Gegner bekämpften, dann aber zu einem notwendigen, weil lebenserhaltenden Miteinander zusammenfinden müssten. Diese letzte Konsequenz ließ er jedoch offen. Es ist für unsere ganze historische Situation bezeichnend, dass weder das Theaterstück noch der darauf basierende Film "Die Hölle sind wir" (Originaltitel "Hell in the Pacific") von Regisseur John Boorman einen nachhaltigen Erfolg geschweige denn eine nachhaltige gesellschaftliche Wirkung erzielen konnten. Wollen wir uns wirklich als die Hohlköpfe erweisen, als die uns T. S. Eliot in seinem Gedicht "The

Hollow Men" darstellt?:

Doch sicherlich nicht! Noch haben wir die Hoffnung auf eine Zivilisation, die diesen Namen verdient, also auf einen Lebensentwurf, der das Wohl aller Weltbürger in den Vordergrund stellt, nicht aufgegeben. Aber nur wir selbst können als vernunftbegabte Wesen diesen gegenwärtigen erbärmlichen Zustand eines inhumanen Zusammenlebens in einen besseren, humaneren verwandeln und damit ein zukunftsfähiges Leben für uns alle garantieren. Es wird immer Zweifler und Kritiker geben, die solche optimistischen Gedanken in das Reich der Utopie verweisen. Aber wenn wir den Versuch erst gar nicht wagen, werden wir nie erfahren, zu welchen großen Taten wir Menschen als vernunftbegabte Wesen wirklich fähig sind. Und wir sollten gewiss nicht darauf warten, bis durch chemische Umweltverseuchung eine rückläufige Evolution unseres Gehirns einsetzt und uns dessen beraubt, wofür die Natur vielleicht Jahrmillionen benötigt hat, um sie zu entwickeln: unseren Intellekt, unseren Verstand und unsere Vernunft. Denn Wissenschaftler in Europa und Amerika haben in Langzeitstudien festgestellt, dass chemische Substanzen wie zum Beispiel polychlorierte Biphenyle (PCB), die wir in einer Reihe von Produkten wie Pestiziden und Flammschutzmitteln verwenden und die in die Umwelt ausstrahlen, über die Beeinflussung der Schilddrüse eine hemmende Wirkung auf das Wachstum des Gehirns von Ungeborenen und Kleinkindern ausüben. Weitere Untersuchungen in diesem Zusammenhang haben auch in Tests bestätigt, dass der IQ Faktor bei Vorschulkindern und Schulkindern unter diesen Einflüssen eine sinkende Tendenz aufweist. Wenn wir nicht rechtzeitig gegensteuern, laufen wir also Gefahr, unseren hoch entwickelten Verstand zu verlieren, bevor wir ihn überhaupt erschöpfend einsetzen konnten. Das könnte bedeuten, dass wir ein Ende erleben, wie es T. S. Eliot im gleichen Gedicht am Ende für uns vorhersieht:

"So wird die Welt enden:
nicht mit einem großen Knall, sondern mit einem Wimmern."[211]

Diesem Schicksal könnten wir uns entgegenstemmen, wenn wir bereit sind, uns unseres kritischen Verstandes zu bedienen, um unser jetziges Verhalten zu ändern und um der Welt ein menschliches Gesicht zu geben, das wir mit Stolz „Zivilisation" und „Fortschritt" nennen können.

XV. Anmerkungen und Quellenangaben

[1] Ibn Khaldun - Buch der Beispiele - Reclam-Bibliothek Band 1440 - 1. Auflage, 1992 - Aus dem Arabischen Übersetzung, Auswahl, Vorbemerkungen und Anmerkungen von Mathias Pätzold - S.45

[2] Goethe, Johann Wolfgang von, Faust II,2

[3] While civilization has been improving our houses, it has not equally improved the men who are to inhabit them. It has created palaces, but it was not so easy to create noblemen and kings. - Henry David Thoreau, Walden and Civil Disobedience, Norton & Company, New York, 1966, S.22f

[4] in "Kulturgeschichte der Welt - Asien, Afrika, Amerika", hrsg. von Hermann Boekhoff und Fritz Winzer, Georg Westermann Verlag, Braunschweig, 1966, S.141

[5] aus:Sartoscht: Die Gathas des Sartoscht, aus dem Persischen übersetzt und hrsg. v. Reza Madjderey, Nordhausen 2009, bei Hamid Reza Yousefi.

[6] Aristoteles: Politik. 1254a- https://jobo72.wordpress.com/2011/12/09/3000-jahre-fremdenhass-eine-ganz-kurze-geschichte-der-barbarei-1/

[7] vgl."Der Staat", Buch 7

[8] Res gestae divi Augusti (22) - eigene Übersetzung

[9] Chip.de-12.11.2017 - http://www.chip.de/

[10] Zeitung „Der neue Tag" – 18./19. 11.2017, S.59, Weiden i. d. Opf.

[11] Besprechung im NDR - https://www.ndr.de/kultur/film/Horror-Komoedie-Happy-Deathday,happydeathday102.html

[12] Eisenstein, Charles, Die Renaissance der Menschheit, Scorpio Verlag, 2012 - S.246

[13] Maul, Stefan M.: *Ringen um göttliches und menschliches Mass. Die Sintflut und ihre Bedeutung im Alten Orient*, S.176 (Atramchasis-Epos, Tafel I, 352-360) und S.178f (Gilgamesch-Epos, Tafel XI, 109-127) - (Originalveröffentlichung in: E. Hornung, A. Schweizer (Hg.), Schönheit und Mass. Beiträge der Eranos Tagungen 2005 und 2006, Basel, 2007, S. 161-183 - http://archiv.ub.uni-heidelberg.de/propylaeumdok/1037/1/Maul_Ringen_2007.pdf.pdf

[14] 1 Mose 6,5-7 - nach Die Bibel - Schlachter Übersetzung - Version 2000 - Taschenausgabe - Genf - 1. Auflage 2002 - http://bitflow.dyndns.org/german/Schlachter2000AlteRechtschreibung/Schlachter2000.pdf

[15] 1 Mose 7,19-23 - nach Die Bibel - Schlachter Übersetzung - Version 2000 - Taschenausgabe - Genf - 1. Auflage 2002 - http://bitflow.dyndns.org/german/Schlachter2000AlteRechtschreibung/Schlachter2000.pdf

[16] Si res publica corruptior est quam <ut> adiuvari possit, si occupata est malis, non nitetur sapiens in supervacuum nec se nihil profuturus inpendet; *Seneca*, De otio III,3 - eigene Übersetzung.

[17] Mark Aurel VIII, 52; zitiert nach van Ackeren 2011, Bd. 2, S. 442 - https://de.wikipedia.org/wiki/Selbstbetrachtungen#cite_note-26

[18] Mark Aurel IV, 24; zitiert nach der Übertragung von Albert Wittstock: Marc Aurel: Selbstbetrachtungen. Reclam, Stuttgart 1949; Nachdruck 1995, S. 49. - https://de.wikipedia.org/wiki/Selbstbetrachtungen#cite_note-26

[19] Nach Capelle, Wilhelm, Marc Aurel, Selbstbetrachtungen, Buch VII,55, Kröner Verlag, Stuttgart 1967, S.96

[20] Ackeren, Marcel van: Die Philosophie Marc Aurels. 2 Bände, de Gruyter, Berlin/New York 2011 - Mark Aurel VI, 4; zitiert nach van Ackeren 2011, Bd. 2, S. 505 f. - https://de.wikipedia.org/wiki/Selbstbetrachtungen#cite_note-26

[21] Nach Capelle, Wilhelm, Marc Aurel, Selbstbetrachtungen, Buch VIII,59, Kröner Verlag, Stuttgart 1967, S.120

[22] Nach Capelle, Wilhelm, Marc Aurel, Selbstbetrachtungen, Buch VII,5, Kröner Verlag, Stuttgart 1967, S.85

[23] Mark Aurel VI, 48; zitiert nach van Ackeren 2011, Bd. 1, S. 53 - https://de.wikipedia.org/wiki/Selbstbetrachtungen#cite_note-26

[24] Mark Aurel IV, 33; zitiert nach der Übertragung von Albert Wittstock: Marc Aurel: Selbstbetrachtungen. Reclam, Stuttgart 1949; Nachdruck 1995, S. 52 - https://de.wikipedia.org/wiki/Selbstbetrachtungen#cite_note-26

[25] Mark Aurel VI, 42; zitiert nach van Ackeren 2011, Bd. 2, S. 527 - https://de.wikipedia.org/wiki/Selbstbetrachtungen#cite_note-26

[26] Mark Aurel IV, 40; zitiert nach der Übertragung von Albert Wittstock: Marc Aurel: Selbstbetrachtungen. Reclam, Stuttgart 1949; Nachdruck 1995, S. 54 - https://de.wikipedia.org/wiki/Selbstbetrachtungen#cite_note-26

[27] Mark Aurel XI, 8; zitiert nach van Ackeren 2011, Bd. 2, S. 525 - https://de.wikipedia.org/wiki/Selbstbetrachtungen#cite_note-26

[28] Mark Aurel IX, 29 - https://de.wikipedia.org/wiki/Mark_Aurel#cite_note-21

[29] Der Autor entscheidet sich bei der Schreibweise für die deutsche Version Muqaddima statt der arabischen Muqaddimah, da jene auch in den Zitaten verwendet wird

[30] Ibn Khaldun - BUCH DER BEISPIELE - Reclam-Bibliothek Band 1440 - 1. Auflage, 1992 - Aus dem Arabischen - Übersetzung, Auswahl, Vorbemerkungen und Anmerkungen von Mathias Pätzold - S.39/40

[31] Koran, Sure 96, 1-6

[32] Matthäus, 26,52 - nach Die Bibel - Schlachter Übersetzung - Version 2000 - Taschenausgabe - Genf - 1. Auflage 2002 - http://bitflow.dyndns.org/german/Schlachter2000AlteRechtschreibung/Schlachter2000.pdf

[33] Sure 88/22-23

[34] Sure 72/24 - über die Aufgabe des Propheten und des Gläubigen.

[35] Mahmoud Amin El Alem, Berlin, Literaturhaus 8.12.2001 - http://www.ibn-rushd.org/Deutsch/Rede_Preistraeger-d-01.htm

[36] Mahmoud Amin El Alem, Berlin, Literaturhaus 8.12.2001 - http://www.ibn-rushd.org/Deutsch/Rede_Preistraeger-d-01.htm

[37] Weiss, Leonhard, G. W. F. Hegels Geschichtsphilosophie in ihrer Relevanz für ein Verständnis des modernen Europa, Wien, 2010, S.57

[38] Apostelgeschichte, 9,1ff.

[39] Kulke, Hermann; Rothermund, Dietmar: Geschichte Indiens. C. H. Beck, München 2006, S.86

[40] https://de.wikipedia.org/wiki/Edikte_des_Ashoka

[41] https://de.wikipedia.org/wiki/Edikte_des_Ashoka

[42] http://www.palikanon.com/diverses/asoka/asoka1.htm

[43] https://de.wikipedia.org/wiki/Edikte_des_Ashoka

[44] http://www.palikanon.com/diverses/asoka/asoka1.htm

[45] http://www.palikanon.com/diverses/asoka/asoka1.htm

[46] http://www.palikanon.com/diverses/asoka/asoka1.htm

[47] http://www.palikanon.com/diverses/asoka/asoka2.htm#DIE%20SIEBEN%20PF
EILER-EDIKTE

[48] http://www.palikanon.com/diverses/asoka/asoka2.htm#DIE%20SIEBEN%20PF
EILER-EDIKTE

[49] http://www.palikanon.com/diverses/asoka/asoka2.htm#DIE%20SIEBEN%20PF
EILER-EDIKTE

[50] Speech prepared by Dr. B. R. Ambedkar For The 1936 Annual Conference of
the Jat-Pat-Todak Mandal of Lahore - but not delivered -
http://www.ambedkar.org/ambcd/02.Annihilation%20of%20Caste.htm - eigene
Übersetzung

[51] vgl. Kulturgeschichte der Welt - Asien, Afrika, Amerika, herg. von Hermann
und Fritz Winzer, Georg Westermann Verlag, Braunschweig, 1966, S.262

[52] http://www.theguardian.com/world/2015/mar/04/east-india-company-original-
corporate-raiders - eigene Übersetzung

[53] http://www.theguardian.com/world/2015/mar/04/east-india-company-original-
corporate-raiders - eigene Übersetzung

[54] Alle Zitate aus dem Film stammen von:
http://www.daserste.de/information/wissen-kultur/ttt/videos/2017-11-
5_Machines-100.html und als eigene Übersetzung von
https://www.youtube.com/watch?v=Vm0gxjao36E

[55] Konfuzianische Schulgespräche, 10, 14 -
http://www.zeno.org/Philosophie/M/Kong+Fu+Zi+%28Konfuzius%29/Gia+Y
%C3%BC+-
+Schulgespr%C3%A4che/Konfuzianische+Schulgespr%C3%A4che/10.+Kapit
el%3A+Hau+Scheng+-
+Liebe+des+Lebens/14.+Die+Herrschaft+des+Geistes+und+die+Sinnlichkeit

[56] Konfuzius: Gespräche, XIV, 41 - Übers. v. Ralf Moritz, Reclam, Stuttgart
1998, S. 95 - https://de.wikipedia.org/wiki/Konfuzius#cite_ref-3

[57] Konfuzius: Gespräche, XV, 38 - Übers. v. Ralf Moritz, Reclam, Stuttgart 1998,
S. 105 - https://de.wikipedia.org/wiki/Konfuzius#cite_ref-3

[58] Konfuzius - Gespräche, XIII, 5, Aus dem Chinesischen von Richard Wilhelm,
Marixverlag, 2007

[59] Konfuzius - Gespräche, XIII, 9, Aus dem Chinesischen von Richard Wilhelm,
Marixverlag, 2007, S.194

[60] in "Kulturgeschichte der Welt - Asien, Afrika- Amerika", hrsg. von Hermann
Boekhoff und Fritz Winzer, Georg Westermann Verlag, Braunschweig, 1966,
S.368

[61] Konfuzius - Gespräche, XII, 17, Aus dem Chinesischen von Richard Wilhelm,
Marixverlag, 2007, S.183

[62] Konfuzius - Gespräche, VI, 20, Aus dem Chinesischen von Richard Wilhelm,
Marixverlag, 2007, S.112

[63] in "Kulturgeschichte der Welt - Asien, Afrika, Amerika", hrsg. von Hermann
Boekhoff und Fritz Winzer, Georg Westermann Verlag, Braunschweig, 1966,

S.371
[64] in "Kulturgeschichte der Welt - Asien, Afrika, Amerika", hrsg. von Hermann Boekhoff und Fritz Winzer, Georg Westermann Verlag, Braunschweig, 1966, S.371
[65] Nagy, Enikö, Sand in my Eyes - Sudanese Moments, 2014, S.332 – eigene Übersetzung
[66] in Arnold, Frank, "Der beste Rat, den ich je bekam", Carl Hanser Verlag, 2016, S.19
[67] https://de.wikipedia.org/wiki/17-Artikel-Verfassung
[68] https://de.wikipedia.org/wiki/17-Artikel-Verfassung
[69] Bartolomé de las Casas, "Kurzgefasster Bericht von der Verwüstung der Westindischen Länder", Insel-Verlag 2014, S.89-91
[70] ebenda S.22
[71] ebenda *S.36*
[72] http://www.survivalinternational.de/artikel/3210-Bartolome-de-las-Casas-Indianer
[73] Bartolomé de las Casas, "Kurzgefasster Bericht von der Verwüstung der Westindischen Länder", Insel-Verlag 2014, S.20
[74] Seneca, Epistulae Morales ad Lucilium, 47,9
[75] Bartolomé de las Casas, "Kurzgefasster Bericht von der Verwüstung der Westindischen Länder", Insel-Verlag 2014, S.56
[76] ebenda, S.117
[77] Buch Sirach 34 - https://www.uibk.ac.at/theol/leseraum/bibel/sir34.html
[78] Bartolomé de las Casas, "Kurzgefasster Bericht von der Verwüstung der Westindischen Länder", Insel-Verlag 2014, S.114
[79] Bartolomé de las Casas, "Kurzgefasster Bericht von der Verwüstung der Westindischen Länder", Insel-Verlag 2014, S.99
[80] ebenda S.19/20
[81] Toutes les Nations ont eu leurs brigands et leurs fanatiques, leurs temps de barbarie, leur accès de fureur. - (im Vorwort zu "Les Incas ou la destruction de l'empire du Pérou" - https://www.buecher.de/shop/fachbuecher/les-incas-ou-la-destruction-de-lempire-du-prou-ebook-epub/marmontel-m-/products_products/detail/prod_id/37853272/ - http://books.openedition.org/ifea/1986?lang=de) – eigene Übersetzung
[82] Sprüche, 20,8 (Bartolomé de las Casas, "Kurzgefasster Bericht von der Verwüstung der Westindischen Länder", Insel-Verlag 2014, S.11.
[83] Bartolomé de las Casas, "Kurzgefasster Bericht von der Verwüstung der Westindischen Länder", Insel-Verlag 2014, S.11
[84] Gebet aus der indianischen Pfeifenzeremonie - http://www.aphorismen.de/suche?f_autor=1882_Indianische+Weisheit&seite=5
[85] http://www.zitate-und-weisheiten.de/indianische-weisheiten/
[86] https://en.wikipedia.org/wiki/John_L._O'Sullivan - eigene Übersetzung
[87] http://www.presidency.ucsb.edu/ws/?pid=29472
[88] While civilization has been improving our houses, it has not equally improved the men who are to inhabit them. It has created palaces, but it was not so easy to create noblemen and kings. - Henry David Thoreau, Walden and Civil Dis-

obedience, Norton & Company, New York, 1966, S.22f

[89] http://www.bartleby.com/90/1103.html - eigene Übersetzung

[90] https://www.warrenhills.org/cms/lib/NJ01001092/Centricity/Domain/145/Chero kee%20Removal%20through%20Eyes%20of%20a%20Private%20Soldier.pd f - eigene Übersetzung

[91] https://en.wikipedia.org/wiki/Red_Cloud#cite_ref-5 - eigene Übersetzung

[92] http://www.indianerwww.de/indian/zitate.htm

[93] http://www.all-famous-quotes.com/more_quotes_native_american_indian_quotes3.html - eigene Übersetzung

[94] Der Autor möchte nicht auf die Diskussion über die hier angesprochene "wahre" Rede und die Pseudo-Rede von Ted Perry, die für ein Filmmanuskript geschrieben wurde, eingehen

[95] http://www.chiefseattle.com/history/chiefseattle/speech/speech.htm - eigene Übersetzung

[96] ebenda

[97] http://www.australia.gov.au/about-australia/our-country/our-people/apology-to-australias-indigenous-peoples - eigene Übersetzung

[98] http://unamsanctamcatholicam.blogspot.de/2011/02/dum-diversas-english-translation.html - eigene Übersetzung

[99] http://www.spiegel.de/spiegel/spiegelspecialgeschichte/d-51661367.html

[100] https://ia800202.us.archive.org/13/items/ost-english-con-rad_joseph_1857_1924_heart_of_darkness/conrad_joseph_1857_1924_heart_of_darkness.pdf - eigene Übersetzung

[101]

http://www.goethe.de/resources/files/pdf51/HannahArendt_Broschuere_dt1.pdf

[102] http://www.j.shuttle.de/j/sts/Projekte/Imperialismus_HTML/afrika_D.html

[103] http://www.spiegel.de/panorama/zeitgeschichte/afrikanische-kolonien-der-garten-eden-der-keiner-war-a-484798.html + http://www.nur-zitate.com/autor/Desmond_Mpilo__Tutu

[104] in Nagy, Enikö, "Sand in my Eyes - Sudanese Moments", 2014, S.108 – eigene Übersetzung

[105] Discorsi sopra la prima Deca di Tito Livio di Niccolò Machiavelli Edizione di riferimento: in Tutte le opere, a cura di Mario Martelli, Sansoni, Firenze 1971, S.154 - eigene Übersetzung

[106] Il Principe, by Niccolo Machiavelli, edited by L. Arthur Burd with an introduction by Lord Acton, - Oxford 1891, S. 305/6 - eigene Übersetzung

[107] Macchiavellis Buch vom Fürsten. Nach A. W. Rehbergs Übersetzung mit Einleitung und Erläuterung neu herausgegeben von Dr. Max Oberbreyer, S.115 – Leipzig Druck und Verlag von Philipp Reclam jun. – ohne Jahresangabe - Project Gutenberg - 2012

[108] Ebenda S.91

[109]

https://de.m.wikipedia.org/wiki/Discorsi_sopra_la_prima_deca_di_Tito_Livio

[110] [Matth., 7,17-18] Von der Freiheit eines Christenmenschen - Dreiundzwan-

zigstens.

[111] Von der Freiheit eines Christenmenschen - Sechsundzwanzigstens.

[112] Von der Freiheit eines Christenmenschen - Dreißigstens.

[113] "The only thing necessary for the triumph of evil is for good men to do nothing." - *Edmund Burke (in a letter addressed to Thomas Mercer)* - *http://www.openculture.com/2016/03/edmund-burkeon-in-action.html*

[114] Kant, Immanuel, Ausgabe der Preußischen Akademie der Wissenschaften, Berlin 1900ff, AA IV, 412 - https://korpora.zim.uni-duisburg-essen.de/Kant/aa04/412.html

[115] *Beantwortung der Frage: Was ist Aufklärung?*: Berlinische Monatsschrift, 1784,2, S. 481–494 - https://de.wikipedia.org/wiki/Immanuel_Kant#cite_ref-38

[116] Kant, Immanuel, Ausgabe der Preußischen Akademie der Wissenschaften, Berlin 1900ff, AA VIII, 42 / Weischedel 6, 61. - https://korpora.zim.uni-duisburg-essen.de/Kant/aa08/042.html

[117] Kant, Immanuel, Grundlegung zur Metaphysik der Sitten - Digitale Bibliothek, Band 2, S.75

[118] Sebstbetrachtungen - vgl. S.35 oben

[119] Bloch in: Hans Heinz Holz, Freiheit und Vernunft, 2015 - http://www.aisthesis.de/WebRoot/Store20/Shops/63645342/MediaGallery/les eproben/9783849811341.pdf

[120] in Die Geschichtsphilosophie von Kant zu Hegel als Entwicklung, von Mag. phil. Hemetsberger, Leo, S.81/23 - Quelle: http://83.64.124.74/medien/armis/Armis_et_Litteris_16_3.pdf

[121] in Die Geschichtsphilosophie von Kant zu Hegel als Entwicklung, von Mag. phil. Hemetsberger, Leo, S.82/24 - http://83.64.124.74/medien/armis/Armis_et_Litteris_16_3.pdf

[122] in Die Geschichtsphilosophie von Kant zu Hegel als Entwicklung, von Mag. phil. Hemetsberger, Leo, S.71/13 - http://83.64.124.74/medien/armis/Armis_et_Litteris_16_3.pdf

[123] Die Geschichtsphilosophie von Kant zu Hegel als Entwicklung, von Mag. phil. Hemetsberger, Leo, S.63/5 - http://83.64.124.74/medien/armis/Armis_et_Litteris_16_3.pdf

[124] Kant, Immanuel, Idee zu einer allgemeinen Geschichte in weltbürgerlicher Absicht, S. 42

[125] Kant, Immanuel, Idee zu einer allgemeinen Geschichte in Weltbürgerlicher Absicht, S.47, in Die Geschichtsphilosophie von Kant zu Hegel als Entwicklung, von Mag. phil. Hemetsberger, Leo, S.67/9 - http://83.64.124.74/medien/armis/Armis_et_Litteris_16_3.pdf

[126] Die Geschichtsphilosophie von Kant zu Hegel als Entwicklung, von Mag. phil. Hemetsberger, Leo, S.84/26 - http://83.64.124.74/medien/armis/Armis_et_Litteris_16_3.pdf

[127] Thesen über Feuerbach, 11 - Karl Marx u. Friedrich Engels, Werke, Bd.3, Berlin 1978, S.5-7

[128] Thesen über Feuerbach, 6

[129] Aristoteles-Politik, II,7, Übersetzt von J. H. v. Kirchmann. (Philosophische Bibliothek Band 7) Leipzig. Verlag der Dürr'schen Buchhandlung. 1880. S.29

[130] MEW Band 4, S. 462.-
https://de.wikipedia.org/wiki/Karl_Marx#.C3.9Cbergang_zum_Kommunism
us_.281843.E2.80.931849.29

[131] Zur Kritik der Politischen Ökonomie. Vorwort, 1859, MEW 13, S. 9

[132] http://www.deutschlandfunk.de/das-kongo-tribunal-von-milo-rau-meines-erachtens-ist-das.691.de.html?dram:article_id=320456

[133] Most of the luxuries, and many of the so-called comforts of life, are not only not indispensable, but positive hindrances to the elevation of mankind." (Thoreau, Henry David, Walden and Civil Disobedience, Norton & Company, New York, 1966, S.9 - eigene Übersetzung

[134] Ibn Khaldun - Buch der Beispiele - Reclam-Bibliothek Band 1440 - 1. Auflage, 1992 - Aus dem Arabischen Übersetzung, Auswahl, Vorbemerkungen und Anmerkungen von Mathias Pätzold - S.49

[135] Sallust in seiner Schrift "De Coniuratione Catilinae" (Proömium, 1 - eigene Übersetzung

[136] Der Autor entscheidet sich bei der Schreibweise für die deutsche Version Asabiya statt der arabischen Asabiyya, da jene auch in den Zitaten verwendet wird

[137] Ibn Khaldun, Al Muqaddima, *Kapitel II, 8.* - S.78

[138] Ibn Khaldun - BUCH DER BEISPIELE - Reclam-Bibliothek Band 1440 - 1. Auflage, 1992 - Aus dem Arabischen - Übersetzung, Auswahl, Vorbemerkungen und Anmerkungen von Mathias Pätzold - S.134/135

[139] Ibn Khaldun, Muqaddima, Kapitel II, 11. - S.79/80

[140] Ibn Khaldun - BUCH DER BEISPIELE - Reclam-Bibliothek Band 1440 - 1. Auflage, 1992 - Aus dem Arabischen - Übersetzung, Auswahl, Vorbemerkungen und Anmerkungen von Mathias Pätzold - S.102

[141] Ibn Khaldun, Muqaddima, Kapitel II, 15. - S.81

[142] Ibn Khaldun, Muqaddima, Kapitel II, 15. - S.82

[143] Ibn Khaldun - BUCH DER BEISPIELE - Reclam-Bibliothek Band 1440 - 1. Auflage, 1992 - Aus dem Arabischen - Übersetzung, Auswahl, Vorbemerkungen und Anmerkungen von Mathias Pätzold - S.162

[144] Proömium,1-2

[145] Eisenstein, Charles, Die Renaissance der Menschheit, Scorpio Verlag, 2012

[146] Eisenstein, Charles, Die Renaissance der Menschheit, Scorpio Verlag, 2012 - S.183, 186

[147] Ibn Khaldun - BUCH DER BEISPIELE - Reclam-Bibliothek Band 1440 - 1. Auflage, 1992 - Aus dem Arabischen - Übersetzung, Auswahl, Vorbemerkungen und Anmerkungen von Mathias Pätzold - S.197/198

[148] Eisenstein, Charles, Die Renaissance der Menschheit, Scorpio Verlag, 2012 - S.299

[149] Miller, Henry, Die Welt des Sexus, in Eisenstein, Charles, Die Renaissance der Menschheit, Scorpio Verlag, 2012 - S.188f

[150] Aristoteles - Politik, II,5, Übersetzt von J. H. v. Kirchmann. (Philosophische Bibliothek Band 7) Leipzig. Verlag der Dürr'schen Buchhandlung. 1880. S.24

[151] Ibn Khaldun - BUCH DER BEISPIELE - Reclam-Bibliothek Band 1440 - 1. Auflage, 1992 - Aus dem Arabischen - Übersetzung, Auswahl, Vorbemerkungen und Anmerkungen von Mathias Pätzold - S.142/143:

[152] Ibn Khaldun - BUCH DER BEISPIELE - Reclam-Bibliothek Band 1440 - 1. Auflage, 1992 - Aus dem Arabischen - Übersetzung, Auswahl, Vorbemerkungen und Anmerkungen von Mathias Pätzold - S.140

[153] Ibn Khaldun - BUCH DER BEISPIELE - Reclam-Bibliothek Band 1440 - 1. Auflage, 1992 - Aus dem Arabischen - Übersetzung, Auswahl, Vorbemerkungen und Anmerkungen von Mathias Pätzold - S.51

[154] Ibn Khaldun - BUCH DER BEISPIELE - Reclam-Bibliothek Band 1440 - 1. Auflage, 1992 - Aus dem Arabischen - Übersetzung, Auswahl, Vorbemerkungen und Anmerkungen von Mathias Pätzold - S.184

[155] I,151

[156] Cicero, Cato Maior de Senectute, XV,51

[157] Ibn Khaldun - BUCH DER BEISPIELE - Reclam-Bibliothek Band 1440 - 1. Auflage, 1992 - Aus dem Arabischen - Übersetzung, Auswahl, Vorbemerkungen und Anmerkungen von Mathias Pätzold - S.227/228

[158] Not long since, a strolling Indian went to sell baskets at the house of a well-known lawyer in my neighborhood. "Do you wish to buy any baskets?" he asked. "No, we do not want any," was the reply. "What!" exclaimed the Indian as he went out the gate, "do you mean to starve us? - Henry David Thoreau, Walden and Civil Disobedience, Norton & Company, New York, 1966, S.12

[159] Ibn Khaldun - BUCH DER BEISPIELE - Reclam-Bibliothek Band 1440 - 1. Auflage, 1992 - Aus dem Arabischen - Übersetzung, Auswahl, Vorbemerkungen und Anmerkungen von Mathias Pätzold - S.188

[160] Ibn Khaldun - BUCH DER BEISPIELE - Reclam-Bibliothek Band 1440 - 1. Auflage, 1992 - Aus dem Arabischen - Übersetzung, Auswahl, Vorbemerkungen und Anmerkungen von Mathias Pätzold - *S.189*

[161] Ibn Khaldun - BUCH DER BEISPIELE - Reclam-Bibliothek Band 1440 - 1. Auflage, 1992 - Aus dem Arabischen - Übersetzung, Auswahl, Vorbemerkungen und Anmerkungen von Mathias Pätzold - S.186/187

[162] Ibn Khaldun - BUCH DER BEISPIELE - Reclam-Bibliothek Band 1440 - 1. Auflage, 1992 - Aus dem Arabischen - Übersetzung, Auswahl, Vorbemerkungen und Anmerkungen von Mathias Pätzold - S.187

[163] Cato Maior de senectute, XVIII, 64

[164] Ibn Khaldun - BUCH DER BEISPIELE - Reclam-Bibliothek Band 1440 - 1. Auflage, 1992 - Aus dem Arabischen - Übersetzung, Auswahl, Vorbemerkungen und Anmerkungen von Mathias Pätzold - S.53

[165] Ibn Khaldun - BUCH DER BEISPIELE - Reclam-Bibliothek Band 1440 - 1. Auflage, 1992 - Aus dem Arabischen - Übersetzung, Auswahl, Vorbemerkungen und Anmerkungen von Mathias Pätzold - S.173

[166] http://www.ekd.de/download/mek_kriegsvaterunser.mp3
http://www.ekd.de/download/mek_audiouebersicht.pdf

[167] https://www.ekd.de/themen/material/erster_weltkrieg/fakten_kirchen.html

[168] https://www.sonntag-sachsen.de/2014/28/gott-auf-dem-schlachtfeld

[169] https://www.sonntag-sachsen.de/2014/28/gott-auf-dem-schlachtfeld

[170] http://www.ekd.de/download/mek_friedensappell_uppsala.mp3
http://www.ekd.de/download/mek_audiouebersicht.pdf

[171] Bartolomé de las Casas, "Kurzgefasster Bericht von der Verwüstung der West-

indischen Länder", Insel-Verlag 2014, S.22
[172] Flugblatt II
[173] Flugblatt II
[174] Sallust, Coniuratio Catilinae, Proömium, 8
[175] Flugblatt I
[176] DBW 8 (WE), S. 33–34 -
    https://de.wikipedia.org/wiki/Dietrich_Bonhoeffer#cite_ref-13
[177] Flugblatt III
[178] http://pwencycl.kgbudge.com/P/o/Potsdam_Declaration.htm - eigene Übersetzung
[179] http://www.aurora-magazin.at/wissenschaft/jandl.htm zitiert nach McMahon, Robert J., Major Problems in the History of the Vietnam War. D.C. Heath and Company. Lexington, MA: 1995
[180] http://www.informationclearinghouse.info/article16183.htm
[181] *"If you love your Uncle Sam*
    Bring them home, bring them home
    Support our boys in Vietnam
    Bring them home, bring them home...

    For defense, you need common sense
    Bring them home, bring them home...

    The world needs teachers, books and schools
    Bring them home, bring them home
    And learning a few universal rules
    Bring them home, bring them home"
[182] *"Yes, and how many times can a man turn his head*
    And pretend that he just doesn't see?...

    Yes, and how many ears must one man have
    Before he can hear people cry?

    Yes, and how many deaths will it take 'til he knows
    That too many people have died?
    The answer, my friend, is blowin' in the wind
    The answer is blowin' in the wind."
[183] vgl. Römer, 2, 11
[184] vgl. Sure 88/22-23
[185] http://www.didactics.eu/fileadmin/pdf/Manifest_der_2000_Worte.pdf
[186] We are made to exaggerate the importance of what work we do; and yet how much is not done by us! - Henry David Thoreau, Walden and Civil Disobedience, Norton & Company, New York, 1966, S.7
[187] http://www.space.com/11772-president-kennedy-historic-speech-moon-space.html - eigene Übersetzung
[188] Holz, Hans Heinz, Freiheit und Vernunft -
    http://www.aisthesis.de/WebRoot/Store20/Shops/63645342/MediaGallery/leseproben/9783849811341.pdf

[189] "If you're going to San Francisco
Be sure to wear some flowers in your hair
If you're going to San Francisco
You're gonna meet some gentle people there

For those who come to San Francisco
Summertime will be a love-in there
In the streets of San Francisco
Gentle people with flowers in their hair

All across the nation, such a strange vibration
People in motion
There's a whole generation with a new explanation"

[190] "To everything turn, turn, turn
There is a season turn, turn, turn
And a time to every purpose
Under heaven...

A time for love, a time for hate
A time for peace
I swear it's not too late"

[191] *"Come senators, congressmen*
Please heed the call
Don't stand in the doorway
Don't block up the hall
For he that gets hurt
Will be he who has stalled
There's a battle outside and it is ragin'
It'll soon shake your windows and rattle your walls
For the times they are a-changin'

Come mothers and fathers
Throughout the land
And don't criticize
What you can't understand
Your sons and your daughters
Are beyond your command
Your old road is rapidly agin'
Please get out of the new one if you can't lend your hand
For the times they are a-changin'"

[192] „A map of the world that does not include Utopia is not worth even glanc-
ing at, for it leaves out the one country at which Humanity is always land-
ing. And when Humanity lands there, it looks out, and, seeing a better
country, sets sail. Progress is the realisation of Utopias." - Oscar Wilde,
The Soul Of Man Under Socialism - http://www.wilde-online.info/the-
soul-of-man-under-socialism-page11.html - eigene Übersetzung

[193] in Eisenstein, Charles, Die Renaissance der Menschheit, Scorpio Verlag, 2012

- S.218
[194] *"Oh, you who complain about the days,*
Don't you know that happines is but a concept.
It may take up residence in a hut
In which no scrap of bread is found and abandon lofty palaces
When it touches a bare twig, it turns green
If it touches a stone, it becomes a pearl
Know that you own the earth
As well as the galaxy and all that is above
For as long as happiness is there, yet if you neglect it
The whole universe will come to nothing."
Elia Abu Madhi, in Nagy, Enikö, "Sand in my Eyes - Sudanese Moments",
2014, S.201 - eigene Übersetzung
[195] https://de.wikipedia.org/wiki/Mengzi
[196] Spiegel Online-06.04.2017
[197] http://www.koeblergerhard.de/Fontes/CodexHammurapi_de.htm
[198] Odi profanum vulgus et arceo - Carmina III,1
[199] Kant, Immanuel, Grundlegung zur Metaphysik der Sitten - Digitale Bibliothek, Band 2, S.75
[200] Neil Postman, Wir amüsieren uns zu Tode, Fischer Verlag, 1988, S.190
[201] aus „Der Panther", von Rainer Maria Rilke
[202] https://www.nature.com/articles/s41893-018-0021-
4.epdf?referrer_access_token=osNcU1YmfaPe-
wPJiKY-
coNRgN0jAjWel9jnR3ZoTv0NINAtj47DSpAGKNW0NM9VbNO_t3SEDce
QKKBNfJB06hI0pg11WMJOi-Gox4DDmOUbz3z3jCHn1-
cSjLAHB6AJilFXuafxIKhoW78qVXLfLlVjwokxdi1LwlxiICy_7sDuDu3s-
4tRqkvju2TcylTq7RrRtNVZF607Rsp4Atjz3cQk5B8gb3IwVFUHTg-
_NlrF17zsSEd-7HYfH34p7P_JO&tracking_referrer=www.spektrum.de -
Humanity faces the challenge of how to achieve a high quality of life for over
7 billion people without destabilizing critical planetary processes. Using
indicators designed to measure a 'safe and just' development space, we
quantify the resource use associated with meeting basic human needs, and
compare this to downscaled planetary boundaries for over 150 nations. We
find that no country meets basic needs for its citizens at a globally sustainable
level of resource use. Physical needs such as nutrition, sanitation, access to
electricity and the elimination of extreme poverty could likely be met for all
people without transgressing planetary boundaries. However, the universal
achievement of more qualitative goals (for example, high life satisfaction
would require a level of resource use that is 2–6 times the sustainable level,
based on current relationships. Strategies to improve physical and social
provisioning systems, with a focus on sufficiency and equity, have the
potential to move nations towards sustainability, but the challenge remains
substantial. - eigene Übersetzung
[203] s. Anmerkung 196
[204] http://www.zeno.org/Philosophie/M/Platon/Kritias
[205] in "Die Renaissance der Menschheit, S.490"

[206] Marcuse, Herbert, Der eindimensionale Mensch - Studien zur Ideologie der fortgeschrittenen Industriegesellschaft, Deutsch von Alfred Schmidt, 3. Auflage November 1998, Deutscher Taschenbuch Verlag GmbH & Co. KG, München, S.17 - Original: The One-Dimensional Man - Studies in the Ideology of Advanced Industrial Society, 1964, Beacon Press, Boston, Mass.

[207] Eisenstein, Charles, Die Renaissance der Menschheit, Scorpio Verlag, 2012 - S.11

[208] Marcuse, Herbert, Der eindimensionale Mensch - Studien zur Ideologie der fortgeschrittenen Industriegesellschaft, Deutsch von Alfred Schmidt, 3. Auflage November 1998, Deutscher Taschenbuch Verlag GmbH & Co. KG, München, S.27 - Original: The One-Dimensional Man - Studies in the Ideology of Advanced Industrial Society, 1964, Beacon Press, Boston, Mass.

[209] Eisenstein, Charles, Die Renaissance der Menschheit, Scorpio Verlag, 2012

[210] *"We are the hollow men, We are the stuffed men, Leaning together, Headpiece filled with straw. Alas!"* Eliot, T. S., Collected Poems, Faber & Faber Limited, London 1970, S.89

[211] *"This is the way the world ends, Not with a bang but a whimper."* - Eliot, T. S., Collected Poems, Faber & Faber Limited, London 1970, S.92